神奈川大学人文学研究叢書
44

男性性を可視化する

〈男らしさ〉の表象分析

神奈川大学人文学研究所 編
熊谷謙介 編著

青弓社

男性性を可視化する

〈男らしさ〉の表象分析

目次

第2章 新しい男の誕生？
――ダダにおける「新しい人間」のマスキュリニティ

小松原由理 63

装丁――神田昇和

序文　マスキュリニティ、二十世紀、表象

熊谷謙介

子どものころ、私は、学校でいい成績をとるのは「女々しい」ことだと思っていた。

　男らしさとは、強さや勇気や闘いを恐れない心だ。もう少し成長してからは、女の子にモテることという項目が、そこに加わった。勉強していい成績をとるなんて、「お嬢様」か「オカマ」のやることだ。（略）十八歳くらいまでは、闘うべきときに身を引いたら、「子猫ちゃん」「いくじなし」「女の子」と呼ばれてもしかたがないと思っていた。客観的に見れば、争いを回避するのが正しくても、それは男として恥ずべき行為だと、幼いころから学んできたからだ。(1)

男性性のしのぎあい？

ドナルド・トランプのアメリカ大統領選挙当選には、衰退に見舞われた工業地帯であるラストベルトでの勝利が大きく影響した。そこに生きる白人たちを描いたノンフィクション『ヒルビリー・エレジー』（原著は二〇一六年）は、トランプ勝利を予見したものとして国内外でベストセラーになったが、冒頭の引用文はそこからの一節

である。マジョリティとされた白人が実際に置かれた厳しい状況という、「人種」や民族の問題は十分に指摘されたが、彼らを規定するのはそれだけではない。そう、「男らしさ」もまた、彼らの行動を導き、人生を運命づけるものと考えられているのである。

トランプとヒラリー・クリントン、女性蔑視発言もセクシュアル・ハラスメントも人目をはばかることなくおこなう男性と、男性支配の権力構造のなかで「ガラスの天井」を破ろうとする女性――、表面上はジェンダー間の闘いにみえるが、ことはそれほど単純なものではない。そもそも、トランプは女性全体からは四〇パーセント、白人女性からは五一パーセントもの票を獲得したのだ。

『ヒルビリー・エレジー』同様、ラストベルトを取材した金成隆一の『ルポ トランプ王国』は、次のようなトランプ支持の有権者の声を紹介している。「女性だからヒラリーに投票するとは期待しないで。庶民を見下すエスタブリッシュメントの候補者は支持したくない」「働いても働いても賃金が伸びない暮らしが「惨めな」〔ヒラリーがトランプ支持者を指して使った言葉：引用者注〕ことぐらい、私たち本人が一番分かっています。二十年以上もワシントン政界にいるヒラリーにだけは、言われたくない」。さらには、「オバマ大統領にもヒラリーにも「あなたに必要なことを、私はあなた以上に知っている」という姿勢を感じる。私はそれが大嫌いです[2]」。ヒラリーのほうがむしろ権力を長年保持してきた政治家であり、哀れみの目で庶民を見下し、知識で圧倒しようとするイメージがまとわりついていたといえるだろう。そしてこうした表象こそ、昨今、男らしさの属性（権力欲、上昇志向、マンスプレイニング〔説得したがる男〕など）として指摘されるものである。ヒラリーもまた、「男性性」を体現する人物と見なされたのだ[3]。

二十世紀以降の〈男〉

わたしたちが生きるこの「トランプ時代」に、こうした男性性は支配的だといわざるをえない。男女平等や性的少数者の権利獲得の動きは、緩やかにではあれ世界各地で前進しているといえるが、男らしさの称揚を、こうした動きに対する一時の「反動」と見なしていいかは、疑問が残るところである。

本書がこれから示そうと試みるのは、まずはこのような男性性が長らく女性を支配し、そして男性もまた縛り付けていたという歴史である。ジェンダー教育の現場では、「タフ」「大黒柱」といった男性に対する伝統的なイメージを四角い枠のなかに書き込んでいって対象化を試みる「マンボックス」という手法があるが、この「ボックス＝枠」にとらわれてきた男たちの歴史を追っていこうというのが、本書の第一の目的である。

ここではこの歴史を二十世紀以降に限定したいと考えている。男性性の歴史が二十世紀から始まるわけではないのはいうまでもないが[4]、二十世紀は欧米を中心に大衆社会が成立した時代である。産業構造の転換に伴い、労働のあり方は、鉱山労働者のようにじかに自然に触れ合う肉体労働から、都市での工場労働や頭脳労働へとシフトチェンジしていく。そのなかで男性は一種のアイデンティティ・クライシスを迎える。このような危機に対する反発から、野性的な「男らしさ」が声高に唱えられ、「表象」されるのである。ここでいう「表象」とは、実体を欠いた虚構、ポーズとしての演技も含むものである。「戦争」という暴力的な行為が、文明化の過程で代理戦争ともいうべき「スポーツ」に還元されたのが、そのいい例だろう。スポーツが男性たちのあいだに普及していったのも十九世紀から二十世紀の世紀転換期だったことは注目していい。

またこの時代、「男らしさ」という概念を示す英語についても、道徳的な抑制のある「マンリネス」から、攻撃性や肉体的強さ、性的能力を示す「マスキュリニティ」に変化していったことが確認できている[5]。

逆説的にみえるかもしれないが、二十世紀以降の男性性の台頭とは、自然や肉体という条件に規定されていた時代から、男女が同等の労働や生活をおこなうことができる「文明化された」時代へと急激に変化していくなかで起きた、一種の復古運動だということができるだろう。日本の男性学の草分けとして知られる伊藤公雄が、一九八〇年代に「〈男らしさ〉の革命と挫折」という観点からイタリア・ファシズムを研究していたこと、男性性論の古典として知られるクラウス・テーヴェライト『男たちの妄想』（一九七七―七八年）がファシズム生成期を扱い、ジョージ・L・モッセ『男のイメージ』（一九九六年）がとりわけナショナリズムに焦点を当てたことは、それを如実に示すものである。[6]

テーヴェライトと伊藤がともに用いるメタファーとして、「男らしさの鎧」「甲冑」がある。本書が扱うのもまた、男たちが危機から身を守るためにまとう、古めかしくまたものものしい意匠＝衣装の数々である。そしてこの「男性性の危機」は歴史上繰り返し叫ばれてきたが、はたしてそうした認識は現実に根ざしたものなのかについてもまた、イメージや妄想との関連から考察していく必要があるだろう。[7]

複数の男性性

一方、男性性は必ずしもネガティブなものに還元されるわけではない。すべての男性がファシスト予備軍ではなく、トランプを支持したラストベルトの白人労働者たちが、トランプ大統領とは別の世界に生き、それぞれ異なる男性性を示すことはいうまでもないだろう。女性をただ一つの属性によって定義することができないのと同様に、男性もまた多様だというのが、生物学的決定論を排してきたジェンダー分析の教えではないか。

男たちを十把ひとからげにして一面的に判断し、「本当の男はこうあるべきだ」、あるいは「本当の男はこうってはならない」という単線的なメッセージを発するのではなく、男性の多様な生のあり方、「マスキュリニティーズ（masculinities）」を明らかにするような表象分析が求められる。それが結局は、ロールモデルを欠く傾向にある男性の解放につながるといえるだろう。

本書の執筆者はそれぞれ専門分野を異にしていて、地域についてはアメリカからヨーロッパ、中国に至るまで、ジャンルについては文学から舞台芸術や現代アートまで、さまざまな領域に及ぶが、それぞれの観点から男性の文化的表象を分析している。地域の問題から析出できるのは、文明／非文明と男性性の関わりや、人種・エスニシティによるジェンダー布置、移動する男性作家のなかに積み重なっていく文化的地層や、そこからも逸脱しようとする男性性のゆくえといったところである。本書を読み進めるにつれて、章ごとにさまざまなフィールドに越境していきながらも、男性表象に秘められた共通のモチーフを発見していくプロセスこそが、本書の最もスリリングな部分といっていいだろう。

一方で、複数の男性性の強調は、男女間の権力の不均衡をみえにくくするという指摘もある。女性に対して男性が優位に置かれている状況を告発する声が、「男もいろいろ」「男もつらいよ」という応答によって相対化され、批判が弱体化してしまう危険があるという意見である。(8)たしかに、男性表象のミクロな分析が、男性支配の社会構造をマクロに捉える際に、揚げ足取りのような効果を果たしてしまうことには注意が必要だろう。

また、男性であることで得られる特権はたしかにあるが、そのために払う代償（責任）は高くつくという、コスト理論といえるものも男性学は提起している。それに対しては、それでも得られる特権のほうが大きく、女性はこうした道を選ぶことさえできないという反論があるだろう。それに対して男性は、いや、こうした道を選びたくなくても選ばざるをえなかったのだと反論する。このように、結局は「どちらが得か」「どちらがつらいか」という、堂々めぐりの議論に陥る危険性があるように思える。

しかし、ともかくも確認できるのは、現在までのフェミニズムの進展のなかで、家父長制は議論の前提にされながら、その根源にあるとされる男性そのものについては、詳細に分析されてこなかったことだろう。女性を単一のジェンダー・イメージによって型にはめるべきではないのと同じように、男性に対しても人種やエスニシティ、社会的階級や世代といった変数、家族をはじめとする周囲の人々との関係性から分析する必要があるのではないか。男性もまた、社会や文化に規定された存在であり、生身の体もセクシュアリティももつ存在なのである。男性ばかりで構成された文学史が批判され、知られざる女性作家の「発掘」が進む現状で、加えておこなうべきなのは、そうした男性作家たちの身体や性に注目することなのではないか。「女がいない文学史」は、実は同時に「〈男〉がいない文学史」でもあったのである。

覇権的マスキュリニティ／従属的マスキュリニティ

このような多元的な男性性のビジョンを男女間の社会的不平等という現象の解明と矛盾することなく結び付けた理論として、レイウィン・コンネルの『マスキュリニティーズ』[9]（一九九五年）が挙げられる。コンネルはまず、「覇権的マスキュリニティ」と「従属的マスキュリニティ」という二つの概念を提示し、攻撃性や所有欲、性的能力、異性愛といった、「マッチョ」的なものとされる性向を前者に、そうしたカテゴリーに属することができない性質（「弱虫」「女性的」「オタク」「クィア」など）を後者に組み入れる。男性を一枚岩のものとして捉えず、多種多様な属性によって構成された存在として分析するという立場である。また、ある性質が「覇権的」「従属的」のどちらと見なされるかについては、本質主義的な定義を避け、男性が置かれた環境や時代によって変化するという、関係主義的な視点を提示している。

しかしこれは「男もいろいろ」といった相対主義に留まるものではない。「覇権的マスキュリニティ」で使った「ヘゲモニー」という概念は、単純に優位の者が劣位の者を支配する事態を示すものではなく、非対称的な権力関係に対して劣位の者が「合意」のうえで、さらにいえば「自発的」に、従うことを含意している。男性間の支配／被支配の構造の持続性をあらわにするとともに（「差別されるが憧れる」）、このような階層化によって男性支配が、覇権的な男性性を中心にして強化されることも明らかにしているのである。

コンネルの男性性理論をめぐっては、フェミニズムの立場から、男性間の関係性の分析には有効であっても、女性に対する抑圧の構造を分析するには不十分ではないかという疑義[10]もみられる。それでもコンネルが提示した枠組みが有益に感じられるのは、本書が男性性の社会科学的な解明を狙ったものではなく、あくまで男性の文化的表象の分析を目指したものであるという理由もある。西部劇のカウボーイや冒険者など、社会学的には「人種差別的」「マッチョ」「男のロマン＝妄想」と片づけられる表象であっても、そうしたイメージが多数の人々――女性を含む人々――を魅惑し、いまなお、それに連なる新たなヒーローたちのイメージを生み出しつづけている状況は変わらない。またその表象は、アメリカンコミックスのスーパーヒーローの変遷にもみられるように、各時代で変化をみせている。このような男性性の魔力の変遷、そして標準的な男性表象から逸脱した、文学・芸術にみられる男性像を検討するためにも、覇権的マスキュリニティと従属的マスキュリニティの区別は有効なように思われる。

表象という謎

本書の特徴として、①歴史をみること、②複数の男性性に注目すること、③男性間の差異に注意すること、を挙げてきたが、最後に提示したいのは、④「表象」の分析にこだわること、である。

レイチェル・ギーザの『ボーイズ』[11]（原著は二〇一八年）は、男の子同士の友情やスポーツなどといった主題について、著者の体験を踏まえ調査研究なども渉猟したうえで論じた、男性性研究にとっても重要な著作である。そのなかに、コンピューターゲームの暴力的なイメージが、少年たちの男性性に与える影響についての議論もある。社会学やメディア論がしばしば論じ、親であれば特に不安に感じる事柄だろう。ギーザは、男の子たちが親しんでいるようにみえる暴力的なポピュラーカルチャーに対して、彼らがそうしたものを受動的に消費する一方だという見方こそが問題であることを指摘している。彼らがそれをどのように解釈したり、利用していたりするのか、ただほかの男の子と遊ぶための手段にすぎない場合もあるのではないか、という問いかけが重要だと彼女は説いている。

銃撃や殺人というイメージは、第一に想像の産物であり（フィクション）、現実の世界をモデルにしたものであったとしても、ゲームの伝統的コードにのっとったものであり（ジャンル）、パロディーや異化などの加工を施されたり（技法）、コミュニケーションのツールとして利用されたり（受容）、多層的な解釈を受けるものである。作品のなかに映し出される男性性に対して、差別的であったりステレオタイプ的にみえるからという理由で非難する前に、いったん立ち止まって、表象のメカニズム自体に注目することは必要だろう。「何が表象されているか」だけでなく「どのように表象されているか」をみなければならないし、場合によっては、それはある特殊な文脈に対する応答であるかもしれないのである。

現実に起きる社会事象の解明を目指す立場からみれば、こうした表象分析は遠回りのようにみえるかもしれない。しかし、このような迂回を経てこそ、前述したような男性性の両義的な様相が浮かび上がってくるのではないか。本書が目指すのはささやかではあるが、男という不透明な表象を同時代のさまざまな言説との関連によって解きほぐし、どのように「男のイメージ」が社会に提示されているかを明らかにすることである。したがってそれは、単に「イメージにすぎない話」なのではなく、イメージそのものが重要な意味をもつ社会の分析にも寄与するものになるだろう。

本書の構成

本書は地域とジャンルを横断しながらも時系列順に構成している。

第1章「表現主義のマチズモとアウトサイダー性」（西岡あかね）は、二十世紀初頭のドイツ表現主義にみられる男性性を、実際の芸術家集団の様態だけでなく、詩作品の分析を通して明らかにしたものである。そこに現れる「孤高の男」という一見ポジティブな男性像は、男性詩人たちが溶解しかねない自らのアイデンティティをつなぎとめるために構築した自己像として解釈できるものであり、それが同時代の極地探検と結び付けられるさまは特に興味深いものである。一方で、「男たちの絆」に対置される「女性的なもの」への希求についても、ドイツ固有の文脈から論及している。はたして、表現主義運動はマッチョ主義に還元されるのか、それともそこからの出口も同時に示すものなのだろうか。こうした問いかけは、二十世紀以降に勃興した前衛運動の男性性の解明にも、光を当てるものになるだろう。

第2章「新しい男の誕生？――ダダにおける「新しい人間」のマスキュリニティ」（小松原由理）は、同じドイツでまさにそのあとの時代に、第一次世界大戦の敗戦によって精神的にも身体的にも「危機」に陥った男たちの物語である。一方で、ファシズムを準備するかのようなよろいで身を守る兵士的男性がいた。他方、ここで詳細に論じるのは、ダダという特異な前衛芸術運動のなかでの「新しい人間＝男」の生成である。それは脱男性的なものなのか、ボクサーのように相手にパンチを繰り出す「マッチョな紳士」なのか。素材・身体から発露する男性性か、衣服のように着脱可能な男性性か。多様な男性身体表象が次々と表れるなかで、こうした前衛的な男性像がはたして、ファシズムと完全に無縁のものだったかどうかが問われる。そこで鍵になってくるのが、「母性」という存在なのだ。この第1章と第2章は、ドイツ前衛芸術運動にみられる男性性の系譜という、ひと続きの物語として読んでいただきたいと考えている。

第3章「洪深のアメリカ留学体験――自伝における人種差別・恋愛、そして演じること」（中村みどり）では、地域をヨーロッパから大きく変え、アメリカ留学を経験した中国人劇作家・演出家のライフストーリーを追う。男性が自らの海外体験を公にするとき、何を語り、何を語らなかったのか。中国の新劇と映画の基礎を築いた洪深は、父の死、そして妻や恋人など女性たちとの出会いと別れのなかで、自らの男性性を動揺させる。彼はアメリカで自由恋愛の空気を享受しながらも思い悩み、人種差別の体験に苦しむ。胡適や聞一多の自伝が、中国知識人としてのアイデンティティの表明であるのに対し、洪深の自伝が浮き彫りにするのは、挫折もし、男性性の傷も負った自らの姿だった。こうした「アウトロー」の姿は、彼の映画脚本でどのように描かれ、「演じ」られているのか。西洋文明に翻弄されながら主体の確立に苦闘する男性という主題は、日本文学でもしばしばみられるものだが、性とエスニシティ、そしてそれらを「演じる」ことが複雑に絡まり合う独自の物語を展開している。

第4章「男らしくない西部劇小説『シェーン』――冷戦期アメリカの核／家族」（古屋耕平）は、西部劇映画として名高い『シェーン』（監督：ジョージ・スティーヴンス、一九五三年）について、その原作である小説を掘り下げ、主人公の男性表象を戦後アメリカのジェンダー布置との関係から読み解く試みである。冷戦初期のアメリカでは家庭という価値観が支配的だったが、『シェーン』もまたこの保守的な時代の産物である。父・母・子どもによって構成される核家族の前に現れるシェーンは、物語に男同士のブロマンス的な要素を持ち込む。異性愛／同性愛的主題の葛藤こそが『シェーン』を導くものとなるだろう。しかし、『シェーン』に隠されたモチーフはこれにとどまらない。第二次世界大戦と原子爆弾という圧倒的な暴力の発露のあとで、人々はそれをどのように正当化し、受け入れるのか。言い換えれば、シェーンが持つ「銃」とは何かを考えることが、アメリカ、そして『シェーン』が映画をはじめ世界中でさまざまな翻案を生んだという点を踏まえれば、わたしたち全員に突き付けられた問いであるといっていいだろう。

第5章「「人間らしさ」への道、「男らしさ」への道――ラルフ・エリソン『見えない人間』」（山口ヨシ子）は、第3章でも論じた人種問題と男性性の連関を、ラルフ・エリソンの記念碑的著作『見えない人間』の黒人表象に焦点を当てて掘り下げていく。黒人男性を「生まれながらの強姦者」に仕立て上げ、性欲過剰な「ブラック・モンスター」と見なす白人社会。そのなかで人種を超えて協働していく理想に燃える白人にもまた、黒人を子ども扱いするような父権的な要素が隠れていた。コンネルやベル・フックスの男性性分析を参照しながら、「見えない人間」にされた黒人男性の姿が明らかになっていくが、最後にあぶり出されるのは、黒人男性よりも抑圧され、不可視のものにされた形象である。それは一体何か。人種とジェンダーが複雑に絡まる二十世紀アメリカ社会について、作品分析を通して鋭い光を投げかけている。

第6章「母、マジョリティ、減退する性――ロマン・ガリと男性性」（熊谷謙介）では、二十世紀フランスの特異な作家ロマン・ガリの人生と作品を通して、母との関係から、人種や国民という枠組みから、そして加齢による性的減退という文脈からと、多様な関係の網を通して「男」を考察する。「マザコン」「冒険者」「プレイボーイ」――、これらはガリに貼られがちな「男性的」レッテルだが、ガリは実際には作品を通してそれらを問いただしつづけていた。一方で、女性性を神聖視する態度や、「優しさ」を体現させた動物表象には、またもう一つの「男性性」が背景にあることも指摘できる。二十世紀ヨーロッパの戦乱とアメリカ社会の両方を生きたガリが描き出すのは、「男らしさ」が突き動かす歴史である。最後に投げかける「女性と男性のあいだで「友愛」は可能であるのか？」という問いは、男性性の模索の果てにガリがたどりつき、また読者に託した問いといえるだろう。

本書の結びになる第7章と第8章では、二十世紀末から二十一世紀初頭へと歴史は進行していく。ジェンダー・イメージが多様化へと向かっていく時代にあって、男性像のなかにも伝統的な表象に対する組み替えが起こる。

第7章「飛ばなかった王子――マシュー・ボーン版『白鳥の湖』にみる男性性と現代社会」（菅沼勝彦）では、すべての白鳥を男性が演じるマシュー・ボーン版のダンス作品『白鳥の湖』（一九九五年）のジェンダー布置を克明に分析する。この作品は女性の悲恋物語の「ゲイ・バージョン」なのだろうか。映画『リトル・ダンサー』など、同時代に起こった世界同時多発的なマスキュリニティの表象の変容とも関連づけながら、ボーン版が決してドラァグ的な効果を狙ったものではなく、動物性やおとぎ話の脱構築を交えた、新たな男性性を立ち上げることの困難と可能性を同時に示唆したものだという立論は興味深いものである。さらに、男たちが舞う白鳥の踊りのセクシュアリティについても、刺激的な解釈を提示していく。物語と身体表象の両者に注目することで浮かび上がってくるのは、「母性」のファンタジーであり、第2章と第6章で議論した母の表象とも関連づけられるだろう。

第8章「現代美術にみる狩猟と男性性――おとぎ話文化研究の視点から」（村井まや子）は、長らく男性が担ってきた狩猟という行為について、現代アート作品の分析を通して、男性性というジェンダー規範から解放していく試みである。「赤ずきん」は狩りを題材とした物語だが、オオカミ＝猟師こそ人間と動物の越境だけでなく、家父長制の盛衰を反映しながら男性性を表してきた形象だった。一方で、エイミー・スタインの写真作品や、鴻池朋子の「インタートラベラー」は、「反時代的」とされる狩猟とジェンダーの関係について、さらに一歩踏み込んだ視点を提示している。野生動物の剝製を題材にしたり、人間と根源的自然との出合いを作品化したりすることで、何がみえてくるのか。人とオオカミは敵対する関係ではなく、ともに存在し、「共進化」してきたというスリリングな仮説を提示するとともに、両者を媒介するもう一つの動物が登場することで、今度は両者の歴史を遡行していくことになる。そう、この章で現在へと至ったわたしたちの男性表象をめぐる旅も、歴史的・人類学的回帰への欲望に揺さぶられながら、続いていくものになるのである。

＊

本書は、神奈川大学人文学研究所の研究グループ「〈身体〉とジェンダー」による二〇一七年度からのプロジェクト「男性表象論」の研究成果である。出版にあたり、神奈川大学人文学研究所叢書刊行助成金を受けた。男性表象という主題をめぐって数多くの研究会を聞き、さまざまな地域をフィールドとするメンバーが議論する機会を得ることができた。本書では文学・芸術の男性表象分析を主軸にしたために、残念ながら論文として収録することはできなかったが、社会科学に属する発表もいくつかおこなうことができた。フィリピン女性と結婚した日本人男性の生活史の調査や、フランスで法制化された同性婚に対する反対運動の分析など、マスキュリニティ論のコンセプトを固めるうえで多大なヒントを得ることができた。男性性という主題については、人文科学／社会科学といった学術的なアプローチの違いを超えて議論しあう機会が必要であり、このような場を維持できたのは幸運なことだったように思う。

また神奈川大学外から専門家を招く講演会も開催し、とりわけテーヴェライトの記念碑的著作『男たちの妄想』を翻訳した田村和彦氏（関西学院大学教授）に「ファシズムと男性性妄想」というタイトルで講演をしていただいたのは貴重な機会だった。研究所からの支援に感謝するとともに、本書でも、男性性をはじめとするジェンダー研究に長く携わっている方々に執筆していただくことができた。こうした動きによって、共同研究の網がさまざまな拠点へと広がり、さまざまな発見を得る機会が多くなることを願っている。

最後に、こうした研究者たちのさまざまな言葉を取りまとめて、適切な指示によって本書の完成にまで導いてくださった青弓社の出口京香さんと矢野恵二さんの編集に感謝を申し上げたい。本書の試みについては読者諸賢のご批判をいただきたいと思うが、ひとまずここでは、関係者の方々に心からのお礼を申し上げたい。

注

（1）J・D・ヴァンス『ヒルビリー・エレジー――アメリカの繁栄から取り残された白人たち』関根光宏／山田文訳、光文社、二〇一七年、三八〇、三八二ページ

（2）金成隆一『ルポ トランプ王国――もう一つのアメリカを行く』（岩波新書）、岩波書店、二〇一七年

（3）詳細は次の拙稿を参照。熊谷謙介「ジャンヌ・ダルクからジュピターへ――戦後フランスの男性権力表象」、神奈川大学評論編集専門委員会編「神奈川大学評論」第八十八号、神奈川大学広報委員会、二〇一七年、一一三―一二三ページ

（4）古代ギリシャから現代まで、西洋を中心にした「男らしさ」を分析したものとしては、以下を参照。A・コルバン／J－J・クルティーヌ／G・ヴィガレロ監修『男らしさの歴史』全三巻、鷲見洋一／小倉孝誠／岑村傑訳、藤原書店、二〇一六―一七年

また『私にはいなかった祖父母の歴史――ある調査』（名古屋大学出版会、二〇一七年）や『歴史は現代文学であ

る――社会科学のためのマニフェスト』(名古屋大学出版会、二〇一八年)で知られるフランスの歴史学者イヴァン・ジャブロンカは、『正義の男たち――家父長制から新しい男性性へ』で、歴史的遡行に加え、日本までも含む世界諸地域の男性性の現状を踏査し、ジェンダー平等を実現するような新しい複数の男性性のあり方を提起している。Ivan Jablonka, *Des hommes justes: Du patriarcat aux nouvelles masculinités*, Seuil, 2019.

(5)高橋裕子「つくられる性差――ジェンダーで見るアメリカ史」、有賀夏紀/油井大三郎編『アメリカの歴史』有斐閣、二〇〇三年、一八〇ページ、小玉亮子「今、なぜ、マスキュリニティ/男性性の歴史か」、小玉亮子編「特集 マスキュリニティ/男性性の歴史」「現代のエスプリ」二〇〇四年九月号、至文堂、二九ページに引用。

(6)伊藤公雄『〈男らしさ〉のゆくえ――男性文化の文化社会学』新曜社、一九九三年(イタリア・ファシズム論については第四章「〈男らしさ〉の革命と挫折――イタリア・ファシズムにおける性と政治」を参照)、クラウス・テーヴェライト『男たちの妄想I――女・流れ・身体・歴史』田村和彦訳(叢書・ウニベルシタス)、法政大学出版局、一九九九年、『男たちの妄想II――男たちの身体――白色テロルの精神分析のために』田村和彦訳(叢書・ウニベルシタス)、法政大学出版局、二〇〇四年、ジョージ・L・モッセ『男のイメージ――男性性の創造と近代社会』細谷実/海妻径子/小玉亮子訳、作品社、二〇〇五年

(7)F・デュピュイ゠デリ「男らしさの危機、あるいは危機の言説?」須納瀬淳訳、「特集「男性学」の現在――〈男〉というジェンダーのゆくえ」「現代思想」二〇一九年二月号、青土社。これは以下の著作の序章の翻訳だが、この論では「一九〇〇年頃の男性性の危機」の動向を詳細に論じている。Francis Dupuis-Déri, *La Crise de la masculinité: Autopsie d'un mythe tenace*, Remue ménage, 2018, pp. 63-91.

(8)渋谷知美「「フェミニスト男性研究」の視点と構想――日本の男性学および男性研究批判を中心に」、日本社会学会編「社会学評論」第五十一巻第四号、日本社会学会、二〇〇一年、四四七―四六三ページ

(9)R. W. Connell, *Masculinities*, University of California Press, 1995. 邦訳されたコンネルの研究は以下のものがある。ロバート・W・コンネル『ジェンダーと権力――セクシュアリティの社会学』森重雄/菊池栄治/加藤隆雄/越智康詞訳、三交社、一九九三年、R・コンネル『ジェンダー学の最前線』多賀太監訳(SEKAISHISO SEMINAR)、世界

思想社、二〇〇八年

（10）片田孫朝日「男性性の批判的研究――コンネルの「覇権的男性性」概念の問題」、京都社会学年報編集委員会編「京都社会学年報」第九号、京都大学文学部社会学研究室、二〇〇一年、二七一―二七七ページ

（11）レイチェル・ギーザ『ボーイズ――男の子はなぜ「男らしく」育つのか』冨田直子訳、DU BOOKS、二〇一九年

第1章　表現主義のマチズモとアウトサイダー性

西岡あかね

1 「男性の運動」としての表現主義

表現主義とは、一九一〇年頃から二〇年代初頭までのおよそ十年間に、ベルリンやミュンヘンなどドイツ語圏の大都市を舞台に、革新的指向をもった芸術家の諸グループが文学や造形芸術、演劇などの各分野を横断する形で展開した総合的芸術傾向を指す。ただし、この芸術傾向は、当時の文化生活を広範囲にわたってカバーするようなメインストリームを形成していたのではない。むしろ表現主義の作家たちは、発行部数が少ない雑誌や小規模な文学サークル、私設ギャラリー、文学キャバレー、カフェなどを活動拠点とする比較的閉鎖的なサブカルチャー的文化を形成していた。その意味では、表現主義はイタリア未来派やダダ、シュルレアリズムなど、同時代の前衛芸術運動と類似の運動だったといえる。

運動としての表現主義の特徴をひと言で表そうとすると、「若さ」というキーワードが浮かび上がってくる。

図2　ルートヴィッヒ・マイトナー『政治的詩人』
ヴァルター・ハーセンクレーヴァーの詩集の表紙。ひげがない、若々しい顔をした詩人は、大詩人の記念碑よろしく台座に鎮座することを拒否する。ラフな服装と荒々しげな身ぶりが、新時代の行動する詩人像を示している
（出　典：Walter Hasenclever, *Der politische Dichter*, E. Rowohlt, 1919, カバー）

図1　フェリックス・ミュラー『詩人ディートリッヒ』
ドレスデンの表現主義詩人、ルドルフ・アードリアン・ディートリッヒの肖像。もじゃもじゃの髪、ひげがない顔がモデルの若々しさを、キュビズム風の鋭角的造形が鋭いまなざしを強調している
（出 典：*Schöne Rarität*, 1 (8), Januar 1918, S. 133.）

事実、表現主義の諸グループに参加していた作家たちの多くは一八八〇年代後半生まれの同じ世代に属していて、一九一〇年頃には二十代半ばの若さだった。この世代的な共通性を意識しているのか、彼らは作品のなかでも自分たちの「若さ」をことさらに強調する傾向がある。しかし、その際、彼らが問題にしているのは単に年齢的な若さのことではない。その名称がすでに象徴的な、初期表現主義の代表的グループ・新クラブの主宰者クルト・ヒラーは、二一年七月に発表したマニフェストで、自分たちのグループを「一番若い、最近のベルリンっ子たち(Jüngst-Berliner)」と呼んでいる。[1] この表現が端的に示しているように、表現主義の作家たちにとって「若さ」とは何よりも、自らの同時代性と文学的先端性を担保するためのアトリビュートなのだ。ヒラーのいささか挑発的な口上を聞いてみよう。

あなたがたは何かしら語ってほしいとお望みだ、われわれについて。この、仲間内でまとまったサークルについて。サークルだって？　われわれは徒党を組んだ仲間だ。そして、それに誇りをもっている（なぜならわれわれは目標を見据えているのだから）・・・要するにだ、あなた方は何かしら情報を得たいと思っているわけだ、例の一味について。この一味の詩人や、寸評書きや、その他のやり方で言葉を愛する者たちは、ベルリンで、目下、新しいジェネレーションだと自認しているのだ。[2]

ここでヒラーが名指しした「仲間」たち、すなわち「詩人(Dichter)」や「寸評書き(Glossatoren)」がそれぞれ男性複数形で書かれていることが、この「新しいジェネレーション」の性格を考えるうえで重要な手がかりになる。別の箇所では「青年の一群」という表現を使っているように、ヒラーは自分たちを男性のグループだと強調しているのだ。[3] 表現主義のマニフェストや詩のなかで、綱領的に詩人の姿が描かれる場合にも同様の特徴がみられる。いくつか典型的な例を挙げてみよう。

Der Dichter meidet strahlende Akkorde.（Johannes Becher: Vorbereitung）[4]
詩人は輝かしき和音を使いはしない。

（ヨハネス・ベッヒャー「準備」）

Von Firmamenten steigt *der neue Dichter*
Herab zu irdischen und größeren Taten.（Walter Hasenclever: *Der politische Dichter*）[5]
天空から新しい詩人は降りてくる
この世の、より偉大な行為を成すために。

（ヴァルター・ハーゼンクレーヴァー「政治的詩人」）

Doch wie im Traume, ein blautrockner Himmel überm Dach seiner Donner,
Über den eigenen Lippen noch unerlöst wartet *der Dichter* —（Alfred Wolfenstein: Hingebung *des Dichters*）[6]
しかし、あたかも夢を見ているように、青く干からびた天空が彼が放つ雷鳴に、
自らの唇にいまだ覆いかぶさるなか、解放されることもなく詩人は待ち受けている――

（アルフレート・ヴォルフェンシュタイン「詩人の献身」）

すべての詩句のなかで、「詩人」の語には男性単数形が使われている。つまり、表現主義詩人は基本的に男性、それも青年なのだ。[7]この青年詩人の造形は、不遜ともいえる攻撃的、あるいは抵抗的身ぶりを伴うことで、ある種の「男らしさ」を指向しているが、その際、表現主義の「マッチョ」な詩人像は、未成年性や行動性を過度に

写真1　ヘルムート・フォン・モルトケ
ヴィルヘルム二世のモルトケたるべく参謀総長に任命された「小モルトケ」。髭、軍服、勲章とおうように構えたポージング。彼の肖像は、ヴィルヘルム期の「男らしさ」の一典型を表している
（出典：「ヘルムート・ヨハン・ルートヴィヒ・フォン・モルトケ」「Wikipedia」〔https://commons.wikimedia.org/wiki/File:Helmuth_von_Moltke_by_Nicola_Perscheid_c1910.jpg#metadata〕［2019年12月13日アクセス］）

写真3　パウル・フォン・ヒンデンブルク
「タンネンベルクの英雄」の肖像は、第１次世界大戦からワイマール期を通じてドイツの津々浦々で複製された。偏在する彼の肖像が生み出したのは、国民的な「父」のイメージだろうか
（出典：“Paul von Hindenburg,” Encyclopedia Britannica,〔https://www.britannica.com/biography/Paul-von-Hindenburg〕［2019年12月13日アクセス］）

写真2　ハインリッヒ・ベッヒャー
ヨハネス・ベッヒャーの父。モルトケの肖像と比べてみてほしい。ベッヒャーは、裁判官だった父を、権威主義的なプロイセン官僚の典型と捉えていた。父との困難な関係は、彼の詩作に決定的な影響を与えている
（出典：Jens-Fietje Dwars, *Abgrund des Widerspruchs: Das Leben des Johannes R. Becher*, Aufbau, 1998, S. I.）

強調することによって、社会的権威をもった「大人」の男性が体現している、覇権的な男性性表象の逆を狙おうとしている。つまり、表現主義における青年性の追求は、「父親殺し」のモチーフ同様、単に文学での世代間闘争のイメージを伝えているだけではない。より重要なのは、それが、既存の規範的な男らしさのイメージとは別の、新しい男性性のモデルを作成しようとしている点なのだが、これについてはあとで詳しく論じたい。

このように、文学的青年運動としての性格をもつ表現主義の運動原理として、しばしば「友情(Kameradschaft)」や「仲間意識(Kameraderie)」という概念が用いられるのは偶然ではない。これらの語は、軍隊、学校、スポーツのチームなど、比較的範囲が狭い、閉じられた(おおむね男性によって占められた)集団内部における「戦友」、あるいは「僚友」の関係を表すが、これこそが表現主義の男性同盟的なグループ意識を明確に表現している。創造的個人の自由な精神的つながりの感覚である「仲間意識(Kameraderie)」こそが男性の人間的価値を決定すると説いた、オットー・シュテースルのマニフェストがその証左になるだろう。

> 精神の一員となり、精神を助け、それによって自身も最も高次の正当性を得ることこそが、精神の天職であり義務なのだ。一人の男が、自分自身の重要性を意識しながら、それをほかの重要性の意識と一致させる、あるいは単純な自己保存の本能と並んで、他者の高貴な自己自身を公正に評価するという、より繊細で、まれにしかお目にかかれない本能を保持しているのだとすれば、それこそが、ほとんど唯一の、確かな、男の価値の証しなのではないか。周囲のどうでもいい、強制された集団に対して、意図的で自由な、党派性とは無関係な選択によって結び付き、規定され、細部まで形成された団体を作ることこそが、自立した、創造的人間が承認する唯一の責務でありつづける。(8)

表現主義の綱領的テクストに顕著にみられる男性中心のイメージは、若い知識人や学生のサブカルチャーだった表現主義という運動の実態に即しているようにもみえる。(9)「嵐」や「行動」をはじめとする雑誌や、先に挙げた新クラブなどのサークルの主宰者は事実みな男性だったし、これらのサークルの活動をおもに担っていたコアメンバーもほとんど男性で占められていた。そのためだろうか、一九二〇年に出版された表現主義詩の代表的アンソロジー『人類の薄明』には、二十三人中ただ一人、エルゼ・ラスカー＝シューラーしか女性詩人が収録されていない。従来の文学史記述もまた、このアンソロジーの収録方針を踏襲している。例えば、六九年に出版された『文学としての表現主義』は全七百九十七ページという大部の論集だが、このなかで女性作家に関する記述を探すと、これもラスカー＝シューラーの評伝一本しか収録していない。(10)

しかし近年、表現主義のサークルやその周辺で活動していた女性作家への関心が高まり、彼女たちの埋もれていた多くの作品が再び日の目を見たことによって、実際にはかなり多くの女性作家がこの運動に、しかも積極的に関与していたことが明らかになりつつある。(11)では、なぜ彼女たちの表現主義運動への寄与はこれまでみえづらくなっていたのだろうか。言い換えれば、表現主義がもっぱら「男性の運動」にみえていたのはなぜだろうか。キャロリン・コースマイヤーが指摘した、「芸術家という資格を持つものは誰か、という問いに対するジェンダー化された予測(12)」に文学史家もたしかにとらわれていたのだろう。(13)しかし、受容者の意識以上に本質的な原因は、表現主義の運動としての構造そのものにあり、これが女性作家の参加を周辺的なものにみせていたのではないだろうか。

先に引用したヒラーのテクストのなかで、ヒラーは自分たちのグループを「徒党を組んだ仲間（Clique）」と呼んでいた。このClique という語は、例えば「山師の一味」というような、ある種のいかがわしい仲間関係を軽蔑的に表すのにしばしば用いられ、一般的にはネガティブな意味合いをもつのだが、この表現をあえて用いた点に、グループの結束と反市民的な過激さを挑発的に表明しようという彼の意図が感じられる。こうした言葉の選び方には、表現主義の作家たちが現存する芸術システムからの離脱を主張し、別の新しい芸術実践の確立を目

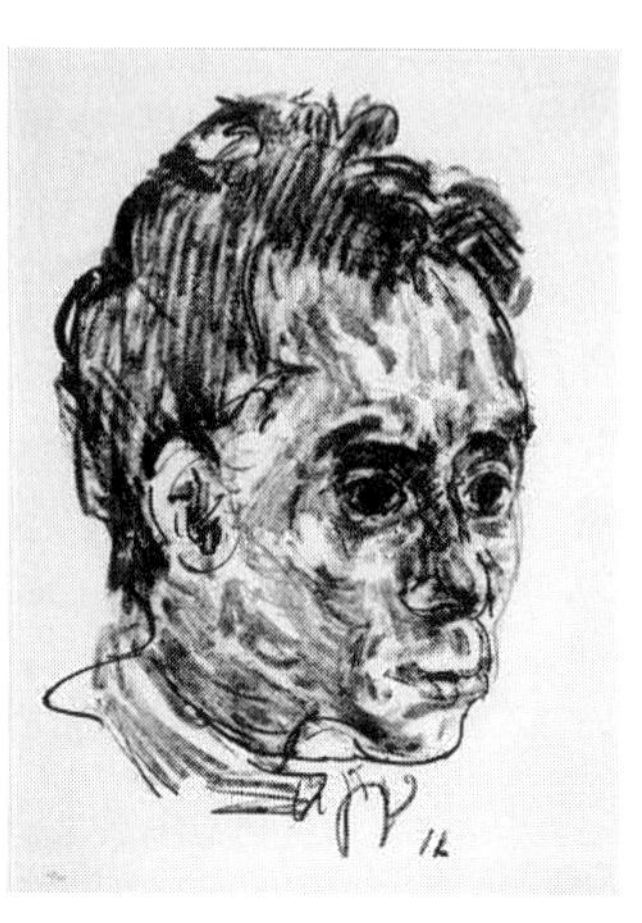

図3　オスカー・ココシュカ『ヴァルター・ハーゼンクレーヴァー』1919年
ココシュカが描いた詩人ハーゼンクレーヴァーの頭部は黒人男性をイメージしているかのようだ。西欧近代の規範的男性像からの逸脱と、疎外されたマイノリティーへの連帯感の表れだろうか
（出典：“The Art Institute of Chicago”〔https://www.artic.edu/artworks/23042/walter-hasenclever-head-to-the-right〕［2019年12月13日アクセス］）

指そうとする過程で意識せざるをえなかった、芸術的、さらには社会的アウトサイダー性が明確に表れている。トーマス・アンツは、この「アウトサイダー意識」が表現主義のサブカルチャー的グループ組織の根底にあるとしたうえで、これが表現主義の文学作品のなかでしばしば表明される、市民社会の周辺部に追いやられた人間との連帯感を生んでいると指摘した。さらにアンツは、ルートヴィッヒ・ルービナーのマニフェスト「詩人は政治に介入する」の一節を例に、この社会的アウトサイダーへの連帯の意識が女性にも向けられていることに注目している[14]。その際アンツが念頭に置いていた、ルービナーのテクスト箇所は以下のようになっている。

> われわれとは誰のことだ？　誰が仲間なのだ？　売春婦、詩人、下層労働者、廃品物を集める者、出来心から盗みを犯す者、のらくら者、抱き合っている恋人たち、宗教で狂ってしまった者、飲んだくれ、チェーンスモーカー、失業者、大食漢、無宿者、押し込み強盗、毒舌家、寝坊屋、やくざ。そして、さしあたり世界のすべての女性たち。われわれはくずだ、残り物だ、物笑いの種だ。われわれは失業者だ、労働不能者だ、労働嫌悪者だ。われわれは聖なる賤民だ[15]。

ルービナーが「詩人」の「仲間（Kamerad）」として挙げている人物像が、「飲んだくれ」「のらくら者」「失業者」「無宿者」「寝坊屋」など、いずれも近代市民社会の規範としての勤勉さや労働生産性を拒否するか、あるいはその規範にあずかることさえできない人間であることに注意する必要がある。この言説は、ヴィルヘルム時代のドイツ市民社会のなかで表現主義の作家たちの多くが抱えていた疎外感を反映すると同時に、制度化された「芸術」の枠から逸脱して、その市民社会の規範を揺るがすような批判的発信力を文学に付与しようとする、彼らの前衛的態度も表している。しかしこのテクストは、さまざまな、いわばドロップアウトした人間の類型と「世界のすべての女性たち」を無条件に同じ地平に置くことで、女性という存在を、女性自身が自ら選び取ったものではないアウトサイダーの位置に固定してしまっているのだ。

たしかに、女性は西欧近代の社会において長らく排除された存在だった。しかし、このテクストが書かれた二十世紀初頭はドイツ語圏でも女性運動が盛んになった時代であり、ルービナーも同人だった表現主義の雑誌「行動」にはフェミニスト作家ヘドヴィッヒ・ドームも寄稿していた。にもかかわらず、このテクストは、男性詩人と同じく主体として行動し、同時代の社会で活動の場を広げつつあった女性の姿を垣間見せることもなく、むしろ現に存在する、女性が強いられたアウトサイダー性を追認してしまっている。その意味では、ルービナーが具体例として挙げた女性のタイプが「売春婦」と「恋人」であることは示唆的だといえる。社会的役割を与えられた生産主体である「妻」でも「母」でもない両者の存在は、女性の究極のアウトサイダー性を象徴的に表すメタファーとして機能しているが、女性をこの二つの類型に還元することで、このテクストは図らずも、男性の視点からみた性の対象としての女性の他者性を強調してしまっている。ルービナーのマニフェストのなかに「女性の仲間（Kameradin）」への言及がないのは不思議なことではない[16]。

この女性へのまなざしの偏りは、表現主義の文学テクストのなかで描かれた詩人像が綱領的に体現している一種のマチズモと奇妙に連動している。以下、詩人アルフレート・ヴォルフェンシュタインを例にみてみよう。

2 アルフレート・ヴォルフェンシュタインの「男」の詩学

アルフレート・ヴォルフェンシュタインは、一八八三年にユダヤ人商人の息子としてドイツ中東部の都市ハレに生まれた。父を早く失ったあと、家族はベルリンに移住している。一九〇五年からはドイツ各地で法学を専攻するが、一二年に雑誌「行動」に詩を発表して以降、学業の傍ら作家としても活動を続けた。その後、一六年には「行動」の主筆フランツ・プフェンフェルトと袂を分かち、ミュンヘンに移住する。同地ではレーテ共和国に参加し、一九年から二〇年にかけて雑誌「蜂起」を出版した。二二年にはベルリンへ再度移住し、三三年三月にプラハに亡命するまで同地で作家活動を続けている。ナチスのプラハ占領後はパリに亡命したが、心臓病が悪化し、四五年一月にパリの病院で自殺を遂げた。

この簡単なスケッチからも、ヴォルフェンシュタインの生涯には表現主義の詩人たちに共通する多重のアウトサイダー性が刻み込まれていることがわかる。ヤーコブ・ファン・ホディスやフランツ・ヴェルフェル、ヴァルター・ハーゼンクレーヴァーなど、彼らの多くはヴォルフェンシュタイン同様、ドイツ社会のマイノリティであるユダヤ人で、最初から市民社会への参入を制限された存在であった。[17] また、非ユダヤ人の場合でも、例えばゲオルク・ハイムやヨハネス・ベッヒャーのように、社会的地位が高く権威主義的な父親とのネガティブな関係が原因となって、市民生活への適合に問題を抱えていた者も少なくなかった。さらに、ヴォルフェンシュタインやハイム、ゴットフリート・ベンなどに共通して指摘できることだが、彼らの多くは地方の中小都市で生まれ、青年期になってから、ドイツ帝国成立以降、急速に近代化と都市化が進展した首都ベルリンに居を移した、新参の都市生活者だった。

ヴォルフェンシュタインにとっても、都市は自身のアウトサイダー性を象徴する場だった。一九一四年に刊行された第一詩集『神なき年月』には、都市で孤立した若い男性の姿が、詩人自身を含む現代人のプロトタイプとして繰り返し描かれている。では、彼が体験した都市空間とはどのようなものだったのか、「都市住民」と題された詩をみてみよう。

都市住民

ザルの目のように密集して
窓が並んでいる、家々が
密着して押し合いへしあいするから、通りは
絞殺体みたいに灰色に膨れ上がっている。

しっかりかぎ止めされ、互いのなかに埋め込まれた状態で、
路面電車には二つの顔が
座っている。彼らの密着したまなざしは、互いのなかに
どっぷり漬かり込んでいる、臆せず、何か問いたげに。

僕らの家の壁は皮膚のように薄い。
僕が泣くと、みんなにばれてしまう。
僕らのささやき、考えは……わめき声になる……

――そして、なんて静かに、分厚く閉ざされた洞穴のなかで、
全く触れられることも、見られることもなく、
一人ひとりが遠く離れて立ち、感じていることか、一人きりだと。(18)

都市は、暴力的なほど異常な、事物や人間の密集として描かれる。軒を連ねて立ち並ぶ家々が迫る通りは「絞殺体みたいに灰色に膨れ上がって」、満員の路面電車の乗客たちは互いにめり込むほど密着し、「かぎ止め」されたように身動きがとれずにいる。この過密空間では、個人の内密な感情生活を秘めておくことは不可能だ。「皮膚のように薄い」壁は、なかにいる人間を外界からかろうじて隔てるもろい膜にすぎず、ひそかな泣き声も、「ささやき」も、そして秘めた「考え」さえも外部にさらけ出してしまう。しかし、この外部にたやすく漏れてしまう声は、聞かれることはあっても理解されることはない。物理的な壁の薄さと距離の近さが生み出すのは逆説的にも意識の隔たりであり、互いに「触れられることも、見られることも」ない都市住民たちは、自分の孤独な意識から逃れることができず、「分厚く閉ざされた洞穴」のなかに閉じ込められたように孤立している。

ヴォルフェンシュタインが描いた孤立した都市住人の姿は、絶えざる自己省察の行為を通じて自己の同一性を認識し、確立しようとしてきた近代的自我が、モダン都市が生み出す孤独のなかで、ついに意識の袋小路に陥ったさまを象徴している。「意識(Bewußtheit)」という詩で、詩人は自分をとらえて離さない意識にこう呼びかける。

おまえ、気取って、絶望的に重苦しい
意識よ……海にも似た……

おまえは自分を悩ませ、日の光を浴びねば
ならないのだ、だが決して
楽しげに戸外でひしめきあう感情が
おまえの絶望的で気取った冷たさを捕らえることはない。(19)

ここでも内と外を対比させるトポロジー的メタファーが用いられている。ヴォルフェンシュタインの詩には、このメタファーと対応して、脱出のモチーフが繰り返し登場する。例えば、第一詩集のタイトル詩「神なき年月」のなかで、詩人はこう表明する。

音楽を僕は作ろうとは思わない、むしろ歩みを進めたい
そして僕の足取りを示したい。(20)

詩的自我の内なる声、すなわちポエジーのモデルである「音楽」を詩人は拒否する。彼は自己の心の動きに沈潜しようとはせず、むしろ「歩みを進め」て外へ出ようとする。

都市に暮らす人間が出ていく先は街路だ。ヴォルフェンシュタインの作品中、都市はしばしば提喩的に「通り（Straße）」と言い換えられ、詩人が指向する、外部世界への歩み出しの意志を暗示している。「少年の夜」の冒頭、詩人は「この敵意に満ちた部屋をあとにしよう(21)」と決意する。しかし、外に向けて延びる「通り」は暴力的な敵意に満ちていて、脱出の試みは挫折してしまう。

ドアはもう開いている……通りはどぎつく

音もなく僕のいてつく顔に殴りかかり
そして僕を追い払ってしまう……また家へと……(22)

「呪われた青春」と題した詩でも、同じ脱出への要求が決然とした調子で繰り返される。

家から出ろ、通りを抜けていけ！
何ものからも、いかなる場所からも知られることなく、
ただ空のように速く、高く
聞きなれぬ喧騒のなかを通り抜け、そして言葉もなく！(23)

しかし、詩人が雑踏のなかで出会うのは「獣のように見知らぬ顔」であり、その「氷に閉じ込められたような目」が彼に向けられることもない。なぜならこの目は「自分の姿しか見ていない(24)」のだから。こうして、通りへの逃走は結局、他者という鏡に映った自己の孤立した姿の再確認に終わる。この出口がない状況に置かれて、詩人は、自分を意識のなかに閉じ込める「頭」と孤独に苦しむ「心」を失いたいと願う。

おまえ、神をも恐れぬものよ、僕の頭を吹き散らしてくれ――
人でなしよ、僕の心を吹き散らしてくれ――
落ちぶれた僕を、見捨てられた男を
おまえ、通りよ、そう吹き散らしてくれ、吹き散らしてくれ！(25)

逃げ場を失った詩人は、そのまなざしを都市の外へ向ける。「苦しみの住まい」[26]という象徴的なタイトルをもつ詩では、詩人は街路の重苦しい、自分の「額に向かってつばを吐きかけてくる」空気のなかを足早に通り過ぎ、郊外を目指す。ところが、街路が途切れ、都市のはずれで息をついたそのとき、詩人は突然こう悟る。

――しかし、僕は踵を返すだろう――息苦しく、押しつぶされて……
――家々が激しい力を振るうところが僕の家だ。[27]

この詩句はどう解釈すべきなのだろうか。都市の孤独から逃れられないことを悟った絶望なのか、あるいは諦めだろうか。しかし同時に、ここには自分を受け入れようとしない都市にアウトサイダーとしてあえて留まろうとする詩人の悲劇的でヒロイックなジェスチャーも感じられる。この態度は、逃れられない孤独の認識のなかで、詩人がいわば、決死のとんぼ返りともいうべき思考の離れ業を演じるときに、よりはっきりとした形をとる。すなわち、ヴォルフェンシュタインは、孤独の苦しみを選ばれた精神の孤高さに反転させることで、モダン都市の詩人としてのアイデンティティを創造しようと試みるのだ。その際、この虚構の詩的アイデンティティには、ある精神のモードとしての「男性性」のイメージがまとわりついている。その名も「男」というタイトルをもつ詩をみてみよう。

DER MANN

Die Sonne und die Beete tauschen Luft und Farben aus,
Der Baum erwehrt mit kühlem Rauschen sich der Brunst des Blaus.

Die heißen Finger, die ich faßte, ließ ich wieder los,
Das Zucken meiner Schultern raste nicht in deinen Schoß,

Die Augen, die sich schon verhüllten wie mit Schlaf mit dir,
Besannen sich - die Füße fühlten weg zur offnen Tür -:

Ein Weib .. was würde da erschlossen ..? Ganz ist sie gewußt!
Zurück ans Buch, das ungenossen liegt wie neue Lust!

Der seinem letzten Pol zudringt, wird größer ohne sie,
Im Eise blanksten Denkens singt des Mannes Melodie ..[28]

男

太陽と花壇が大気と色彩を交換する。
そっけないざわめきを立てて、木はあてもない情熱から身を守る。

わたしはつかんでいた熱い指をまた離した。
わたしの肩のうずきがおまえの腹に飛び込むことはない。

眠りに包まれたように、おまえで覆われていた目は、
正気に戻り——ここを出ようと、足で開いたドアを探った——
女……どういうことだ……？　知っている女だ！
本に戻ろう、まるで新しい快楽のように、まだ手つかずで横たわっている本に！
最後の極地に向かって突き進む男は、女なしでより偉大になる、
全き白さに輝く思考の氷のなかで歌う、男のメロディー……

先行研究の多くは、ヴォルフェンシュタインの作品に散見できるミソジニー的言説の典型的な例として、この詩を引き合いに出しているのだが、その場合、引用されるのはほぼ最後の二行に限られていた。[29]しかし、この詩の全体をみると、単純なミソジニーにはとどまらない、性とジェンダーに関する複雑なイメージのせめぎあいが浮かび上がってくる。

ここで語られているのは、ある女（おそらくは売春婦だろうか）との行為を終えて、まどろみから覚めかかった男の意識の動きだ。はっきりとした形をもたない、暖かく、色彩豊かな屋外の風景（「太陽」「花壇」「大気」）は、まだ冷めやらぬ性の陶酔の余韻を残しているようだが、一本の木が立てる「そっけないざわめき」が、覚醒が間近いことを告げている。「そっけない」という訳語を当てた語は、原文ではkühl（冷たい、クールな）になっていて、外界の風景が喚起する温かさのイメージとコントラストをなすことで、最終連で呼び出される極地のイメージを準備している。

先に引用した詩でも、覚醒した意識の孤立状態が、氷をイメージさせるメタファー（「僕のいてついた顔」）で表現されていた。ただし、ヴォルフェンシュタインの作品世界で、この意識の冷たさに苦しむのは男性だけだ。女性は他者として、これを温め、溶かし、外の世界に導く存在と捉えられている。一九一二年に書かれたエッセー「ご婦人のための乾杯の辞」には次のような一節がある。

つまり、われわれは男とは合一できないのだ。（略）ただ女性たちとだけ、われわれは接触可能なのだ。ただ女性たちだけがわれわれの内部に感覚を生み出すことができるし、われわれの意識の冷えに息を吹きかけ、生き返らせ、この世の外部世界への道を開くことができるのだ。[30]

この一節は、西欧近代に特徴的な表象システムを反映している。つまり、意識と感覚、あるいは理性と感情を対立させる表象システムであり、この相対する二つの原理はそれぞれ、模範的なジェンダー図式に従って、男性性と女性性に還元されている。詩人が女性を外界への道を開く存在とするのは、彼が、感覚と感情をつかさどる女性を、男性精神にとっての他者として、より自然に近い存在と捉えているからだ。さらに、問題の詩でも明らかなように、ヴォルフェンシュタインの作品で、このジェンダー的図式はしばしば、冷たさと温かさ、北方と南方という地理的イメージを伴っている。[31]

ゲーテの『ファウスト』やロマン派の諸作品を引き合いに出すまでもなく、近代のドイツ文学は、ドイツ語圏の思想に独特の理性批判、文明批判の文脈で、自然や無意識の領域に隠れた「女性的なもの」に目を向けてきた。[32]ドイツ文学の伝統である南方憧憬のモチーフも、この関連で論じることができるだろう。この伝統的文学イメージはヴォルフェンシュタインにも受け継がれているが、彼のテクストは、性の陶酔がもたらす自己の境界線の不安定化に対する拒絶感と、覚醒が不可避であることを強調する態度によって、女性性をめぐる伝統的な文学的言説とは逆の方向性を提示している。「わたしの肩のうずきがおまえの腹に飛び込むことはない」と詩人が宣言するとき、彼はむしろ、あの冷たい意識への逆戻りを望んでいる。しばしば引用される最終連は、女性嫌悪的なジェスチャーとともに、この覚醒への意志のなかに孤独な男性性の原理を見いだそうとしたものだが、その際、「極地」への探検旅行という植民地主義的イメージが用いられていることに注意する必要がある。

写真4　アルフレート・ヴォルフェンシュタイン
彼の繊細で内省的な風貌は、高位の軍人の肖像が体現している、ヴィルヘルム期の規範的男性イメージからは遠い位置にある
（出典：“Alfred Wolfenstein,” Projekt Gutenberg-DE,〔https://gutenberg.spiegel.de/autor/alfred-wolfenstein-1826〕［2019年12月13日アクセス］）

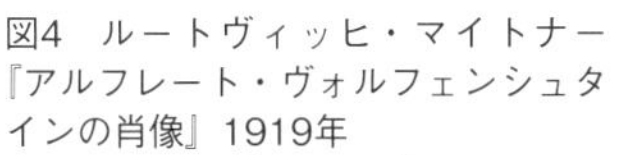

図4　ルートヴィッヒ・マイトナー『アルフレート・ヴォルフェンシュタインの肖像』1919年
マイトナーの筆によるヴォルフェンシュタインの肖像は、写真が伝える詩人の姿とはイメージが異なる。絵画的演出が施されたヴォルフェンシュタインは、表現主義の綱領的主張に対応した、ファイターの顔をしている
（出典：“Los Angeles County Museum of Art”〔https://collections.lacma.org/node/178211〕［2019年12月13日アクセス］）

十九世紀末以降、西欧各国は最後に残った未踏の土地だった極地にこぞって探検隊を派遣していた。二十世紀初頭に繰り広げられた北極点と南極点の征服競争は当時、さまざまなメディアを通じて報道され、極地探検をテーマにする映画やファンタジー文学も量産された[33]。この過程で形成された現代的なヒーロー像、すなわち氷のようにクールでタフな探検家の姿に重ね合わせるかのように、ヴォルフェンシュタインは、都市の孤独のなかで意識の冷たさに耐える孤高の詩人としてのアイデンティティを、極地探検者のイメージに投影している。ただし、この詩的アイデンティティが、そもそも克服すべ

き危機的な孤立状態と捉えられていた意識への立てこもりを前提としている以上、問題の詩が提示した「全き白さに輝く思考の氷のなかで歌う」男としての詩人の姿がどれほど確信的なものだったかは疑わしい。むしろこの男性的詩人のイメージは、冷めた意識が保証する精神の孤高さを男性性の原理としていわば専売特許化することで、芸術を創造する主体としての男性の、揺らぎつつある作家的アイデンティティを守ろうとする意図を隠しているのではないだろうか。この問題を掘り下げていく前に、先に言及したエッセー「ご婦人のための乾杯の辞」から別の一節を引用しよう。

彼女たち〔女性たち：引用者注〕はくすぐったがり屋だが、感じやすくはない。彼女たちには恐れがないが、それは勇気があるからではない。ただ意識が欠けているせいだ。彼女たちはいつも喜ばしい期待を抱いているが、それは創造の喜びからではない。むしろ彼女たちが空っぽだからだ（つまり懐疑に欠けているのだ）。[34]

女性は、外部の刺激を無限に吸収する意識の空洞として描かれている。女性の内面性を表す表現としてここで用いられた「いつも喜ばしい期待を抱いている（sie sind immer guter Hoffnung）」という表現は、「妊娠している」という意味をもつ慣用句である。女性は「妊娠」はできるが、「創造の喜び」はもたないという奇妙なイメージ[35]は、女性は真に創造する主体たりえないという、当時の芸術論で支配的な言説を追認している。

十九世紀末にドイツ語圏でも女性運動が盛んになったことはすでに述べた。この過程で女性の文学分野への進出も進み、二十世紀初頭には、伝統的なサロン文化を背景にした女性の芸術参加とは一線を画する、職業作家としての新しい女性作家が登場してきた。この新しい傾向を受けて、彼女たちの存在や、女性による芸術の可能性が盛んに論じられるようになった。しかし、その多くは、精神と感情、芸術と自然という従来の二項対立図式から抜け出すことができず、自然的存在である女性の美的感受性は認めるものの、女性には芸術作品を形成する能力は欠けていると結論づける。[36] 女性芸術家がますます増えている現状と矛盾した、女性の芸術的資質をめぐる同時代の議論には、この現状に対する男性知識人の危機感が見え隠れしている。[37] ヴォルフェンシュタインのきわめて男性中心主義的な詩人像もこの危機感と無縁ではない。それを示すのが「女詩人」という以下のテクストだ。

DIE DICHTERIN

Daß du Bunte hexenhafte Holde
Deinen Mund wie auf dich selber richtest.
Und, von Haar bis Nerven wie aus Golde,
Diesen Glanz, statt ihn zu leben, dichtest! ..

Deiner weißen Adern Schuß, geladen
Mit nicht andrer als der Andern Spannung,
Löst sich nur zu reicher Worte Schwaden,
.. Ich gewinne nichts, wie in Entmannung.

Also bist du, nur an dich Geschmiegte,
Meinem Wunsch, fein berührt zu werden,
Schmerzlich, - wie der weibischen Geberden
Übernähe, die mich sonst bekriegte ..

Traumhaft bleibt die mit mir Gleichgewiegte.(38)

女詩人

おまえ、色彩に富み、魔女のように蠱惑する恋人よ、
おまえの口はおまえ自身に向いているみたいだ。
そして、髪から神経まで、まるで黄金でできているかのようなおまえが、
その輝きを、生きることなく、詩に歌うとは！……

他人の興奮しか運んでいかない
おまえの白い血管の流れは、
ほどけて豊かな言葉のもやに溶けていく。
……わたしは何も手にできない、まるで精気をなくしたよう。

だからおまえは、ただ自分にだけ寄り添う女よ、
そっと触れてほしいというわたしの願いには
苦い存在だ、――まるで女々しい女の振る舞いのしつこさ、
いつもなら、それをわたしがはねつけるのだが……
わたしと同じく手だれの女は、夢のような姿をしたまま。

ここで描かれた「女詩人」は、詩人を魅惑してやまない「色彩」と「輝き」をもっている。しかし、詩人はこの美しい姿を前にして、陶酔的な接触を拒まれている。彼女は詩人に外界への道を開く、意識なき他者ではない。むしろ、「ただ自分にだけ寄り添う」彼女は、男性詩人と同じ冷たい意識の振る舞いを身につけている（彼女の「ほどけて豊かな言葉のもやに溶けていく」「血管の流れ」が、「白」という、色彩の不在を表すメタファーを介して、前掲詩「男」の「思考の氷のなかで歌う、男のメロディー」と接続していることに注目する必要があるだろう）。触れることができない夢のような「手だれの女」に対して、「わたし」はもはやあの男性的な孤高の詩人像に逃げ込むことができない。「まるで精気をなくしたよう（wie in Ermattung）」という、去勢のイメージを内包するような詩人の言葉には、芸術創造の主体としての男性が「女詩人」の存在を前にして感じた、自らの詩人としてのアイデンティティの揺らぎが表れている。

ここまでみてきたように、ヴォルフェンシュタインの詩人像のマチズモ的性格は、彼の多重のアウトサイダー性を背景として形成された、虚構の詩的アイデンティティであった。この詩的アイデンティティは、自身のアウトサイダー性をあえてポジティヴな、別の男性的原理に変換することによって作られたものだが、ヴォルフェンシュタインは次第にその限界を意識するようになる。一九一七年に出版された第二詩集に『友情』というタイトルがつけられていることからもわかるように、ほかの表現主義の作家たち同様、彼もアウトサイダー的存在の連帯を模索し始める。詩人はいまや、孤独な意識のなかに閉じこもることをやめ、他者へと向かう意志を示そうとするのだ。例えば「詩人の献身」という詩には次のような一節がある。

彼〔詩人：引用者注〕が言葉を放つとき、ますます生き生きと彼の胸は膨らむ！
彼が内気さと喜びのあまり言葉のただなかで立ち上がろうと
するのは、砂漠に逃れるため――

いや、そうではなく人々にもっと近づくためなのだ。（「詩人の献身[39]」）

他者への接近を求める態度は、第一詩集の出版前に描かれたテクストにもみられる。しかし例えば、一九一三年のエッセー「エルンスト・フラウエンロープ」のなかで、「ただ男たちだけが、偉大なもの、本来的なものが現れ出る所まで一緒にのぼっていける[40]」と語られているように、多くの場合、詩人が他者に向けるまなざしは、表現主義のグループ意識に特有の「男性同盟」的意識にとらわれたままだ。しかし、のちに妻になる詩人ヘンリエッテ・ハルデンベルクと出会った頃に書いたマニフェスト「同志たち……！　そして同志の女性たち！」では、この態度が変化して、第一詩集で描かれた孤高の男性詩人の姿の前提になっていた、意識への立てこもりが批判的に捉えられている。

途方もなく偉大なのは体験だ。つまり、わたしはこの地上で唯一の人間ではない。わたしは自分の存在だけを有しているのではない。ただ目標だけではなく、人間との関係ももっているのだ。わたしが欲すると欲さざるとにかかわらず。いや、わたしはただそれを望むだけだ。なぜならわたしは一人ではいたくないから。わたしが孤独を好み、自分自身を欲しているのだとすれば、わたしが幸福に近づくことはない、むしろわたしは死に近づいている[41]。

すでに引用したいくつかの詩のなかで用いられていた「冷たさ」や「洞穴」というメタファーが示しているように、第一詩集でも、孤立した都市住人の孤独な意識は死のイメージと重なり合っていた。ここではさらに、孤独に対立する感情としての「幸福」が問題とされる。ヴォルフェンシュタインにとって、幸福は「人間との関係」のなかでだけ感じられるものだが、その際クローズアップされるのが、女性との関係の困難さである。

とにかく一人ひとりの男には友情か、あるいは敵対関係がある。しかし、女に関しては何が可能なのか？女に関して可能なことが少なければ少ないほど、男はどこからでもガツガツと女性に向かうのだ。彼女は清らかか、あるいは清らかではないかもしれぬ。深みがあるか、あるいは謎なきスフィンクスなのかもしれぬ。善良であるか、あるいはひょっとすると獣なのかもしれぬ。いずれにせよ、女は男を恐ろしく混乱させる。(42)

男性同士の関係が「友情」という概念に還元されるのに対して、女性との関係を定義する概念を詩人はもたない。ここでも彼は、「他者」としての女性を前にして困惑し、「清らかな」聖女と人間ならざる「獣」、すなわちファム・フラジールとファム・ファタールという、（男性の視点からみた）女性の存在の不可解さを示す、陳腐化したトポスを繰り返すだけなのだ。しかし、求める「幸福」のためには、女性を理解不能な他者性に閉じ込めることをやめなくてはならないと、ヴォルフェンシュタインはいう。

脳という重荷を一人で負うことは立派なことだ。しかし、より全きものは幸福ではないのか。世界のもう半分が参加しなければならない！　女たちよ！（略）わたしたちが準備し、望み、ぜひとも必要としているのがみえるだろう。おまえたちとわたしたちを自然と精神に分けるのをやめることを。(43)

自然と精神の対立図式を排することで、「世界の両半分」が参加する、すなわち、このマニフェストのタイトルにもなっている「男性の仲間（Kamerad）」と「女性の仲間（Kameradin）」からなるユートピア的共同体のイメージが暗示されている。しかし、この新たに見いだされた女性の仲間へのまなざしもまた、連帯を求める詩人の男性性から自由ではないことが、ほぼ一年後に書かれたマニフェスト「闘士 芸術家」をみればわかるだろう。

ここでも「芸術家」は男性単数形で書かれているが、彼の創造性はその統合する力にあると詩人は述べる。

最も明朗で、最も平和なものは、最も戦闘的なものでなければならない。女の愛、男の友情、そして、この両者とすべてを自らのうちで一つにした、芸術家の力。(44)

このマニフェストが書かれたのが第一次世界大戦勃発後であることを考えれば、「愛」と「友情」を「自らのうちで一つにした、芸術家の力」という理想像がもつきわめて同時代的な意味が浮かび上がってくる。しかし、ここで問題にしたいのは、「友情」が男性の、そして「愛」が女性のものだとされている点だ。なぜならこの、いわば連帯の原理の性的役割分担によって、「友情」による男性の共同体と「愛」による男女の結び付きは描きえても、女性同士の友情による連帯の可能性は排除されてしまっているのだから。こうしてみると、ヴォルフェンシュタインのユートピア的連帯のイメージもまた、ほかの多くの表現主義の詩人が提示したそれと同じ男性同盟的グループ意識の補完的機能をもつにすぎないのではないかと問うこともできるだろう。

では、連帯を求められた表現主義の女性作家たちは、彼女たちの友人やパートナーでもあった男性詩人たちが展開した男性同盟的な運動のなかで、芸術家としての自分たちの存在をどのように捉えようとしていたのだろうか。最後にこの点をみておきたい。

3 女性の表現主義と「男性性の危機」の言説

男性の表現主義作家と同様、表現主義の運動に参加した女性詩人たちの出自もまた、複合的なアウトサイダー性の刻印を受けている。エルゼ・ラスカー＝シューラーやヘンリエッテ・ハルデンベルク、クレール・ゴルはユダヤ人であり、デンマーク系ドイツ人の船員の娘であるエミー・ヘニングスや、シュレジア地方の移動指物師の娘であるパウラ・ルートヴィッヒはアウトロー的なマイノリティの環境で生まれ育った。さらに、男性の表現主義作家が自分たちのグループ内ではマジョリティたりえたのに対し、女性である彼女たちは、男性の運動である表現主義の内部でも常にアウトサイダー的存在であった。

表現主義における女性作家の構造的周辺性のためだろうか、彼女たちは孤独や疎外の体験を好んで取り上げるが、男性作家のようにグループ意識を強調する姿勢はみせていない。そもそも彼女たちには、表現主義詩人としての自らの作家的アイデンティティを語るとき、男性詩人たちが綱領として掲げたマチズモ的詩人像に同化して、語る主体としての自分たちのアイデンティティを集合的に確立するという道が最初から閉ざされていた。同様に、男性詩人たちが自身の詩的アイデンティティを担保するために対比的に描いた、他者としての「女性的なもの」と同一化することも不可能であった。

こうした背景から、表現主義の女性作家は統一的な詩人像に自分を還元しようとはせず、むしろ分裂の体験や自我の多様性に目を向ける。ヘニングスの「夢」は、夜の孤独のなかで次々と浮かんでは消えていく、さまざまな「わたし」の姿に詩的表現を与えようとしている。

夢

わたしは夜々幾重にもなり
わたしは暗い竪穴を登ってくる。
なんと色とりどりにわたしと違うわたしが咲き誇ることか。

深い底で自分を見失い、
わたしは夜、寝ずの番をする、わたしは夢の一群れ
そして光の輪から生まれた奇跡

そしてすべての戸口がわたしに開かれる、
わたしはそこに、あそこにいないのだろうか？
わたしは童話の本から現れ出たのだろうか？

一編の詩ははるかかなたに行ってしまうかもしれない。
わたしの幾重にもなった姿は消え去るのかもしれない、
寂しく風にひるがえる、色あせた一流れの旗……(45)

ヘニングスが、「夢」のなかで「幾重にもなった」わたしの姿を文学的な虚構（「童話の本」「一編の詩」）のイメージと仮定的に重ね合わせているのに対して、ハルデンベルクは移ろいやすい身体感覚に自身の文学的ファンタジーの源泉を求めている。

わたしの目

わたしの目には夢がぎっしり詰まっている。

あらゆる色とりどりの幻影がわたしを取り囲み
わたしを熱くさせる。
わたしはこの幻の像たちに耐えなくてはならない、
真っ黒な、暗闇のなかで、
この幻影たちはそんなにもたけだけしい。
わたしの体が彼らを引き寄せる、
たくさんの幻の像がみんな、みんなわたしのうえで踊る。
真っ黒な、暗闇のなかで、
ああ、わたしの丸い体、彼らをたわむれさせる。
太陽の光がわたしの目に差しては、
そして色とりどりの夢を持ち去ってはならない。
この夢はわたしをはしゃがせ、へとへとに疲れさせる。
黒い夜がわたしに覆いかぶさる。
わたしはいつまでも続く時間のなかでわたしの夢を生きている。[46]

たわむれるように「わたしの夢を生きている」女性詩人――のちに彼女の夫になったヴォルフェンシュタインが無力感とともに歌った「女詩人」とは、このような存在だったのかもしれない。

夜の孤独のなかで、自己のアイデンティティの不定形な多様さや多彩さを見つめた二つのテクストは、女性が語る主体として、自らの作家としてのアイデンティティを確立することの困難さを浮き彫りにするとともに、表現主義の悲壮で綱領的な、いささか硬直的でさえある男性詩人（Dichter）のイメージを遊戯的に解体しているようにもみえる。表現主義の詩人像や人間像はこれまで、「新しい人間」という、性やジェンダーの別を超えたような理念的かつ抽象的なイメージと関連づけて語られることが多く、そのジェンダー的特性は長らく見逃されてきた。しかし、この運動に参加した多くの女性作家の作品に再び光が当てられたことで、男性作家のテクストに隠された、アバンギャルドの複合的なアウトサイダー性と絡み合う特異な「男性性の危機」の言説を再検討する可能性がようやく開けてきたのではないだろうか。

たしかに「男性性の危機」については、昨今のジェンダー理論の影響を受けた人文学研究のなかで（しばしば男性性の支配に対する批判を伴って）、いささかインフレ的に語られすぎているかもしれない。そもそも、男性性表象の危機をいくら議論しても、それによってヘゲモニックな男性性コンセプトの形成それ自体には変革的な影響が及ぶことはなく、男性主体のあり方そのものが変化することもないのではないかという指摘もある。[47]実際、本章で論じたヴォルフェンシュタインをはじめとする表現主義の男性詩人が綱領的に歌った行動的青年詩人のイメージは、脅かされた男らしさのイメージの回復を試みているという点で、既存の支配的男性性表象の解体というよりは、むしろその書き換えであり、危機を克服するために闘う存在という男性性のモデルを拡大しているといえるかもしれない。しかし、「危機の乗り越えとしての男性性」というストーリーが、現代でもさまざまなメディア表象を通じて繰り返し再生産され、男性自身の生きづらさをも生み出している状況を考えれば、現代文学の出発点に位置する表現主義の困難な男性性表象がきわめて今日的な意味をもっていることが理解できるだろう。

注

（1）Kurt Hiller, „Die Jüngst-Berliner,“ in *Expressionismus. Manifeste und Dokumente zur deutschen Literatur 1910-1920*, hrsg. von Thomas Anz und Michael Stark, Metzler, 1982, S. 33-36; hier S. 33.

（2）Ebenda, S. 33.

（3）Ebenda.

（4）*Menschheitsdämmerung. Ein Dokument des Expressionismus*, hrsg. von Kurt Pinthus, Rowohlt, 1955, S. 213. イタリックの強調は引用者による。

（5）Ebenda, S. 215. イタリックの強調は引用者による。

（6）Ebenda, S. 289. イタリックの強調は引用者による。

（7）表現主義の運動にみられる男性優位な構造については Thomas Anz, *Literatur des Expressionismus*, J. B. Metzler, 2002, S. 33-35 にも指摘がある。また、この特徴を「文学的青年運動」としての表現主義の性格と関連づけて論じた Hermann Korte, „Expressionismus und Jugendbewegung,“ *Internationales Archiv für Sozialgeschichte der deutschen Literatur*, 13(1), 1988, S. 70-106 も挙げておきたい。さらに、表現主義の詩人像が特異な青年のイメージに収斂していくさまを明らかにした論考として、筆者のドイツ語論文 Akane Nishioka, „Georg Heym in Selbstdarstellung und literarischer Überlieferung. Über die Künstlerinszenierung im Frühexpressionismus,“ *Hofmannsthal Jahrbuch*, 16, 2008, S. 197-234 も参照されたい。

（8）Otto Stössl, „Kameraderie,“ *Der Sturm*, 1(5), 1910, S. 33-34; hier S. 33.

（9）表現主義のサブカルチャー的性格に関しては、以下の論考を参照。Michael Stark, *Für und wider den Expressionismus. Die Entstehung der Intellektuellendebatte in der deutschen Literaturgeschichte*, J. B. Metzler, 1982, S. 24-28.

（10）Heinz Politzer, „Else Lasker-Schüler,“ in *Expressionismus als Literatur. Gesammelte Studien*, hrsg. von Wolfgang Rothe, Francke, 1969, S. 215-231.

（11）表現主義への女性の参加を再評価する動きは、二〇〇〇年前後にようやく盛んになってきた。表現主義の女性芸術家や女性作家の評伝を集めた論集 *Wie eine Nilbraut, die man in die Wellen wirft. Portraits expressionistischer Künstlerinnen und Schriftstellerinnen*, hrsg. von Britta Jürgs, AvivA が一九九八年に出版されているほか、八八年、九四年に、長らく忘れられてきた女性詩人ヘンリエッテ・ハルデンベルクの作品集を世に問うことで、この新しい研究動向の先鞭をつけたハルトムート・フォルマーが、二〇一〇年、一一年には、表現主義の女性作家のアンソロジーを相次いで二冊出版した。*Die rote Perücke. Prosa expressionistischer Dichterinnen*, hrsg. von Hartmut Vollmer, Igel, 2010 und *In roten Schuhen tanzt die Sonne sich zu Tod. Lyrik expressionistischer Dichterinnen*, hrsg. von H. V., Igel, 2011. 現在、こうした文献学的テクスト整備が進みつつあることで、表現主義の女性作家の一次文献へのアクセスが容易になり、今後、本格的な研究が進むことが期待できる。また、造形芸術の分野でも、特に雑誌「嵐」の同人サークルでの女性芸術家の活動を中心にして、女性芸術家の作品への関心が高まっており、一五、一六年には、ドイツ語圏のアバンギャルド女性美術作家に焦点を当てた展覧会「シュトゥルム・ウィメン」が、現代アート部門ではヨーロッパ有数の美術館であるシルム美術館（フランクフルト）で開催されている。*Sturm-Frauen. Künstlerinnen der Avantgarde in Berlin 1910-1932*, hrsg. von Ingrid Pfeiffer und Max Hollein, Wienand, 2015.

（12）キャロリン・コースマイヤー『美学――ジェンダーの視点から』長野順子／石田美紀／伊藤政志訳、三元社、二〇〇九年、六七ページ

（13）文学史家がどれほど芸術家、あるいは作家という概念に関して、ジェンダー化されたステレオタイプにとらわれているかを示す例を一つ挙げておきたい。すなわち、表現主義研究の泰斗であるパウル・ラーベは、ヘンリエッテ・ハルデンベルクの作品集の前書きのなかで、この女性詩人についてこう記しているのだ。「どれほどヘンリエッテ・ハルデンベルクが表現主義及び二〇年代の文学と深い関係を結んでいたか、その美貌ゆえに多くの男性を魅了した、聡明で若い女性であった彼女が、いかに自分の時代を感じ取り、夢見るように悠然と彼女の詩、散文、そして日記に記したかが、この（略）作品集で追体験可能になったのだ」（Henriette Hardenberg, *Südliches Herz*, Arche, 1994, S. 7.）。男性詩人についてその容貌の美醜をうんぬんする文学史家がはたしているだろうか。ラーベのハルデンベルクへの賛辞は、意図せずして彼女を、男性詩人にインスピレーションを与える「ミューズ」という立場に追いやってしまっている。また、彼女の詩人としての創作姿勢を「夢見るように悠然と（traumwandlerisch）」、直訳すると「夢遊病的」と形容することで、その創作者としての主体性を切り下げてしまっている。

(14) Anz, *a.a.O.*, S. 33.

(15) Ludwig Rubiner, *Der Mensch in der Mitte*, Verlag Die Aktion, 1917, S. 19.

(16) 例えば、一九一六年七月、雑誌「行動」誌上に掲載されたアピール文「聞きたまえ！」は以下のような呼びかけで始まる。「聞きたまえ、仲間よ（Kamerad）、協力者よ（Mitarbeiter）、友よ（Freund）、読者よ（Leser）」（Ludwig Rubiner, „Hören Sie!“ in Anz und Stark, *a.a.O.*, S. 366-367; hier S. 366）。すべての呼びかけが男性単数形で書かれていることに注意してほしい。さらに付け加えると、フランツ・ヴェルフェルの有名な詩「読者へ（An den Leser）」でも、「読者」が男性単数形で書かれており、詩人である語り手は、この読者に「兄弟（Bruder）」と呼びかけている（Pinthus, *a.a.O.*, S. 279）。この二つの例からも、表現主義における文学的コミュニケーションのイメージがきわめて男性中心的だったことがうかがえる。

(17) ユダヤ系の出自とアバンギャルドのアウトサイダー性の親和性については John Milfull, „Marginalität und Messianismus. Die Situation der deutsch-jüdischen Intellektuellen als Paradigma für die Kulturkrise 1910-1920,“ in *Expressionismus und Kulturkrise*, hrsg. von Bernd Hüppauf, Winter, 1983, S. 147-157; hier 149 を参照。

(18) Alfred Wolfenstein, Werke, 5 Bde., herausgegeben und bearbeitet von Hermann Haarmann und Günter Holtz, Hase & Koehler, 1982-1993, Bd. 1, S. 59.

(19) Ebenda, S. 85.

(20) Ebenda, S. 45.

(21) Ebenda, S. 48.

(22) Ebenda, S. 49.

(23) Ebenda, S. 65.

(24) Ebenda.

(25) Ebenda, S. 66.

(26) Ebenda, S. 50.

（27）Ebenda.

（28）Ebenda, S. 99.

（29）例えば以下を参照。Peter Fische, *Alfred Wolfenstein. Expressionismus und verendende Kunst*, Wilhelm Fink Verlag, 1968, S. 100. Russel E. Brown, „Alfred Wolfenstein,“ in *Expressionismus als Literatur. Gesammelte Studien*, hrsg. von Wolfgang Rothe, S. 264-276; hier S. 266.

（30）Alfred Wolfenstein, *a.a.O.*, Bd. 5, S. 47.

（31）この表現図式はゴットフリート・ベンの作品にもしばしばみられる。ヴォルフェンシュタイン同様、ベンも意識の袋小路を繰り返しテーマとして取り上げ、「自我の崩壊（Ich-Zerfall）」が訪れる陶酔の瞬間を「女性性」や「南方」のイメージと結び付けて描いている。その際、北方的な男性の意識の世界と対比的に捉えられる「女性的なもの」は、身体的で無定形な、流動する液体や気体の姿をとる（この表象については、クラウス・テーヴェライト『男たちの妄想I――女・流れ・身体・歴史』〔田村和彦訳（叢書・ウニベルシタス）、法政大学出版局、一九九九年〕の第二章も参照されたい）。例えば、「急行列車」という詩にはこんな一節がある。「女は何か匂いがするものだ。／名状し難いもの。／死せ。モクセイソウ。／そこには南方がある、羊飼いと海。／すべての斜面には幸福が横たわっている」(Gottfried Benn, *Gedichte in der Fassung der Erstdrucke*, mit einer Einführung herausgegeben von Bruno Hillebrand, Fischer, 1982, S. 35.)。また、この陶酔をもたらす身体的で無定形なものによって意識の境界線が不安定化することへの不快感をしばしば描いている点でも、ベンとヴォルフェンシュタインには共通性がある。ベンの「医師」という詩の一節を例として挙げておきたい。「わたしに甘ったるい肉体的なものがまとわりつく／口蓋のへりに張り付いた舌苔のように」(Ebenda, S. 87)

（32）仲正昌樹「導入――ドイツ語圏におけるジェンダー研究のパラダイム転換」、仲正昌樹編『ヨーロッパ・ジェンダー研究の現在――ドイツ統一後のパラダイム転換』所収、御茶の水書房、二〇〇一年、七―九ページ

（33）二十世紀の極地探検のメディア表象と「クールな男性」像の成立過程についてはInge Stephan, „Eisige Helden. Kältekult und Männlichkeit in den Polarphantasien von Georg Heym,“ in *Männlichkeiten und Moderne. Geschlecht in den Wissenskulturen um 1900*, hrsg. von Ulrike Brunotte und Rainer Herrn, Transcript, 2008, S. 271-285; hier S. 274f を参照。

（34）Wolfenstein, *a.a.O.*, Bd. 5, S. 48.

（35）芸術創造における男性の優位性を象徴する文学表現として、モデルネの文学にはしばしば「男性による出産」というファンタスティックなモチーフが登場する。このモチーフについては、Christine Kanz, *Maternale Moderne: Männliche Gebärphantasien zwischen Kultur und Wissenschaft (1890-1933)*, Verlag Wilhelm Fink, 2009 を参照。

（36）この言説を代表する論考として、例えば Karl Scheffler, „Die Frau und die Kunst," in *Die Zukunft* 57(1906), S. 109-116 が挙げられる。

（37）表現主義のグループとも近い関係にあったフェミニズム作家ドームは、雑誌「行動」に発表したダイアローグ「女性参政権論者たち」のなかで、女性の芸術参加をよしとしない同時代の男性知識人の態度をパロディー化している。このテクストは、イギリス留学中のエーファと、彼女のいとこで婚約者のペーターとの議論を寸劇仕立てで描いたものだ。女性運動に傾倒しているエーファは芸術学の博士論文を書いている最中だが、彼女のフェミニストぶりを理解できないペーターは彼女にこう言う。「エーファ、君は賢いんだし、もう七学期も大学にいるんだから、いいかげんわかるはずだよ。芸術を作ったのは男だってことがね」。これに対してエーファは皮肉な調子でこう答える。「おや、もちろん、アダムのあばら骨のこともあるし、あなた方は世界創造に一枚かんでいましたとも」。ここでエーファは、『旧約聖書』に記された「アダムのあばら骨」のエピソードに言及することによって、ペーターの男性中心主義的な芸術観が神話的虚構にすぎないことを暴いてみせている。Hedwig Dohm, "Die Suffragette's," *Die Aktion*, 3, 1913, Sp. 677-685; hier Sp. 680.

（38）Wolfenstein, *a.a.O.*, Bd. 1, S. 63.

（39）Ebenda, S. 209.

（40）Wolfenstein, *a.a.O.*, Bd. 5, S. 55.

（41）Ebenda, S. 63.

(42) Ebenda, S. 63.

(43) Ebenda, S. 64.

(44) Ebenda, S. 77.

(45) Emmy Ball-Hennings, *Betrunken taumeln alle Litfaßsäulen. Frühe Texte und autobiographische Schriften 1913-1922*. Mit einem Nachwort herausgegeben von Bernhard Merkelbach. Klampen, 1999, S. 49.

(46) Henriette Hardenberg, *Dichtungen*, herausgegeben von Hartmut Vollmer, Arche, 1988, S. 48.

(47) この点については Toni Tholen, "Krise der Männlichkeit. Zur Konzeptualisierung eines häufig verwendeten Topos," in *Allmende*, 34 (93), 2014, S. 11-14; hier S.13f. を参照。

第2章　新しい男の誕生？
――ダダにおける「新しい人間」のマスキュリニティ

小松原由理

1　一九一九年――女たちの年、あるいは男たちの危機？

二〇一九年からさかのぼること百年。一九一九年は女たちの年だった。敗戦とともに帝政から民主主義へと移行したドイツは、新たに制定されたワイマール共和国憲法第百九条第二項に、女性の参政権を明記した。一九年一月十九日の選挙は、女性が初めて選挙権とともに被選挙権をもって政治に参加した記念すべき日であり、選挙権がある女性のうち投票に参加した女性は実に八〇パーセントにものぼった。戦争によって男たちの不在を長らく埋め合わせてきた女たちにとって真に輝ける時代がいまようやく始まったのだ。一方、負け戦から帰還し、疲弊した男たちにとって、一九年はむしろ危機の年であった。精神的にも身体的にも傷を負った男たちは、ドイツ帝国のための戦いという大義名分を失い、居場所を失い、女性たちの「対等」な権利がうたわれることで、男性だからこそ与えられていた社会での優位性をも失いかけたのである。

クラウス・テーヴェライトは、二巻本の大著『男たちの妄想』[1]で、ナチス台頭の背景について従来の歴史学的視点では取り上げられることがなかった全く新しい視点から、すなわち男性性の問題によってファシズム誕生へと至る道筋を鮮明に浮かび上がらせた。彼がそこで最初に注目するのが、敗戦間際のドイツで生まれた民間の義勇軍に関わった七人の男性たちが自分たちの結婚をどのように語ったのかという、一見政治とは無関係とも思われる私的領域での男たちのディスクールである。身近な存在であるはずの妻をときに排除し、ときに崇拝するという、彼ら「兵士的男性」に共通する両極的な態度がそこには見いだされるが、同様に家庭の外でも、彼らにとって女性は恐怖の対象になる場面がある。また、身近な女たちだけではなく、一般の女たちやユダヤ人などにも、おぞましく「流れるもの」、あるいは「どろどろのもの」という具体的なイメージがどのようにかぶせられていったかを、テーヴェライトは詳細に取り上げていく。「男たちの妄想」とは、彼ら「兵士的男性」が、それらの脅威から境界を引き、よろいとかぶとで身を守るために構築した一連の防御のメカニズムであることが浮き彫りになっていく。

実は、テーヴェライトがこの「兵士的男性」の根源として注目する義勇兵たちが登場する一九一八年から一九年は、戦闘的な芸術家集団ベルリン・ダダが運動を開始した時期にぴったりと重なっている。彼らは、戦前の表現主義を中心にしたネットワークとは一線を画した活動を展開しようと集結し、「新しい人間」のイメージをマニフェストや論考、そして作品に多く残した。それらのイメージは、時代の先端を表現するアートの一つとして、従来はどちらかといえばニュートラルに考察されてきたが、「新しい人間」としてイメージされているものが、実際は「新しい男」の誕生を前提として描かれていることは、それほど注目されてはこなかった。そこで本章では、ダダイストたちが描いた「新しい男」は、テーヴェライトがいう第一次世界大戦末期に愛国心を燃やして戦った義勇軍がその典型とされる「兵士的男性」とどのように同じでどのように異なるのかを問うてみたい。この問いに答えることは、ダダや表現主義をはじめとしたアバンギャルド運動全般が当然のように漂わせてきた男権主義的なイメージをあらためて疑問に付し、ジェンダーに関する同時代の意識を再考することにつながるだろう。いずれにしても、さかのぼること百年前のドイツで、一九年という女たちにとっては始まりの年で男たちにとっては危機の年に、「新しい男」はどのように模索されたのか。その青写真の数々をここに眺めてみたい。

2　「ゴム男になりなさい」——跳ねる男、踊る男、殴る男

「新しい人間」という言葉は、イタリア未来派宣言に始まるアバンギャルド運動ではまるで共通の標語であるかのように、さまざまな運動で発信されてきた。フーゴ・バルとエミー・ヘニングスがチューリヒに開店したキャバレー・ヴォルテールでは、「新しい人間」は「ダダイスト」と名づけられたが、この名称は、これまでとは種類の違う人間のタイプを示す記号として、自分の名前の一部として取り入れられた。バルは「バル・ダダ」、ヘニングスは「ヘニングス・ダダ」、トリスタン・ツァラは「ツァラ・ダダ」のように互いに呼び合うことで、彼らは「新しい人間」の自覚をそのネーミングを通して意識化しようとしていた。

ところが実際、どのような特性をもつ人間が「新しい人間」として想定されていたのかといえば、彼らが残した宣言文や論考ではきわめて抽象的な人間像が語られるだけで、その具体像はなかなかみえてこない。例えば、ベルリン・ダダの旗揚げ人であるリヒャルト・ヒュルゼンベックは「新しい人間」を以下のように描写している。

> 新しい人間は、その魂の翼を広く伸ばし、その内なる耳を未来の事柄に傾け、その膝をひざまずくことができる新たな祭壇を見つけなければならない。（略）終わることなき戦争。しかし人間は、新しい人間は、いわば灰のなかから立ち、最高度にファンタスティックな世界の毒によって覚醒し、追放され、野獣になり、

糞と悪魔によって汚され、吐くまで口いっぱいになった、あらゆる種類の、あらゆる性の、ヨーロッパ人、アフリカ人、ポリネシア人。それが新しい人間だ。[2]

「祭壇」という言葉からは、ヒュルゼンベックが「新しい人間」の誕生に、神聖さや儀式的な正当性を与えようとしていることが見て取れる。実際にチューリヒ・ダダの舞台では、キリスト誕生を示す「クリッペ」（ドイツ語で「かいばおけ」のことで、うまやでのキリスト誕生を表したもの全般を指す）を模した演目がよく登場していたという証言からも、宗教性は共通した要素だったと思われる。また、ここで語っているような汚れて悪魔的でワイルドな人間像は、秩序を好む清廉潔白で勇敢な英雄像の対極だが、戦争という現実をポジティブに生き抜く男性像を描いているとも思える。

これがベルリン・ダダ誕生の時期になると、一九一七年には表現主義文芸誌「新青年」（タイトルがすでに男権主義的だが）に寄稿したヒュルゼンベックの文章にみられるような、大げさではあってもぼんやりとしていた「新しい人間」像は、ラウール・ハウスマンによって、以下のようにきわめて具体的なイメージへと豹変していく。

わたしたちはいま、人類社会のあらゆる領域にわたるとてつもない革命を体験している。資本主義経済だけではなく、すべての真実、秩序、権利、道徳、そしてあらゆる男性性、女性性が解体されている。所有は消え、一方的な搾取は消える。（略）（古い男たちの国家的思考による）ピラミッドの対極としての、球のような、星々のような、身体と精神と経済、そしてセクシュアリティの到達は、女によってより包括的に実現されうるだろう。[3]

ハウスマンが語っているのは「新しい人間」のジェンダー像であり、とりわけ興味深いのは、旧来のピラミッド型のヘゲモニーからの男性の脱却の必要性を訴え、そのための方法論を新しい女性たちにはっきりと託していることだろう。地上、すなわち既成の概念に根を張り、そこに積み上がるピラミッド型の形状を壊し、根を張ることなく自由に転がる球状の身体に、あるいは天上に輝く同じく球状の星々にあるべき新しい男性性をみる、という方向性を、ここからたしかに読み取ることができる。

ハウスマンと同じくベルリン・ダダの中心人物でもあったジョージ・グロスの詩「ゴム男になりなさい」（図1）のなかのアクロバティックな人間像も、同様の文脈で、柔軟な身体性をもった「新しい男」像として読み取ることが可能である。

ゴム男にならなくては！
そう、ゴム男に。ときには
頭を両足に挟み
樽をくぐり抜け、スパイラル状に
空中旋回したり！
（略）
そう、ゴム男に！
すべての骨を動かして
詩人の椅子に座してまどろむのでも
イーゼルの前で美しい絵に色を塗るのでもなく
（略）

Man muß Kautschukmann sein!

Ja, Kautschukmann sein — eventuell den Kopf zwischen die Beine stecken oder durchs Faß springen — und spiralig in die Luft schnellen! sieh, ein Paragraph rempelt Dich an,
eine Affiche,
ein Flohzirkus . . .
. . . .
(sämtliche Flöhe liegen an Schlingen — desertieren ausgeschlossen — Springen von Flöhen auf Kommando, Parademarsch der Flöhe
. . . .)
Immerhin wichtig ist, das Gleichgewichtzu behalten!
Wo vordem die gotische Kirche,
messelt sich heute
das Warenhaus hoch — !
EIN „MARSIAS" INTERESSENT
— Die Fahrstühle sausen . . . Eisenbahnunglücks,
Explosionskatastrophen . . .
— quer durchrast der Balkanzug Mitteleuropa,
doch gibts auch Baumblüte und Edelmarmeladenrationierung . . . .
Wie gesagt, Kautschukmann sein

図1　ジョージ・グロス「ゴム男になりなさい」
（出　典：Birgit Möckel Hrsg, *George Grosz montiert: Collagen 1917-1958*, Akademie der Künste, 2010, S. 16.）

そう、弾力をもつのだ、四方八方に
大いなる弾みをつけて
身体をひねり、パンチを食らわせ
ろ！　あごかみぞおちに！(4)

ここでグロスは、曲芸師のように身体能力が高い人間「ゴム男」こそが、これまですばらしいとされてきた芸術家の「男たち」の所作に勝る新しい芸術家の「男たち」、すなわちダダイストたちの目指すべき姿だと歌っている。このゴム男のイメージは、同じくベルリン・ダダのメンバーだったヴィーランド・ヘルツフェルデが描くフットボールと合体した男のような、おなじみのコラージュ画像などと重ね合わせることも可能だ。そうするとこのゴム男は、フットボール男のように、蹴られ跳ね上がりどこかへ転がっていくという、きわめて受動的な身体性をも表現していることになる。

だが一方で、詩の最後にあるように、ゴム男の弾力性は敵を攻撃するための武器としての身体でもある。この点ですぐさま思い浮かぶのは、ボクシングというスポーツへのダダイストたちの熱狂的傾倒だろう。例えば記念すべきベルリン・ダダによる最初のダダのソワレでも、さらには大盛況になったトリビューネでのダダのマチネーでも、さらにはベルリン・ダダの最後のビックイベントでもあった第一回ダダ国際見本市展覧会でも、彼らの身体表現が常にボクシングマッチを意識したものだったことは、以下のように証言されている。

グロスが黒人ソングを歌いながらアメリカのボクサーのような顔つきで、聴衆の前でフットボールをした。[5]

グロスと兵士との世紀のボクシングマッチ観戦だけは見逃してはいけない。[6]

つまりここで興味深いのは、ハウスマンやグロスが描く脱男性的へゲモニーの方向性のもと、自由で身体能力が高いアクロバティックな「新しい男」像と、ボクシングマッチ・パフォーマンスの闘う男性像にみられるような、極度にサディスティックで攻撃的、マチズモ的な「新しい男」の二つの像が、ベルリン・ダダには併存しているという事実である。

3　マッチョな紳士、あるいは男性ダダイストの理想の身体

もちろん、ボクシングを闘争性の象徴として用いるのは、ダダイストだけでなく、伝統を破壊することを目的とするアバンギャルド運動全般にみられる特徴でもある。例えば、本格的に映画制作を始める前のセルゲイ・エイゼンシュタインには、演出家としてのデビュー作『メキシコ人』（一九二一年）の舞台演出として、舞台前に本物のリングを作り、俳優たちにそこでボクシングを披露するよう指示したというエピソードがある。また、挑発的な文学機関誌「メントナン」を発刊し、マルセル・デュシャン、フランシス・ピカビア、アンドレ・ブルトンなどに絶大な影響を与えた伝説の詩人アルチュール・クラヴァンはボクサーであり、元ヘビー級チャンピオンであるジャック・ジョンソンと闘ったボクシングマッチは、ボクシング史上に語り継がれる名試合だったという。

デービッド・ホプキンスは、特にニューヨーク・ダダのダダイストたちのマチズモ的な本質を追求したその著書『ダダボーイズ』で、女性蔑視的・女性排除的な男同士の絆によってできたホモソーシャルな関係をその構造上の特徴と捉えることで、デュシャンとピカビアの関係やその関係から誕生した作品群を読み解いている。ホプキンスが二人の男性的な特性を論じる際に用いるのは、ボクサーというモチーフである。ボクシングはそもそもダダの主要なテーマであり、ニューヨークでもそれは同じだとしたうえで、ホプキンスは以下のような逸話を付け加えている。

デュシャンはボクシングへの関心を、「大ガラス」の下部分の独身男性たちのなかに加えたいという意思を語ってもいる。だが、さらに興味深いのは、一九二四年十月、もう一つのダダ誌「391」の表紙にピカビアはフランス人ボクサーのジョルジュ・シャルパンティエ（George Charpentier）の顔を載せ、その下にマルセル・デュシャンの肖像と書いて再掲載したのである。[7]

知的で気難しいアーティストという印象のデュシャンと、血気盛んなボクサーとは一見ほど遠いイメージに思えるかもしれない。だが、フランス人ボクサーのジョルジュ・シャルパンティエをあえて選んだことには理由があると、ホプキンスはいう。この表紙が制作された年からさかのぼること三年前の一九二一年に、シャルパンティエは、アメリカ人ボクサー、ジャック・デンプシーと、ボクシングの歴史で最初のドル箱試合になった熱戦を繰り広げた。ホプキンスによれば、「プロボクサーである達人デンプシーと比べ、シャルパンティエは、ジェントルマンのオーラをもつアマチュアであり、（略）そのダンディーなマスキュリニティをデュシャンの本質だとピカビアが理解している[8]」ことを、何よりも示しているのだという。

実はこの「ダンディーなボクサー」という一見奇妙な組み合わせこそ、グロスの身ぶりやベルリン・ダダの男性アーティスト全般に共通してみられる傾向でもある。また、これまで「奇抜さ」や「無意味」なもの、あるいは「おふざけ」という文脈で解読されてきた「デア・ダダ」誌のテクストやイラスト、写真などの多くは「ダンディーなボクサー」、または「マッチョな紳士」の記号的な言い換えと見なすことができるとさえいえる。具体例をみていこう。ベルリン・ダダの機関誌である「デア・ダダ」第三号は、ベルリン・ダダのメンバーほぼ全員が参加した記念すべき号になったが、ヒュルゼンベックによるルポルタージュ風のエッセー「キャバレー・ダダへの訪問」の中央に、文章よりも目を引く大きさで掲載されている写真は、マネキンの手に仰々しく紳士風に口

Ein Besuch im Cabaret Dada.

Also, meine Herren, der Spektakel beginnt, ehe Sie sich's versehen. Wir gingen durch einen langen Gang, jeder eine Kerze in der Hand, vorn die Damen, hinten die Herren. Der Führer in weißem Pelz mit der Mitra auf dem Kopf rief manchmal: „Nehmen Sie die Hände hoch und lassen Sie den Bauch fallen. Greifen Sie nach der Kesselpauke in Ihrem Ohr und ziehen Sie sich den Sarg aus der Nase, denn keiner weiß, wozu es gut ist." Dann stieß er in sein Muschelhorn, daß der Kalk von den Wänden fiel. Wir aber fühlten uns stets sehr geschützt, wenn seine Stimme ertönte, denn die Ungewißheit lagerte schwer auf unserer Brust und dem Geheimrat Spätzle, dem bekannten Mitglied der deutschnationalen Volkspartei, begannen die Knie einzusinken, obwohl er sich durch sein moralisches Rückgrat bis zum Letzten aufrecht zu halten suchte. Wir gingen über zwei Stunden durch diesen Gang, in dem es nach Kohl und Abfall roch … kletterten über Eisenbahnschwellen, Holzklötze und laufende Matratzen und fanden uns am Ende in einem offenbar zu kirchlichen Zwecken bestimmten Raum … Dort stand der erste dadaistische Priester, den ich in meinem Leben gesehen habe, in violetten Unterhosen mit einer Katze im Arm. Auf dem Kopf trug er eine große Perücke, aus der 2 Plasenfedern stachen. Beim Sprechen fielen ihm die Zähne aus dem Mund und in seinen Ohren drehten sich die Girandolen beim Klang einer Militärmusik … Der Boden wankte und stellte sich manchmal so schräg, daß viele der Gäste [illegible], und einige Damen fürchteten, durch den Anblick ihrer Beine die Aufmerksamkeit liberaler Männer auf sich zu lenken. Durch die Ritzen des Gemäuers kam Dampf, und heiße Wasserstrahlen schossen aus den Ecken. — Meine Herrschaften, es war einfach überwältigend.

Der Priester hob die Papiermaché-Brust und ließ die Augen, die er an einem [illegible] dirigierte, hin- und herblitzen. Seine Stimme war wie der Donner, der aus den Gießkannen aufsteigt, wenn sie die Abendsonne bescheint. Er hatte einen Bart, in dem sich die jungen Mäuse „Gute Nacht" sagten, und die Schnellzüge standen wartend am Abgrund seines Nackens. „Ich bin der Priester", sagte er, „von Anbeginn bis zum Ende. Ich bin die Tulpe aus Valparaiso und das Butterfaß aus dem Bismarck-Archipel." In unserer Gesellschaft mehrten sich die Stimmen derer, die den Schwindel durchschauten und nichts sehnlicher wünschten, als zur Ruhe und zur Ordnung zurückzukehren. „Wir brauchen Arbeit und einen organischen Aufbau unseres Vaterlandes," sagte ein Herr neben mir, der sich später als ein sehr radikaler Politiker dekorierte. „Mer wolln unsern Georg, unsern [illegible] Georg wiederhaben," meinte eine Dame, die durch den Baß auffiel, mit dem sie ihre Meinung vertrachte. Im allgemeinen war die Stimmung die, daß man den Abend hätte besser damit verbringen können, ein gutes Buch zu lesen, Goethe zu verehren, Bier zu trinken, kurz die deutsche Kultur zu fördern. — Unterdessen hatte sich der Priester auf seine rechte Seite niedergelassen, zog einen Hasen aus seinen Zehen und sagte: „Ich bin der junge Mond, der an

Der Musik-Dada PREISS

6 ZB

図2　「デア・ダダ」第3号、マリク出版、1920年、7ページ
（出　典：University of Iowa Libraries, “The International Dada Archive”〔http://sdrc.lib.uiowa.edu/dada/derdada/3/pages/07.htm〕［2020年1月16日アクセス］）

づけてあいさつするシルクハットにフロックコート姿の男で、その写真には「ミュージック・ダダ、プライスの朝のトレーニング」というキャプションが付されている（図2)。ここに象徴的に示されているものが、彼らが目指す「マッチョな紳士」の身ぶりである。次のページをめくると、ハウスマンによる寸劇『あっという間の精神、あるいはダダ対話（Der Geist im Handumdrehen oder eine Dadalogie)』が掲載されている（図3）。その内容はジョン・ハートフィールドとハウスマンによる対話劇で、この号のために詩作しようにも手をくじいてしまったハウスマンがハートフィールドに助けを求めるが、金を払えと要求するハートフィールドとけんかになり、「とにかく一蹴りしてくれれば自分の脳は動き出すのだ」というハウスマンの台詞で締めくくられている。ヒュルゼンベックのエッセーと同様、この対話劇が掲載されたページの左側にも、ハウスマンの後ろ姿の写真の切り抜きが掲載されているのだが、両腕を半分突き上げながらガッツポーズをとり背筋を見せつけている上半身裸のハウスマンの写真が示すのは、詩作に悩む知的な男のマッチョな身体の強調である。

これらは、「マッチョな紳士」というアンビバレントな身体、あるいは両価的なマスキュリニティのわかりやすい提示である。一見すると彼らが関心をもっていたのは結局のところ、表現主義が親世代の反抗という世代の問題として登場したのと同じように、父親世代の伝統であるブルジョア的価値観に対抗しているだけで、男性性

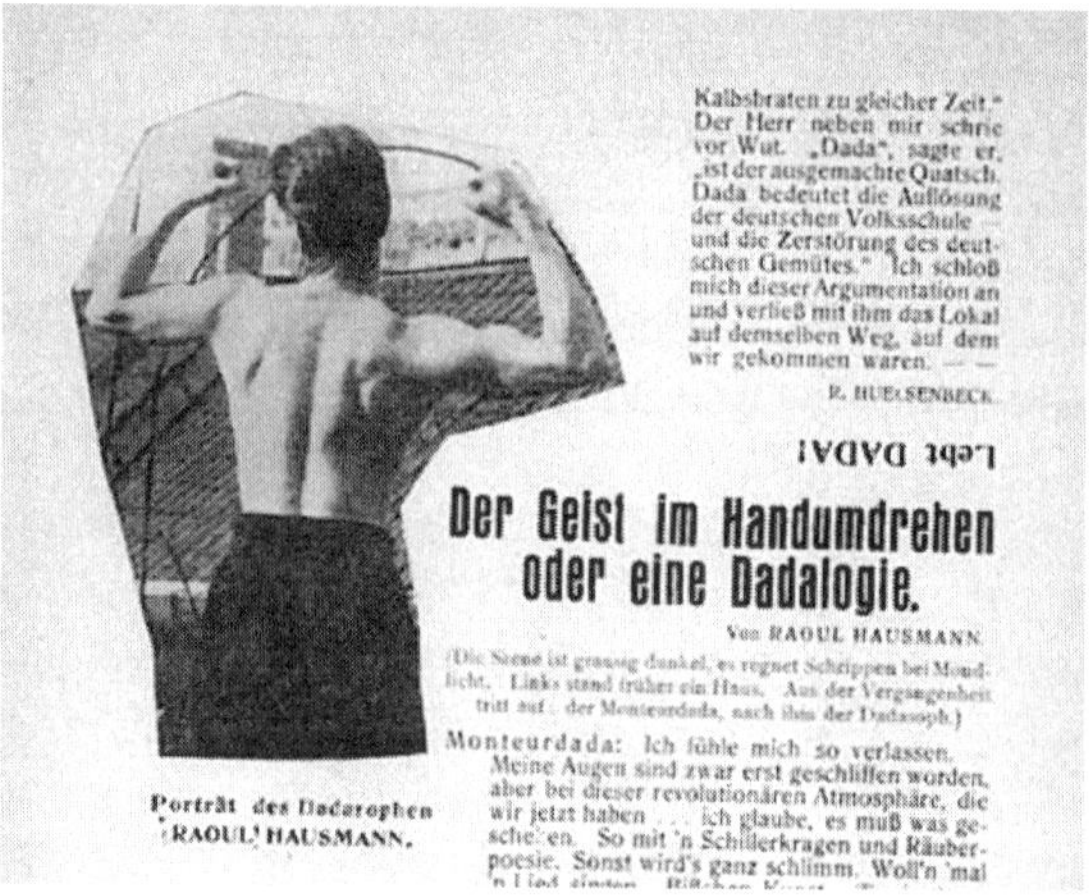
Kalbsbraten zu gleicher Zeit." Der Herr neben mir schrie vor Wut. „Dada", sagte er, „ist der ausgemachte Quatsch. Dada bedeutet die Auflösung der deutschen Volksschule — und die Zerstörung des deutschen Gemütes." Ich schloß mich dieser Argumentation an und verließ mit ihm das Lokal auf demselben Weg, auf dem wir gekommen waren. — —

R. HUELSENBECK

Lebt DADA!

Der Geist im Handumdrehen oder eine Dadalogie.

Von RAOUL HAUSMANN

(Die Szene ist grausig dunkel, es regnet Schrippen bei Mondlicht. Links stand früher ein Haus. Aus der Vergangenheit tritt auf: der Monteurdada, nach ihm der Dadasoph.)

Monteurdada: Ich fühle mich so verlassen. Meine Augen sind zwar erst geschliffen worden, aber bei dieser revolutionären Atmosphäre, die wir jetzt haben ... ich glaube, es muß was geschehen. So mit 'n Schillerkragen und Räuberpoesie. Sonst wird's ganz schlimm. Woll'n 'mal

Porträt des Dadasophen RAOUL HAUSMANN.

図3　同誌9ページ
（出　典：University of Iowa Libraries, “The International Dada Archive”〔http://sdrc.lib.uiowa.edu/dada/derdada/3/pages/09.htm〕［2020年1月16日アクセス］）

そのものに疑問を呈していたとまではいえないようにも思われる。それどころか、テーヴェライトがいう兵士的男性の闘うマッチョな肉体がさらに伝統的な男性の価値であるダンディズムで補強されることで、むしろ一層強固に男性性を主張しているようにもみえてしまう。だが一方で、当時のメディアは彼らのパフォーマンスや機関誌を通して打ち出すイメージを、ことごとく「おふざけ」として受け取っていたという事実も存在する。

ダダの目的とは、世界観をもったおふざけだ。

（「ベルリン日報」一九一九年十二月一日付）[9]

かわいそうなトリビューネよ。きみは居酒屋にされてしまった。といっても、アルコールがないビールのおふざけ（Bierulk）で。

（「ベルリン国民新聞」一九一九年十二月三日付）[10]

ダダイズムの本質と目的は、実際には、おふざけとはったりと宣伝で消耗しきっていくようにみえる。

（「ミュンヘン最新ニュース」一九二〇年二月十二日付）[11]

メンバー全員でおこなった最後のイベントでもある第一回ダダ国際見本市展覧会では、軍服を着た豚の剥製が天井からぶら下げられていた。この展示のせいで彼らが名誉棄損で訴えられた、いわゆる「ダダ裁判」は当時有名なスキャンダルだった。ここで興味深いのが、彼らが意識的に選択した「不真面目さ」というコードと、男性性との関わりである。「デア・ダダ」第三号には、「マッチョな紳士」のほかにも、全身レオタードで踊る男の写真が三枚連続で掲載されているが[12]、これには「ミュージックダダ、プライスによるダダ的な木製人形ダンス」というキャプションがついている。一見すると滑稽さを強調するだけのようなこのダンスは、木製人形の動きを模したもの、すなわち操られている受動的な人形の動きを示したものである。見えない糸で操られる木製人形のように、彼らが生み出している男性性こそが操作されたものだということの隠喩だと解釈してみれば、その前提にあるのは、男性性とは着脱可能だということではないかと考えられる。このことを最も明瞭に語っているのが、同じく「デア・ダダ」第三号の最終ページに掲載されている、交差する一セットの男性用靴下の切り抜き画像[13]である。「男性の精神が東への敷居をまたぐ」――ここで注目すべきは「東への敷居」にみられるダダイストたちの東側の共産主義への傾倒や左翼的な思考などではない。彼らが重きを置いているのは「靴下」のほうである。すなわち男性性と等価と見なすべきは、ファッションアイテムなのだと主張しているという事実なのである。

4 男性性の攪乱?――女装、両性具有、キメラ男

ダダイストたちのあいだに閉鎖的なホモソーシャル性や女性蔑視のミソジニーがあることは、これまで批判されてきたが、その議論の前提になっているのは、彼らのアイデンティティの基盤は自らの男性性にあると考えているという捉え方である。だが、ファッションアイテムとしての男性性、あるいはモードとしての男性性という捉え方によって露呈するのは、むしろそうした男性性そのものが彼らのなかで不確かなものだったという点だ。ホプキンスによれば、例えばマルセル・デュシャンの有名な女装(写真1)は、高度に男性的な文脈から読めるという[14]。彼の女装は、男性性を置換可能なものとして捉えるような種類の仮装ではなく、男性的ファンタジーの具現化、すなわち男根をもった女(母)の実現であり、根底にはジークムント・フロイトのいうエディプスコンプレックスが存在しているという。通常のエディプスコンプレックスは男根期に起こる息子による母への同一化と愛、および同性である父への憎しみという構図をとるが、同性愛的エディプスコンプレックスも存在するという。そこでは、異性である母親への強い愛と同一化が、同性愛者になることで抑圧されるという構図になる。そ

の好例としてフロイトが注目したのがレオナルド・ダ・ヴィンチである。フロイトによれば、父親が不在のなかでの母親との関係、またその関係への抑圧のため、レオナルドは探求心による昇華に向かったと解釈できるという。

特にデュシャンとの関係で興味深いのは、フロイトによるレオナルドの幼少期の空想に出てくるハゲタカについての考察である。フロイトは、かつてメスだけで単性生殖していると思われていた動物のハゲタカを幼少期に空想していたというレオナルドは、そこに父親不在で自らを産んだ母親のイメージを重ね合わせていたのではないかと主張している。同時にフロイトは、しばしばハゲタカと重ね合わされるエジプト神話の女神ムト（Mut）とドイツ語で母を意味する「ムッター（Mutter）」を言語的な連想で結び付け、全能なる母をめぐる想像がレオナルドの同性愛的自己愛の源泉であることを指摘している。ホプキンスは、有名なデュシャンの『泉』に記されたサイン「R.Mutt」のMuttが、このフロイトによるレオナルド論を援用している可能性と、さらに『泉』の二年後に発表された、ひげが生えたモナ・リザとして有名な『L.H.O.O.Q』にも、同様にフロイト的な解釈による両性具有的な「母」のイメージが具現化していると解釈している。

男性の身体をもつ両性具有的な女性像とはすなわち、どこまでも男性的なファンタジーによる産物であって、デュシャンが女装した人格「ローズ・セラヴィー」もその意味でトランスジェンダーなのではなく、男による「仮装」であるというホプキンスの読みは、デュシャンを

写真1　『ローズ・セラヴィーとしてのマルセル・デュシャン』、マン・レイ撮影、1920年頃（出　典：David Hopkins, *Dada's Boys: Masculinity after Duchamp*, Yale University Press, 2008, p. 45.）

中心にしたニューヨーク・ダダの環境を前提にするときわめて妥当な解釈のように思われる。だが、それをすべてのダダイストに適用できるとするのは、単純にすぎるかもしれない。たしかに女性の身体に操作を加えることによる両性具有的な、あるいはものや動物との合体といったキメラ的なイメージの発信は男性ダダイストに多くみられるが、こうした操作が男性たち自らの身体に及んでいなかったわけではない。これから参照する、そうしたもののいくつかの例が示すのは、男性性も同様に、あるいは男性性こそが、その性質を攪乱されていたのではないかと思われる側面である。

図4　ルイーゼ・シュトラウス／マックス・エルンスト『アウグスティーヌ・トーマスとオットー・フラーケ』
（出　典：Bettina Schaschke, *Dadaistische Verwandlungskunst*, Gebrueder Mann Verlag, 2004, S. 129.）

まず先にみておきたいのが、両性具有的イメージがその素材として多くみられるフォトモンタージュによる創作である。とりわけダダイストたちの手による初期のフォトモンタージュは、単なる仮装願望を実現するためのビジュアルイメージとはかなり性格を異にする。そこでは、ラウール・ハウスマンが描写するように、「本質的に遊戯的」な空間が展開しているが、この「遊戯的」という言葉をカーニバル的と言い換えるならば、いわば複数価値の併存する空間が模索されていたわけで、とりわけそのジェンダー表象に注目すると、男性性や女性性といった既存のアイデンティティを、彼らがどのように遊戯的に攪乱していたかの舞台裏をのぞくことができるのである。

例えば、マックス・エルンストが妻であるルイーゼ・シュトラウスとともに制作したフォトモンタージュ『アウグスティーヌ・トーマスとオットー・フラーケ』（一九二〇年）（図4）はその好例ともいえるジェンダー遊戯的なフォトモンタージュである。タイトルが明示しているように、画面左に配置されているのは、当時チューリヒ・ダダに関する批評も出版していた芸術批評家オットー・フラーケがきわめてフェミニンな衣装の女性の身体とコラージュされている姿である。彼あるいは彼女がそっと手をかける先にいる女性は十九世紀的な調度品であるソファに優雅に身を横たえているが、画面左のフラーケの視線はその手の先にいる女性ではなく、この部屋の天井からぶら下げられた二切れの肉に注がれている。さらに床部分に注目すると、ソファに寄りかかった女性の美しい脚の下に置かれたクッションは、中央の巨大なソーセージ、あるいは汚物の下にも仰々しくしつらえられている。

美術史家ベティーナ・シャシュケは、このフォトモンタージュが生まれたのは、ケルン・ダダのメンバーだったシュトラウスとエルンストのほかにもう一人、この二人と近しい関係にあったハンス・アルプの存在があったと指摘している。アルプはチューリヒ・ダダで活躍した人物だが、その実家はケルンにあり、ケルン・ダダのメンバーと密接な関係をもっていたとされるが、以下の手書きのメモは、オットー・フラーケのエピソードをエルンスト夫婦に紹介したのがアルプだという事実を示しているという。

オットー・フラーケはコルセットの芸術を生地の質と形而上学的な肉に応じて止揚する。アルプは悪の華より肉を好む。[15]

フラーケの芸術論を要約すれば、「すべての芸術の前提は献身と恭順であり、この女性的な段階は、強靭な男性の精神にとっては余剰と見なされるので、ときに芸術家は苦しむが、精神のより高次な段階に至るとそこには円環が存在し、そこで、世代の継続と呼ぶような線的な継承が克服される[16]」というもので、当時の男性至上主義的な芸術批評家にありがちな論だといえる。エルンスト夫妻のフォトモンタージュはこうした男性至上主義への皮肉になっていて、高次な精神をもつはずの男性であるフラーケの身体は女性化し、さらにその視線はぶら下がる肉に向けられていることで野蛮な欲望を露呈させているのだと、シャシュケは解釈している。

たしかに、フラーケへの皮肉という構図や、アルプを「ナイーブ」な存在としてバカにしていたというフラーケに対してアルプがこうした形で批判をしてみせたという読みを資料に基づいておこなうことも、このフォトモンタージュの美術史的な意味を考察するうえでは重要だが、ここでより注目したいのは、このフォトモンタージュから浮かび上がるシュトラウスとエルンストという二人の男女の関係性のほうである。まず注目すべきは、この作品が舞台を意識して作られていることだろう。左側の男をフラーケだと読み解くと、男が女の身体を身につけていることになるが、とはいえこれを男の頭部を身につけた女ではないと誰が断言できるのだろうか。ソファにふんぞり返っている女性も女性のイメージを着た何かである可能性はないだろうか。そもそもエルンストの妻であるシュトラウスこそが、ケルン・ダダという組織にとって非常に重要な役割を果たした人物であって、ボン大学で美術史の博士号を修めた才媛であり、エルンストとのあいだに生まれた長男と、定職がないエルンストやケルン・ダダのアーティストたちの面倒をみるための稼ぎ手だったのは彼女のほうだったのである。このことを勘案するなら、このフラーケの頭をつけた人物はシュトラウスだと読むことも決して不可能ではないだろう。同

図5　ハンナ・ヘーヒ『ダダンディー』
（出　典：Hanne Bergius, *Montage und Metamechanik: Dada Berlin - Artistik von Polaritäten*, Gebr. Mann, 2000, S. 62.）

様に、シュトラウスに養ってもらいながら、芸術に没頭する「女性性」に身を包んだソファの人物のほうがエルンストであるかもしれない。つまり、ジェンダー表象と、男女のパートナーシップというテーマで眺めれば、このフォトモンタージュでは、男性性と女性性がすべて転換しているとも読めるのである。

女性性と同じく、男性性もまたダダイストたちが攪乱したがっていたものだということを示すもう一つの例が、彼らの手によって大量に製造された「キメラ男」たちのイメージである。例を挙げればきりがないが、例えば有名なハウスマンのオブジェである『マシーン頭』(一九一九年)や、男性の頭部にマシーンを貼り合わせるようなフォトモンタージュの数々は、フラーケの芸術批評に典型的にみられるように、精神性を象徴するものとしての男性性を完全否定することで地盤沈下させていると読むこともできるだろう。彼らが合体させている素材は、マシーンやその部品といったものだけではない。合体というよりもむしろ代理表象といえるほど前面に登場するのが、「新しい女」たちのイメージである。ハンナ・ヘーヒによるフォトモンタージュ『ダダンディー』(一九一九年)は、ヘーヒによる男性ダダイストのマッチョなダンディズムへの皮肉とも解釈できるだろうが、ここで示されているビジュアルは、まさに「新しい女」で構成された「キメラ男」の断面図でもある。強調しているのは輪郭だけ、あるいは張りぼてと化した男性性だけで、マッチョな紳士という希望の外見に釣り合うべく模索される内面は「新しい女」なのだと考えれば、両性具有とはまさにワイマール共和国の始まりとともに描かれた「新しい人間」の理想形そのものだったといえるだろう。

5　ハウスマンのモード論——「新しい男」のためのファッション

ところで、男性ダダイストたちのファッションへのこだわりは、これまで左翼陣営からはブルジョア的信条の表れとして非難され、また女性ダダイストであるヘーヒをはじめとするフェミニストたちからは「ダ・ダンディー」として、つまり旧態依然とした男性的価値に基づくダンディズムへの傾倒として、やゆされてきた。だが、男性ダダイストの外見の追求、あるいは洗練さの追求の詳細をたどると、実は男性性の攪乱の先に、彼がどのような「新しい男」の価値を目指したのかを明らかにすることもつながっていく。ファッションへの強い関心を示したダダイストとしてまず思い浮かぶのはジョージ・グロスである。ヴィーラント・ヘルツフェルデは、初めて彼に会ったとき、自分を「オランダ商人」と称して現れたグロスの第一印象を、以下のように語っている。

私にとって驚きだったのは、この若い紳士の「普通」の外見だった。実際彼は正真正銘の紳士だった。まるでモード雑誌から切り取ったような姿をしており、私たちのこうした環境の中では幾分容認しがたく、痛々しくさえあった。灰色がかったブロンドの髪は、非の打ちどころなく整髪され、髪の分け目はまっすぐで、彼の膝の上に吊り上げられた袴のようなズボンのアイロンの皺も同様にまっすぐであった。[17]

男性ダダイストたちの写真には、きわめて紳士らしいフォーマルなファッションに身を包み、その洗練さを誇示するような彼らの姿が数多く残っている。スーツにネクタイ、そして帽子にコート、さらには男たちのファッションアイテムとして当時大流行したモノクル（片メガネ）をかけ、モデルのようなポーズを決めるヒュルゼンベックとハウスマンの写真は、まさにそのお手本のようなポートレートである。現在からみれば古めかしい男性像そのもののような貴族的な紳士服ファッションだが、第一次世界大戦で男たちは義勇軍や国防軍の兵士として一様に軍服や戦闘服を身につけていたことを考えれば、一九一八年末以降のドイツでモード服に身を包む男性像が、よろいかぶとに身を包む「兵士的男性」とは異なる「もう一つの男性」像の提示を意味していたことは想像に難くない。

実際にハウスマンは、新たな男性モード服の必要性についての論考をいくつか残している。一九二四年に、ハンス・リヒターが編集するアバンギャルド芸術の機関誌「G」に掲載された論考「モード」では、ドイツの男性ファッションデザインの根本的な問題の追求と、モードの重要性を、以下のように語っている。

ドイツ人男性はファッションがもつ建設的な側面を理解できない。それはおそらく彼ら自身がほとんど機能していないからかもしれない。(略)軍隊にいるドイツ人男性なら目にするが、運動する彼らを見ることはない。(略)モードとは身体機能の可視化なのである。モードを身につけているということは、身体を意識しているということを意味するのである。(略)身体を意識している女性、機能している女性、運動している女性なら、目にすることはある。彼女たちこそが、デカ足、ビール腹に代弁されるドイツ人男性の内面性に対する唯一の対極なのである。(18)

ここでハウスマンが主張しているのが、運動する身体にふさわしい機能をもつファッションとしてのモードであり、単なる装飾としてのモードではないことは重要である。というのも、この運動性が高いファッションという観点は、未来派やロシア・アバンギャルドも同様に試みていた男性ファッション、あるいは「新しい人間」のための「新しい服」という方向性で模索された理念と実践に比べると、異なる路線だからである。

例えばイタリア未来派のジャコモ・バッラは、すでに一九一二年頃からメンズスーツに関して時代性に即した色彩と機能を考案していたとされている。バッラをはじめとする未来派は一四年には「未来派男性衣裳宣言」を発表し、伝統的な男性スーツの廃止とともに、ダイナミックな色やデザインといった未来派スーツを提唱している。また、二四年には、未来派男性に共通のファッションアイテムとして、多色と幾何学的デザインを特徴にしたベストを発表していたことは有名である。一方ロシア・アバンギャルドは、同じく「新しい人間」のためのフアッションを考案したが、例えばアレクサンドル・ロトチェンコがデザインしたというウールとレザーの男性用作業着などに典型的にみられるのは、複製が簡単なストレートラインや、できるかぎり多くの人が着用できるようにするためのゆったりとしたシルエットであり、大衆化・複製化を前提にした機能を重視したデザインだったといえる(19)。

このようにアバンギャルド運動にはファッションデザインとの密接な関係性がみられるが、ハウスマンも自ら男性ファッションのデザインを考案している。しかし、彼が意識しているのはあくまで一個人の身体がいかに快適であるかという点の追求であり、動きを邪魔しない快適な男性ファッションの追求は、ハウスマンにとっては芸術的理念や政治的・社会的理念の表現とはほとんど関わりをもっていない。そのため、彼が注目するのは未来派やロシア・アバンギャルドの男性ファッションの動向よりはむしろ、アメリカやイギリスのファッション界の動きだった。とりわけハウスマンが影響を受けたと記述しているのが、イギリスの男性ファッション改革党(Men's Dress Reform Party：MDRP)の活動で、それは、伝統的な長ズボンの廃止や、非合理的なデザインの排除などをうたう男性たちの手によって戦間期に巻き起こった社会運動だった。以下のようなハウスマンの記述は、同時代の男性ファッションの動きを彼がしっかりと把握していたことを端的に示している。

ファッションを快適で、慣習的ではないものにしていこうとする試みは一九二九年の猛暑がきっかけになっている。当時、シカゴのファッション誌によって、パジャマ姿の男性たちのデモ行進がおこなわれ、ジョークではあったが、しかしその後継者はすぐに現れた。イギリスの最もエレガントなマラソン大会アスコットメモリアルに、白いリネン素材の短パンで走る男たちが登場したのである。自由な膝、カラフルな靴下、袖の短いシャツ。続いて、イギリスおよびアメリカで、いわゆるポロシャツをスポーツあるいは田園で日常的に使用するようになった。(略)そして、イギリスの医師ジョーダン博士の主導のもと、衛生的な男性スーツが考案され、男性ファッション改革クラブが誕生したのである。[20]

実際、一九二七年頃の写真には、ハウスマンが自らデザインしたスーツに身を包んでいる写真が残っているし、また元妻エルフリーデに宛てた三〇年頃の手紙には、自らシャツをリメイクしたと書いている。そんななか、とりわけ重要だと思われるのは、二六年の「ノイエ・ベルリーナー新聞」に掲載された記事「ダダ元帥がオックスフォードパンツで踊る」である。そこでは実際にワイドパンツでステップを踏むハウスマンの写真が大きく取り上げられている（図6）。記事の見出しにあるオックスフォードパンツ（Oxfordhose）とは、当時オックスフォード大学の学生たちのあいだでブームになり、イギリスだけでなくアメリカでも流行した、幅がゆったりと広く、

図6　「ダダ元帥がオックスフォードパンツで踊る」「ノイエ・ベルリーナー新聞」1926年11月26日付
（出　典：Berlinische Galerie, “Raoul Hausmann Archiv Online”〔http://sammlung-online.berlinischegalerie.de/eMuseumPlus?service=ExternalInterface&module=collection&objectId=193249&viewType=detailView〕［2019年9月30日アクセス］）

風通しがいいバギーパンツ（Oxford bags）のことである。記事は「ダダ元帥であるラウール・ハウスマンがシュトルムグループ[21]の講演の夕べで、きわめてオリジナルなグロテスクダンスを上演した」と報じているが、写真で確認できるかぎりでは、ハウスマンはこのバギーパンツを身につけ、手足を振り回すかのような踊りを披露している。

この「オックスフォードパンツ」がハウスマンのデザインによるものかどうかは資料からは確認できないにしても、彼がイギリス発の男性ファッション改革に共鳴していたことを考えれば、「この幅広のパンツでのダンスによって、ハウスマンは最近幅を利かせている最新の男性モードをパロディー化した」というメディア特有の駄じゃれを交じえた皮肉めいた論評が、ハウスマンの真の目的を代弁していたとは言い難いだろう。この頃撮影されたアウグスト・ザンダーによるポートレートでも、ハウスマンは同様に幅広で風通しがよさそうな素材のシンプルなパンツを身につけている。職業「ダンサー」というキャプションつきで写真撮影されたハウスマンにとって、パンツは肉体を隠すための道具ではなく、ダンスの一要素として重要な位置づけがされている。なぜなら、すでに彼がモード論で語っているように、モードとは「身体機能の可視化」そのものであり、「身体を意識していること」と同意なのである。いくぶん単純化していえば、ハウスマンは、モードを身につけ、身体の動きをモードを通して可視化させる人間を、新しい女性たちの時代に対抗可能な「新しい男」像として示しているのである。

6　再びの軍服化？——「新しい男」のゆくえ

しなやかに跳びはねる躍動的な「ゴム男」、ボクシングマッチに熱狂しながらもダンディーな振る舞いを忘れない「マッチョな紳士」、あるいは全身レオタードでステップを踏む「コミカルなタイツ男」、はたまた男根をもった母との一体化を夢見る「女装男」、さらには女性の身体やマシーンと合体する「キメラ男」、そして男性ファッションを追求する「モード男」──そのいずれの試みも、絶対的な「男性性」の優位性にとっての危機の時代に営まれた、男たちの壮大な改造計画だと解釈すれば、一見滑稽にも見えるこれらのパフォーマンスを男性たちの必死の努力として評価したい気もしてくるかもしれない。だが、その努力が、既成の男性性を壊し、揺さぶりをかけるだけに留まり、男性性や女性性といったジェンダーアイデンティティの存在根拠そのものを問うほうに向かわないのはなぜなのか、やはりそこはどうしてもふに落ちないところだといえる。

例えば、ハウスマンのモード論の行き着く先は、結局は女性に対する支配的な関係性を維持するためのものだったとする、エンネ・ゼルによる以下のような解釈は、こうした点への批判ともいえるだろう。

進歩的で、即物的なインテリ、スーツに身を包んだイノベーター。あるいは活動的で表現豊か、半分裸のパワーに満ちたダンサーとしての自己演出で、ハウスマンが実現しているのは、人目を引く存在としての芸術家、男性モードの開発者であり発明者という内なる願望だけではない。むしろここに示されているのは、女性に対する男性の優位と支配的役割がさらに存続するということ、改革努力によってそれを失うまいとする願望なのだ。アウグスト・ザンダーが撮影した、上半身裸のダンサーとしてのハウスマンと同じシリーズの写真である、ハウスマンと二人の女性、ヴェラ・ブロイッドとヘトヴィッヒ・ハウスマンが写った写真ほど、その願望を鮮明に示すものはほかにないだろう。そこではハウスマンが二人のあいだに立ち、自分の所有物だといわんばかりに二人の肩に手を置いているのである。[22]

まずはじめに、ゼルが指摘するザンダーによるハウスマンの写真についての描写は、実際の写真の印象とは若干異なっていることは、ここで断っておかなければならないだろう（写真2）。肩に腕を回しているのはハウスマンだけではなく、ブロイッドもまたハウスマンの肩に同志として腕を回しているし、また三人の配置を見ると、高身長で大柄なブロイッドに小柄なハウスマンがむしろぶら下がっているような雰囲気さえある。だがやはり、エレガントなロングコートの妻ヘトヴィッヒと、幾何学模様のプリントの未来派的なワンピースに身を包んだ若い恋人ブロイッドのあいだに裸足で立つ、上半身裸のハウスマンの姿はたしかに、男性優位主義者にありがちな

写真2　「ダダイスト・ラウール・ハウスマン」、アウグスト・ザンダー撮影、1929年
（出典：Änne Söll, "Raoul Hausmanns Ideen zur Mode im Kontext der Männermodereform," in Änne Söll und Gerald Schröder Hrsg., *Der Mann in der Krise?: Visualisierungen von Männlichkeit im 20. und 21. Jahrhundert*, Köln, 2015, S. 73.）

肉体アピールと女性支配妄想をほうふつとさせるものがある。

なお、ハウスマンのこの写真は、彼自身の実生活に基づくものでもあり、ヘトヴィッヒとの結婚とほぼ同時期から開始したロシア人女性ブロイッドとのいわゆる三角関係は、一九三〇年代にスペインでの亡命生活を経て破綻するまで続いている。ちなみにこの三角関係を、彼は二六年以降書き続けた作品『ヒュレ』でも取り上げているが、そこでは男性性と女性性がギリシャ語でいう「ヒュレ」、すなわちものへと解体、還元される世界が展開する。「わたしたちは素材にすぎない」という言葉に導かれ、男性性や女性性の根源の追求はものあるいは素材へと深められていくのだが、素材になって新たに確認される男性性と女性性の特性は、とりわけその性的な特性に応じて強固に更新されていく。『ヒュレ』では、ハウスマンの分身ともいうべきガル、妻ヘトヴィッヒとブロイッドの三人がそのままの関係性で登場するのだが、そのなかで人間は「単に物質にすぎない」し、物質にすぎない人間にとって、「性的なものとは、ほとんど木を切るのこぎりのような体験」だとまで断言されている。その一方で、素材にすぎない人間の要素としての男性性と女性性は、その特性に応じて、本質的な線引きを以下のようにあっさりとされてしまう。

> 女性は男性とは全く異なるのだよ。（略）わたし自身、女性は男性と同じ権利を有するべきだと思うが、性に関しては違う。[23]

このレトリックこそが、「新しい男」の最後のとりでであり、「新しい女」に決して負けることがない最強の武器として機能していることは、たしかに無視できない事実である。イルゼ・コクラは、戦間期ドイツのメディア媒体を調査し、一九二〇年代に新興メディアがもてはやした「新しい女」は、三〇年代に入り時局が変化すると、次第に「不自然」で「堕落した」存在へと追いやられていったと詳細に分析しているが[24]、その過程で発動された社会心理とハウスマンによる『ヒュレ』でのレトリックはどちらも同じ根拠、すなわち母性神話に基づいていると考えられる。すなわち、産む性としての女性性が喪失することそれ自体が男性性の優位どころか存在を最も脅かす脅威であるという認識が、ハウスマンのようなラディカルな左翼であるアバンギャルドの芸術家と、その対極ともいえるラディカルな右翼であるナチスの党員たちを結び付けているのである。この結び目に存在するものこそが、母性という存在にしがみつく男性性なのである。

両極端の方向性をもつこの二つの運動のある種の共通性は、母性神話だけではない。エドガー・フォルスターによれば、ワイマール共和国時代の二つの矛盾した男性身体の模索、すなわち戦後のトラウマを超越するための戦車のような強靭な身体と、時代の変化に柔軟に適応できるしなやかな身体というイメージは、ともに男たちの「再覇権」のためのヘテロジェニックな戦略として解読可能なのだという。いわく、その「再覇権」は、新たな女性文化のヘゲモニーに対抗する表現はとらず、またそのやり方は、静的にではなく、動的に、すなわち常に実践によって再生産され実演されていく。男性性の再覇権は多種多様なフィールドに適応しなければならないことで、男性性自体も多種になる。結果、それらは決して同質な男性イメージを描くことはないし、ある固定された男性のアイデンティティを支持することもない。この多種性こそが、その多様性にもかかわらず、強力な一つの潮流、つまり「新しい男」の「再覇権」を生み出すというのである。[25]

「新しい男」の多様性が、再覇権・再統治へ向けた男性支配を目的とするメタモルフォーゼの試みであるというこの解釈に従えば、アバンギャルド運動のなかでみられたパフォーマンスも、ハウスマンの男性モードも、そしてナチス親衛隊の軍服も、同じ古典主義的男性性へとたどりつくことになる。事実、イタリア未来派で機能主義的な男性ファッションを追求したエルネスト・タイアートは、一九三二年には「男性衣裳変革宣言」を発表し、ハウスマンと同様に、「袖なしの下着、障害にならないシャツ、軽い靴、ピカピカの靴など」身体の機能に忠実な最新の男性ファッションを提唱したが、その後ベニート・ムッソリーニ率いるファシズム体制に急速に接近し、ファシスト国家組織である服飾会の会員になった事実も、忘れてはならないだろう。ドイツでは男性ダダイストたちは、ナチスによる政権奪取が明らかになる三三年にはすでにそれぞれドイツ国外に亡命していたし、ナチスの芸術文化政策でアバンギャルド運動は一括して退廃と見なされていたため、両者が直接協力しあうことはなかった。もちろん「兵士的男性」とアバンギャルドの「新しい男」像の帰結は同一だったと言い切るのは極論にすぎるだろう。だが、一九年以降に始まる新たな時代に、男性性という存在基盤への揺るぎない確信をもって描かれた「新しい男」像は、危機に対する同一の発想に基づく男たちのリアクションの一つだったということは、確かな事実だと思われる。

注

(1) Klaus Theweleit, *Männerphantasien*, 1-2 Bände, Frankfurt am Main Basel, 1977-1978. (Bd. 1: *Frauen, Fluten, Körper, Geschichte*, Bd. 2: *Männerkörper. Zur Psychoanalyse des Weißen Terrors.*)、クラウス・テーヴェライト『男たちの妄想Ⅰ――女・流れ・身体・歴史』田村和彦訳(叢書・ウニベルシタス)法政大学出版局、一九九九年、同『男たちの妄想Ⅱ――男たちの身体――白色テロルの精神分析のために』田村和彦訳(叢書・ウニベルシタス)、法政大学出版局、二〇〇四年

(2) Richard Hülsenbeck, "Der Neue Mensch," *Neue Jugend*, May. 1, 1917.

(3) Raoul Hausmann, "Zur Weltrevolution," in Michael Erlhoff Hrsg., *Raoul Hausmann Texte bis 1993*, Bd. 1., Edition Text u., 1982, S. 51.

(4) George Grosz, "Man muss Kautschukmann sein!," in Karl Riha Hrsg., *113 DADA Gedichte*, Varlag Klaus Wagenbach, 1995, S. 96.

（5）Füller Karin, *Dada Berlin in Zeitungen: Gedächtnisfeiern und Skandale*, Forschungsschwerpunkt Massenmedien u. Kommunikation, 1986, S. 22f.

（6）Karl Riha Hrsg., *Dada Berlin: Texte, Manifeste, Aktionen*, Reclam Philipp, 1994, S. 126.

（7）David Hopkins, *Dada's Boys: Masculinity after Duschamp*, Yale University Press, 2008, S. 20.

（8）Ebenda., S. 21-23.

（9）Karin, *a.a.O.*, S. 31. アルフレート・ケルによる一九一九年のこの評価は以後ベルリン・ダダのメディアでのイメージを決定づけるものとなった。なお、この記事はトリビューネでの「ダダ・マチネー」に対するコメントである。

（10）Ebenda., S. 36. 同じくトリビューネでの「ダダ・マチネー」に関する記事で、記者名はイニシャルでR-vである。

（11）Ebenda., S. 53. 記者名不明。記事はヒュルゼンベック、ハウスマン、イェフィム・ゴリシェフの共同声明「ダダとは何か、それはドイツで何を要求するか」を紹介したものでもある。

（12）*Der Dada*, Nr. 3, 1920, S. 7.

（13）Ebenda., S. 9.

（14）Hopkins, *a.a.O.*, S. 44.

（15）Bettina Schaschke, *Dadaistische Verwandlungskunst*, Gebrueder Mann Verlag, 2004, S. 128. シャシュケはさらに、アルプがフラーケのために家具を調達したものの、代金未払いのトラブルを抱えていたなどの複数のエピソードも紹介している。

（16）Ebenda., S. 131f.

（17）宇佐美幸彦『ジョージ・グロッス――ベルリン・ダダイストの軌跡』関西大学出版部、一九八八年、二八ページ

（18）Raoul Hausmann, "Mode," G, Nr. 3, 1924, S. 62.

（19）北方晴子「二十世紀メンズファッションとアーティストによる創作活動」「文化学園大学・文化学園大学短期大学部紀要」第四十八号、文化学園大学、二〇一七年、参照

（20）Raoul Hausmann, "Männerbekleidung," in Eva Züchner Hrsg., *Scharfrichter der bürgerlichen Seele: Raoul*

Hausmann in Berlin 1900-1933. Unveröffentlichte Briefe, Texte, Dokumente, Berlinische Galerie, 1998, S. 317.

(21) 前衛誌「シュトルム」を拠点にするサークル。

(22) Änne Söll, “Raoul Hausmanns Ideen zur Mode im Kontext der Männermodereform,” in Änne Söll und Gerald Schröder Hrsg., *Der Mann in der Krise?: Visualisierungen von Männlichkeit im 20. und 21. Jahrhundert*, Böhlau Köln, 2015, S. 74.

(23) Ebenda.

(24) Ilse Kokula, “Lesbisch leben von Weimar bis zur Nachkriegszeit,” in Berlin Museum Hrsg., *Eldorado. Homosexuelle Frauen und Männer in Berlin 1850-1950. Geschichte, Alltag und Kultur*, Rosa Winkel, 1992, S. 149-161.

(25) Edgar Forster, “Männliche Resouveränisierungen,” *Feministische Studien*, Nr. 2, 2006, S. 194.

第３章　洪深のアメリカ留学体験
――自伝における人種差別・恋愛、そして演じること

中村みどり

1　中国の近代化と留学生たち

十九世紀末から二十世紀初頭にかけてのアジア諸国にとって、欧米列強の植民地支配にどのように対峙するかは、国の命運を左右する喫緊の課題だった。日本は明治維新を遂げたのち、各界の人材を官費留学生としてヨーロッパに派遣し、政治、経済、法律、教育など西洋の近代社会のシステムを学ばせ、日本を列強に比する国家として再構築することに励んだ。周知のとおり、明治の文豪の森鷗外は陸軍省の派遣留学生としてドイツに、夏目漱石は文部省の派遣留学生としてイギリスに渡り、どちらも留学体験を下敷きにした作品を残している。

ここで中国に目を転じてみよう。中国の近代化の過程でも欧米への留学生派遣が重視されたが、新興国だったアメリカとの関係は日本よりも密接だった。アヘン戦争後、落日を迎えた清朝末期の一八七〇年代には、集団的な児童の派遣留学がおこなわれ、またアメリカが中国に返還した義和団賠償金の残高分を資金にし、一九〇九年

以降はアメリカ官費派遣留学のための制度が整えられていく。一方、日清戦争と日露戦争を経て、日本は中国人留学生の最大の受け入れ国になっていった。西洋近代化のアジアへの移植を学ぶ手本とするとともに、距離の近さや生活費の安さが魅力になり、多くの留学生が明治の日本に向かった。ただし留意すべきは、日本もまた欧米列強とともに中国に対して領土割譲を迫る帝国の一つだったことである。

中国の近代化は、アメリカ、ヨーロッパ、そして日本で学んだ留学生たちが異国で習得した知識と技術によって推進されていったが、中国の国家を支える近代的精神は、彼らが異国で吸収した輝かしい理念だけでなく、「黄色人種」あるいは「弱国の民」として扱われた苦悩や屈折した思いによっても模索され、強固に編み上げられていくことになる。

本章では、一九二〇年代から三〇年代にかけて中国の新劇と映画の基礎を築いた演劇家の洪深を取り上げる。洪深はアメリカ留学経験者である。彼は中国の演劇史と映画史で洗練された近代劇の創作と演出を手がけたことで名を留めているが、ハリウッド映画に登場する「屈辱」的な中国描写の批判運動の先頭に立ち、また日中戦争期には抗日演劇の上演に尽力したことで知られてきた。[1] これに対して、本章では、これまで言及されることが少なかった、アメリカで受けた人種差別とアメリカ人女性との恋愛をつづった洪深の自伝を紹介することで、当時の中国人男性知識人が抱えていたアイデンティティの問題を考察する。洪深の留学体験と自伝の記述を同時代の中国人アメリカ留学経験者である胡適や聞一多と比較し、その特色を浮き彫りにすることを試みたい。

2 前半生——アメリカ留学と演劇、父の死

まずは、アメリカ留学を軸にした洪深の前半生の経歴[2]をたどってみよう。

洪深は江蘇省武進（現・常州）の人であり、洪家は、名高い清朝の学者・洪亮吉を輩出した旧家である。父の洪述祖は北京の袁世凱政権で内務部秘書を務めた高級官吏で、母はその正妻の張玉英であり、洪深は長男として生まれた。清朝末期の中国でいち早く西洋式の学問を取り入れた、上海のミッションスクールの徐滙公学と中国人の手によって創設された南洋公学で基礎的な学問を身につけたのち、一九一二年に北京の清華学校高等科に入学した。

清華学校（当初は清華学堂）は現在の清華大学の前身にあたる。アメリカが中国に返還した義和団賠償金の残高を基金にし、一九一一年にアメリカ留学準備のための男子校として開校した。[3]当初は、外交部と在中国アメリカ大使館の共同管理下に置かれ、中等科と高等科の各四年制（当初は中等科五年、高等科三年）からなっていた。ミッションスクールではないものの、西洋人の教員が圧倒的な権威をもつ校風だったが、のちに中国全土に広がる一九年の五四運動や二二年の反キリスト教運動を背景として、「中国の大学」として再建するための抜本的な教育改革がおこなわれることになる。とはいえ、二四年までのあいだに六百人前後の卒業生を官費留学生としてアメリカに送り出した同校が果たした役割は、中国の教育史のなかで、きわめて大きい。

清華学校では課外活動も盛んであり、そこで芸術的な才能を育んで卒業後に活躍した者も少なくない。とりわけ学生演劇に熱中した洪深は役者として舞台に立つだけでなく、演出と脚本も担当した。当時、清華学校ではクリスマスや大みそか、

写真1　学生時代の洪深
（出典：洪鈴『中国話劇電影先駆洪深——歴世編年紀』中国電影出版社、2013年、83ページ）

新年に学生たちが英語劇を上演したほか、学期ごとに演劇大会が開催された。鈴木直子の論考[4]によれば、洪深がシナリオを執筆した『梨売人』は、一九一五年冬の学内演劇コンクールで一等賞を獲得し、また同様に彼が脚本を担当した『貧民惨劇』は、一六年に貧民用の学校創設のためのチャリティ公演として上演され、大きな収益を上げたという。五四新文化運動の前夜ではあるが、脚本では口語の台詞を用いるなど、洪深は早くも近代的な演劇の手法を獲得していた。

理系の科目を得意としていた洪深は、留学先のアメリカでは化学テクノロジーを専攻することを志望し、高等学部卒業後にオハイオ州立大学工学部に官費留学生として派遣される。一九一六年九月に渡米し、二二年春に中国に帰国しているが、専門の化学炻器製造では、ガラス、セメント、耐火れんがなどの建材から電球までの生産技術を幅広く学び、優秀な成績を修めた。一方、授業外の時間には演劇関連の書籍の読書に没頭していたという。

オハイオ州立大学でも洪深は、YMCAや中国学生会（The Chinese Student's Club）のほか、世界学生会（The Cosmopolitan Club）などといった課外活動に積極的に参加していて、YMCAの全国大会にはオハイオ州立大学代表として出席し、理事に就任している。各国の文化を紹介する交流会の一つ、「中国の夜」が開催された際には、洪深は中国の旧式結婚を題材にした自作の英語劇『結婚した夫（The Wedded Husband）』（中国語の題は『為之有室』）を上演している。同劇は一九一九年四月十一日と十二日の二日間、オハイオ州立大学のチャペルを会場として、中国学生会と世界学生会のメンバーによって演じられた。

特記すべきは、洪深のオハイオ州立大学在学中の一九一九年五月四日に、北京を中心に中国国内で五四運動が起こり、全国に広がったことである。第一次世界大戦後のベルサイユ講和条約で戦勝国側だった中国は、不平等条約の撤廃とともに山東省でドイツが有していた権益の返還を要求した。だが、アメリカを含む列強の密談で旧ドイツ権益は日本への譲渡が決定する。講和条約調印の断固拒否を求める北京大学の学生デモを発端にして、商人や労働者たちによるストライキが続き、さらには全国規模の焼き打ち事件や日本製品ボイコット運動が引き起こされた。五四運動は、中国近代史では民族運動の起点として位置づけられているが、このような母国の動きに呼応し、洪深は三幕からなる英語劇『虹（Rainbow）』（中国語の題は『虹』）の脚本を書き下ろす。脚本執筆の背景について、洪深は次のように語っている。

世界大戦の三年目、アメリカはイギリスとフランス側について参戦した。アメリカ大統領は参戦について重ねて宣言をおこなったが、その態度は誠実で掲げた理想は高邁だった。「民族自決」「秘密外交の撤廃」「講和には勝者も敗者もない」「永久に戦争をしないための戦争」「民族主義を世界に根づかせる」など！われわれ若者はどれほど大きな希望と幻想を抱いたことだろう！　正式な兵役ではなかったけれども、わたしは張り切って軍事訓練を受けた。軍服を身につけ、技術部隊隊員になり、ドライデンで軍用飛行場の測量を手伝った。ところが一九一八年、大戦が終わると、翌年のパリ講和会議では青島と膠済鉄道などの日本への割譲が協議され、全中国人の怒りは頂点に達した。(5)

第一次世界大戦を背景にした英語の創作劇『虹』の内容と構成は次のとおりである。第一幕、アメリカのウッドロウ・ウィルソン大統領の民族自決の提唱に賛同する山東省の中国人一家は、息子二人を大戦の後方で働く中国人労働部隊に参加させる。第二幕、ドイツ軍の敗走後、一家は任務を終えた息子たちの帰国を待ちわびるが、ある戦いで前線に送り込まれた息子二人は戦死したことが明らかになる。第三幕、列強間の陰謀によってウィルソンが前言を覆し、ドイツ租借地青島は日本に割譲され、中国が払った犠牲はすべて水泡に帰す。このように中国人の立場からアメリカの帝国主義的な姿勢を批判した『虹』は、一九一九年九月五日と六日の二日間、中西部中国学生連盟の年会の活動としてオハイオ州立大学のチャペルで上演され、さらにアメリカ各地で中国人留学生たちの手によって上演された。

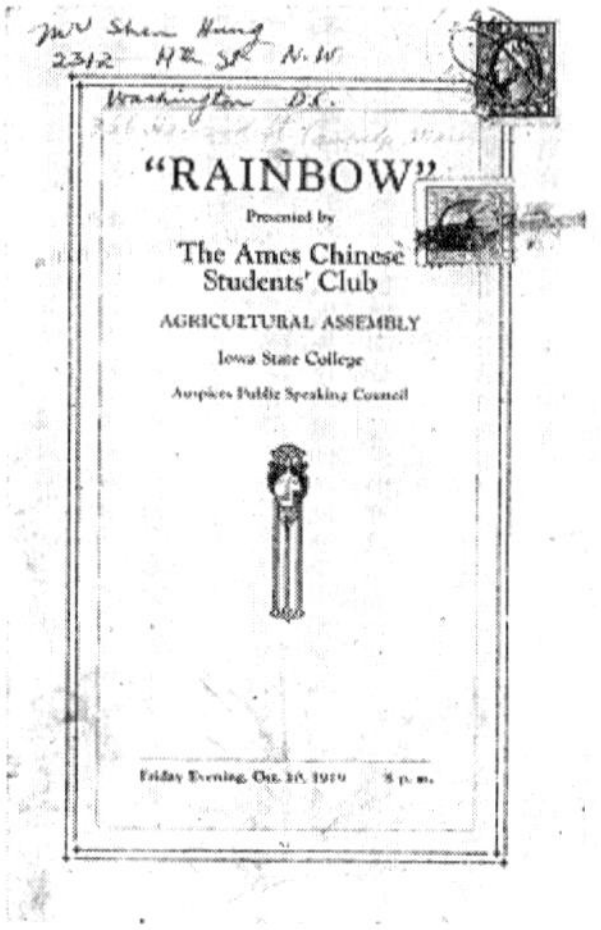

図1　英語劇『虹』の公演パンフレット
（出典：洪深「戲劇的人生」『五奎橋』現代書局、1933年、17ページ）

後述するとおり、一九二四年にアメリカで中国人留学生たちが国家主義を標榜して結成した団体・大江会は、アメリカ人の目に映ったオリエンタリズム的な中国像を修正し、中国文化の神髄を知らしめるため、中国を題材にした英語劇を盛んに演じていた。当時の中国人留学生たちにとって演劇とは、アメリカの帝国主義を批判し、中国人としてのプライドを主張するための表現の場であり、洪深は彼らの活動の先駆者だったことがうかがえる。

一九一九年九月、『虹』の公演を終えると、洪深はオハイオ州立大学卒業と学士号取得を放棄して、東海岸のマサチューセッツ州のハーバード大学文理学部に転学し、特別学生の身分で演劇を学ぶ。一〇年代当時、アメリカに派遣された中国人官費留学生のなかで演劇を専攻にする者はおらず、洪深は最初にアメリカの大学で演劇を学んだ中国人留学生になった。このような洪深の選択の背景には、父・洪述祖の政治的失脚と死があったことについて触れておく必要がある。

一九一三年、議会政治を推進する国民党の指導者だった宋教仁が上海で暗殺された。この中国近代史に残る暗殺事件の黒幕は、専制政治をもくろむ袁世凱政権であり、刺客の手配に関わったのが国務院内務部秘書だった洪述祖、洪深の父である。父は主犯として追われる身になり、大総統に就任した袁世凱の庇護のもとドイツ租借地だった青島に身を潜める。一説には、一時は日本に逃亡したともいう[6]。しかし一七年に上海で宋教仁の遺族に発見され、送還先の北京で一九年四月に絞首刑になった。洪述祖の権威に群がっていた人々は、手のひらを返したように息子の洪深に冷たく接し、このときを境に上流階級の人々や官僚世界とは一切関わらず「敗北者（Underdog）」として生きることを決意したと、洪深はのちに回想している[7]。

写真2 『虹』に出演した中国人留学生たち。最前列中央の男性が洪深と思われる
（出典：同書18ページ）

このような父・洪述祖の事件が洪深の人生に拭えない影を落とし、留学先アメリカでの方向転換の一因になったことは、教え子の証言や先行研究も指摘してきたことである。以後、洪深は大きなねじれを抱えて生きることになる。洪深が創作した英語劇『虹』は、アメリカの帝国主義的な姿勢と山東省青島の日本への割譲に対する批判を中国人の立場から訴えたものだった。ただし、日本への青島割譲は、袁世凱政権が日本の二十一カ条の要求を受け入れたことに起因していたのであり、この独裁政権を支えた官僚の一人が洪述祖だったのだ。父の死の記憶を封印したうえで、洪深は愛国の主張を築き上げていくことになる。

洪深はやみくもにハーバード大学に転学したわけではなく、ジョージ・ピース・ベーカー教授が開講する学生の人気が高い演劇ワークショップへの参加を希望しての選択だった。少人数制のこのワークショップは、約三十倍の倍率を突破しなければ受講できず、二種類の創作劇シナリオの提出を課した試験に合格した洪深は、授業への参加が許された初の中国人学生になった。なお、提出したシナリオの一冊は、オハイオ州立大学で上演した「結婚した夫」だった。

洪深は、ハーバード大学の演劇大会でも演出家としての手腕を発揮する。また役者としての演技力を磨くため、ボストンの民間の演劇学校に入り、ときには住み込みで劇場の経営から掃除、宣伝、衣装管理までに関わった。さらに一九二〇年夏にニューヨークに移ると、プロ劇団の運営に参加して実践的な経験を積んだ。この間にはアメリカの中国人学生会による華北水害救済のチャリティ公演で、中国の民間伝承をアレンジした英語劇『木蘭従軍』の脚本と舞台演出を担当したが、同時期に南洋兄弟煙草公司ニューヨーク支社で事務職の仕事に就き、給料を得てもいる。

清華学校の卒業生は五年間まで官費支給を受けることができ、審査に通ればさらに二年の延長が可能だった。洪深は専攻を演劇に変更する際、ワシントンにあった学生監督所に申請して転学の承認を得ている。当時の中国人留学生のなかにはアメリカに渡ったあとは自由に振る舞う者もいたのだが[8]、アウトローともいえる道を歩む洪深もまたアメリカを去るまでの五年間、官費留学生の身分を維持していたと思われる。

3 自伝の記述——離婚・人種差別・恋愛

一九二二年春に中国に帰国した洪深は、かねてから注目していた上海の新劇劇団・戯劇協社に参加し、オスカー・ワイルド作『ウィンダミア卿夫人の扇(Lady Windermere's Fan)』の翻案と演出で名を知られるようになる。この舞台では、女役に初めて女優を登用し、また台詞には洗練された口語を使用するなど、従来の中国にはなかった現代劇のスタイルを完成させたことは、今日なお高く評価されている。さらに復旦大学の学生演劇団体・復旦劇社を指導するほか、上海の映画会社である明星影片公司で脚本と監督を担当するなど、上海の演劇界と映画界で指導者としての地位を築いていった。

一九三〇年代に入ると、北伐戦争を終えて蔣介石率いる南京国民政府が国家統一を進め、一方では満州事変の勃発によって中国国内の民族意識が高まるなか、洪深は社会的な文芸運動に積極的に参加する。三〇年、上海の大光明大戲院で上映中のハリウッド映画『危険大歓迎（Welcome Danger）』を中国人を屈辱的に描いた作品として批判して観客にボイコットを呼びかけ、租界の警察に連行される。背後では上海市政府と結び付いていたこの反対運動は、ハリウッド側の謝罪まで引き出し、国民政府統治下の映画検閲制度を創設させるに至る。[9][10] 同時期に洪深は、農村の人々の迷信や貧困を取り上げた作品を共産党系の作家たちが集う左翼的な文芸雑誌に次々と発表してもいる。

しかし、このような芸術界での洪深の八面六臂の活動は、他方では、その活躍をねたむ、あるいは、政治的に対立する国民政府と共産党グループ双方の文芸活動に関わる彼の姿勢を快く思わない人々からの攻撃を引き起こすことになる。メディアのゴシップの標的になり、ときには亡き父の罪にまで言及した罵倒が洪深に浴びせられた。精神的に疲弊した洪深は、自らの半生をたどり直そうとしたのだろうか、自伝の類いの小品を発表し始めるようになる。そのなかで彼は、それまで語ることがなかった自身のアメリカ留学体験をつづっていた。

写真3　アメリカから帰国後の洪深
（出典：前掲『中国話劇電影先駆洪深』97ページ）

「印象的自伝」

洪深が三十九歳のときに半生をつづった自伝「印象的自伝」では、今日の自己を形成した「忘れられない」「特異な経歴」を三つ挙げている。その一つ目は最初の妻・陶家の娘との離婚であり、三つ目が父の政治的失脚によって受けた冷遇だった。やや長くなるが離婚に関する記述を引用したい。

一つ目は、最初の妻がわたしのことを見下して、わたしと離婚したことである。もともと彼女がわたしに嫁いだのは家の取り決めであり、当事者の意志の自由などは全く考慮されなかった。しかし、二人のあいだには互いにそれなりの好意と情愛があった。だが、高官の家に生まれ、加えて母親の溺愛を受けて育った彼女は、すっかりお嬢さまの生活に慣れ、官僚世界の悪しき風習を知らないうちに身につけてしまっていた。彼女には一カ月早く嫁いだいとこがいて、その夫は県知事だったため、婚家に入ると奥さまと呼ばれる身になった。これに対してわたしはといえば、一介の学生でしかなく官僚の身分とはほど遠いため、妻は内心では失望してわたしのことを軽蔑していた。顔に出すことはめったになかったが、わたしは切々と感じ取り、婚姻の破綻は避けられなかった。官僚世界の種々の醜悪さには、もともとお坊ちゃんだったわたし自身がどっぷりと漬かっていたが、離婚ののちは深く憎悪して断ち切った。この気持ちは、二十年来変わっていない。[11]

洪深は生涯で三度結婚をしているのだが、初めの二回は、いずれも家柄の釣り合いを重視した家同士の取り決めによる旧式結婚だった。アメリカに留学にいく前、洪深は陶家の娘との結婚と離婚、そして余永珍との再婚を経験し、武進の婚家に残った二番目の妻は夫の留学中に息子を出産する。だが、「印象的自伝」で語るように、最初の妻との離婚は洪深の心に深い傷痕を残したようである。前述の引用文からは、儒教の家制度と男尊女卑の風潮がまだ色濃く、上流階級では一夫多妻制が一般的だった一九一〇年代の中国としては珍しく、洪深の最初の結婚生活は妻側の不満が原因で破綻したことがうかがえる。当時は法的に女性から離婚を申し立てることは不可能だったが、洪深の場合、父の事件による負い目もあり、社会的肩書にこだわる陶家の娘と離婚せざるをえなかったことが推測できる。男性が絶対的な優位を占めていた時代、妻との離婚はそれまで名門一家の長男として大事に育てられた洪深の「男性」性に最初のダメージを与えることになる。

「印象的自伝」のなかで、もう一つの「忘れ難い」「特異な経歴」として語っているのは、アメリカ留学中に体験した人種差別だった。

二つ目は、アメリカ留学中に白人から受けた待遇である。清華で四年間学び、当時の校長は周寄梅先生だった。繰り返しわたしたちに言い聞かせたのは、アメリカの学校でわたしたちは中国人学生のなかの成績優秀者としてみられ、わたしたちの一挙一動は中国人全体の地位と名誉に影響を及ぼす、ということだった。アメリカ到着後、至るところで用心し、気を配り、恥をさらすことはなかった。学業の面でも、先生やクラスメートの尊敬と称賛を手に入れた。しかし、どんなにアメリカ人が敬い、礼儀正しく接し、親しくしてくれたとしても、彼らが中国人をさげすむ心理は無意識のうちに顔に表れるため、いたたまれない気持ちになる。[12]

周寄梅が清華学校の校長だったのは一九一三年から一八年までであり、ちょうど洪深が在籍した一二年から一六年までと重なる。[13]上海のミッションスクールであるセント・ジョーンズ大学を卒業したあとにアメリカのウィスコンシン大学に進学した周寄梅は、学生の社会活動参加や体育授業、道徳教育を重視し、清華学校の学風を引き締めたことで知られる。また、アメリカ官費留学派遣の枠を清華学校卒業生以外にも広げ、全国の成績優秀な学生のほか、初めて女子学生を対象にした選抜試験を実施するなど、アメリカ留学を通して幅広い人材の育成に尽力した。〇四年から〇九年までアメリカに留学した周寄梅は、社会面でも文化面でも活気みなぎる新興国家のアメリカと、清朝末期の中国との落差を痛感し、また人種差別の壁に苦しみ、その溝を埋めるべく懸命に後輩たちを指導しようとしていたことがうかがえる。

当時のアメリカが中国人をどうみていたか[14]といえば、アヘン戦争敗北の結果、一八四二年の南京条約によって広東や上海など中国各地が開港し、そこから労働力としてアメリカに渡る中国人移民の流れが形成された。中国人労働者は西部開発のゴールドラッシュで安価な労働力として重宝され、西海岸には四万人の中国人が集住するようになる。彼らの多くは鉱山や鉄道建設現場で働くほか、食堂や洗濯屋を開いて生計を支えたが、アメリカの白人からの嘲弄や差別の対象になることが多かった。四〇年代頃から、プロテスタントやアングロ・サクソンこそ生粋のアメリカ人だとする生粋主義者の団体が移民の排斥を主張し始める。その標的の一つになったのが、中国系移民だった。不況が訪れると白人労働者の不満がさらに高まり、中国人を襲撃する事件が続き、八二年には中国人労働者の流入を阻止する中国人排斥法が国会で可決された。この法律が正式に撤廃されるのは六十数年後のことである。また一九一五年には白人至上主義の秘密結社である第二次クー・クラックス・クランが結成され、ヨーロッパからの移民さえ厳しく制限する移民法が二四年に成立している。

周寄梅や洪深たちの発言からは、彼らが滞在した一八九〇年代から一九二〇年代にかけてのアメリカでは中国人排斥の風潮が強く、知識階級だった中国人留学生もまた差別の対象として扱われる場合が多かったことがうかがえる。

もっとも、一九二〇年代の中国人男子留学生のなかには、勉学にはげまず、女性を連れ回すような怠惰な生活を送る者も少なくなく、アメリカ人男性たちの反感を生み出す原因の一つにもなっていたようである。二二年にシカゴに留学した聞一多は、「おおむね大多数の連中は、喜び勇んで女性を連れて遊び回っている。それ以外の女性をつかまえられない連中は、品定めをして溜飲を下げる、といったところだ」[15]と、同地の中国人留学生の様子に強い不満を抱き、清華学校の友人たちへの手紙に書き送っている。

「印象的自伝」もまた、アメリカの女性を連れた中国人男子留学生に向けられたアメリカの男性たちからの反感や嫉妬の視線について述べている。

例えば、中国人留学生がアメリカ人女性と交際していると、アメリカ人男性は、口には出さないものの、心中は嫉妬と怒りであふれかえっている。ちょうど一部の中国人が、上海のモダンガールがインド人の警官と友達になっているのを目にし、恥辱に思い許せないのと同じことだが、こんなことはあってはならない。白人、「イエローフェイス」、「ブラック」、肌の色以外は、何も違わない！[16]

鈴木直子によれば、アメリカのトマス・ウルフの小説『時と川について』（一九三五年）には、洪深をモデルにしたと思われる中国人留学生「ミスター・ワン（Mr. Wang）」が登場するが、人種的偏見による誇張が加わった人物像になっていて、ワンは「おかしな英語を操り」「官僚の息子で大金持ち」「浪費家で女好き」の「騒々しい中国人」として描かれているという[17]。実際のところ、次に取り上げる「匆匆十年 自伝的一節」などの記述にあるように、洪深はアメリカ人女性と接触する機会が多く、アメリカ人男性が中国人男子留学生に向ける嫉妬の視線の描写は、洪深自身の体験に基づいていたことがうかがえる。

「匆匆十年 自伝的一節」

一九三五年六月に上海の大手新聞「民報」の映画欄「影譚」[18]に掲載された「匆匆十年 自伝的一節」は、洪深の作品年表には記載されているものの、彼の文集に収められていないこともあり、どのような内容の自伝なのか、その全貌はこれまで知られてこなかった。この自伝は八回に分けて発表され、各回のタイトルと掲載日は次のとおりである。

第一回「アメリカでの木蘭従軍」(「木蘭従軍在美国」、六月一日付)
第二回「洪深と沈洪(上)」(「洪深与沈洪(上)」、六月二日付)
第三回「洪深と沈洪(下)」(「洪深与沈洪(下)」、六月三日付)
第四回「アメリカ演劇界の新たな友人」(「美国戯劇界的新友人」、六月四日付)
第五回「イエローフェイス野郎」(「黄面鬼」、六月五日付)
第六回「アダ(一)」(「Ada(一)」、六月六日付)
第七回「アダ(二)」(「Ada(二)」、六月十三日付)
第八回「アダ(三)」(「Ada(三)」、六月十六日付)

本章では、自伝全体の概要を紹介したうえで、特に第五回「イエローフェイス野郎」から第八回「アダ(三)」までに記された、洪深とアメリカ人女性アダとの恋愛と同棲、そして彼がアメリカ人男性から浴びせられた人種差別の視線に焦点を当てたい。

第一回「アメリカでの木蘭従軍」から第三回「洪深と沈洪(下)」までは、一九二〇年に華北水害救済のチャリティ公演としてアメリカの中国人学生会が上演した英語劇『木蘭従軍』に関する回想をつづっている。「わたし」、すなわち洪深と留学仲間の張春彭が共同で脚本を執筆した同劇はニューヨークやワシントンなど各地で八回にわたって上演されて成功を収め、一万ドルに近い収益金を得、その大部分をボランティア団体に寄付した。それだけでなく、中国の伝統劇の手法を正しく用いた芸術性が高い舞台を提供したことで、それまでオリエンタリズム的な雰囲気の「中国劇」しか目にしたことがなかったアメリカ人観客の中国観を改めた点でも、この公演は大きな貢献を果たしたことを強調している。

そのほか、洪深一人でもアメリカで中国の伝統劇に関する紹介を熱心におこない、現地の演劇専門雑誌に論文が掲載されたこと、『木蘭従軍』公演のニュースは海を越えて上海の大手新聞「申報」でも取り上げられたことを記す。一九二〇年三月六日付「申報」の記事がそれだが、洪深はその内容を引用し、記事の誤りを一つずつ指摘している。まず、「ハーバード大学卒業生の深洪」と「洪深」の氏名が逆さに記され、ヒロイン役を演じた「コロンビア大学音楽科の李華」の名前も正しくは「李以華」だった。「南開学校からの留学生である張春彭」が脚本を書いたとあるが、実際には六幕からなる脚本の第一幕から第五幕までは洪深が書き、最後の一幕だけを張春彭に依頼していて、そのことは当時周知の事実だったという。

中国人アメリカ留学生たちの手による『木蘭従軍』の公演は、中国演劇史上に残る出来事であり、事実を正しく伝える必要はある。だが十年以上の沈黙を破って新聞記事を訂正した洪深の態度は、どのように受け止めればいいのだろうか。その行為は、洪深の正義感とともに、従来工学系の技術者志望であり中国の演劇界や映画界に形式や管理システムを導入した彼ならではの几帳面さを物語っているともいえるが、同時に、メディアのゴシップなどが歪曲されて伝わることで、自分の才能や努力が世間に正しく評価されないという、当時の洪深が抱えていたジレンマが表出しているように思われる。

自伝後半の第四回「アメリカ演劇界の新たな友人」から第八回「アダ（三二）」まででは、留学時代にアメリカ人から受けた人種差別のまなざし、自身の性の問題、そしてアメリカ人の恋人との交際について、包み隠さず記している。まずは人種差別に関する記述を引用してみよう。

イエローフェイス野郎はアメリカで歓迎されないわけではない。とりわけ一般の留学生の場合は、官費派遣生でなければ、裕福な家の子弟で金をもっている。全員が大金持ちというわけではないが、しかし一般的にいえば、貧しい様子の者はおらず、ケチケチしていない。アメリカの大学生の多くがアルバイトで生活を支えているのと比べると金離れがいい。このため、イエローフェイス野郎の留学生は、少なくとも彼らの金を巻き取ろうとする連中には歓迎されるのだ。

羽振りがよく金持ちの坊ちゃんである一部の留学生ならばまだ、アメリカ人女性に歓迎される。それは必ずしも金銭目当てとはかぎらない。しかし中国人男性と一緒に歩きたがる女性の多くは、貧しい家の美しい娘である。少しでもいい家の娘であれば、中国人を見下す。「なぜイエローフェイス野郎と付き合うのか」「将来、イエローフェイス野郎の子どもの母親になりたいのか」といった他人からのそしりは、少女たちをいたたまれなくさせるのだ。しかも、この種の言葉を投げつけるのは、必ずアメリカ人の男性だ。世界中で最も自分の種族におごりをもち、自分に関わりがない人にさえ嫉妬するのは彼らである。(19)

アメリカに渡った当初、清華学校校長の周寄梅の戒めの言葉に従うかのように、既婚者である洪深は、「白人の女性と恋愛をしない」、パーティーや茶会に参加せざるをえない際には「女性のエスコートをしない」「アメリカ人女性には身構えて向き合い」「四千年の文化と歴史を背景にもつ中国人のおごりを知らしめる」ことを自らに課し、禁欲的な留学生活を送っていた。だが、やがて自分の身の「健康」を保つため、割り切って定期的に娼婦を買うようになり、次第に性病防止の方法や買春の「哲学」を身につけるに至ったという。ときにはアメリカ人の男子同級生に連れられて白人の売春婦を買うこともあったが、そんなときには男性たちから人種差別のまなざしが向けられることはなかったと記している。

やがてアメリカ随一の大都市であるニューヨークに移り住んだ洪深は、アメリカ人の友人宅でボストン出身のオペラ歌手アダと出会う。[20]ヨーロッパへの留学経験をもち、かつてボストンのオペラカンパニーに所属していたアダは、当時はおもにフランス語とスペイン語を教えて生計を立てていて、舞台からは半ば退いていた。アダは三十一歳と洪水よりも四歳年上で、ニューヨーク東五十二番街のアパートに住まいを構えていた。それまでアメリカの一般の白人女性とは距離を置いてきた「わたし」がアダに心を開いたのは、彼女が『木蘭従軍』の公演で洪深の演技を見て、「アメリカ人にはできない、文化人ならではの知的な演技」に引き付けられたと告白したからだった。アダと洪深は、公園や中華料理レストランでデートを重ね、中国のさまざまな文化に興味をもつ彼女は洪深への好意を示す。だが、「肌の色が異なる」ため、洪深はその思いに応えられずにいた。その壁を打ち砕く出来事が起こる。

ある晩、わたしは彼女と映画館で映画を見ていた。隣は少し酒に酔った客であり、わたしたち二人の姿が目に入るとつぶやきはじめた。独り言で「チャイニーズ[21]……チャイニーズの洗濯屋……なんで、まともできれいな女がチャイニーズと一緒にいるんだ……俺はチャイニーズなんかよりずっとましだぞ」など酔ったまま話している！　最初はまだ声が低かったが、やがて次第に大きくなった。ついにわたしは耐えきれなくなり、「黙れ（Shut Up）」と大声で叱り飛ばし、立ち上がって殴ろうとした。だがアダに止められてしまった。

タクシーが通りに止まり、彼女が車に乗り込むのに手を貸していると、思いがけず例の酔っ払いが劇場から出てきて、力ずくでわたしを押しのけ、自分が車に乗り込もうとした。当然ながらわたしたちは男に降りるよう言ったが、男は絶対に降りようとせず、争っていると数分もたたないうちに、通りには数十人もの野次馬が集まった。[22]

この野次馬を前に、アダはひるむことなく堂々と自分の名前を告げ、洪深を「アメリカの客人」と紹介し、公正明大な態度で人々に助けを求めると、酔っ払いは野次馬たちに取り押さえられた。このときのアダの態度から彼女は「イエローフェイスの中国人を愛せるだけではなく、尊敬してくれる」ことを知り、感動した洪深は心が揺れ始める。葛藤する洪深は、中国に妻と子どもがいることを彼女に打ち明けるが、アダは意に介さず、洪深に結婚もアメリカに残ることも望んでいないことを伝える。この日を境に二人は恋人同士になり、同棲生活をスタートすることになる。

二人の同棲は、水曜日の午後六時から深夜までと、土曜日の午後二時から日曜日の午後二時までは一緒に過ごすが、互いの都合が合わなければキャンセルし、洪深は平日は清華学校の同級生とシェアするアパートに戻る、という自由気ままなスタイルだった。アダとの生活のために借りた住まいは、寝室、応接間、台所、浴室がそろった広々としたアパートメントであり、「毎週二十五ドル」の家賃は洪深が負担し、さらに彼女のために「毎月六ドル」のグランドピアノをレンタルしたという。

土曜日の午後には、いつも数人の画家、音楽家、当日舞台がない俳優などを招き、わたしたちの住まいでティーパーティーを開いた。形式には全くこだわらず、いわゆる「ボヘミアン（Bohemian）」の生活だった。洗濯桶でクラムチャウダーを煮たり、陽気になっているときには気ままにその場にいる女性を抱いて唇を奪い、激しいキスをしたりした。(23)

洪深とアダが暮らすアパートは、このようにアメリカの芸術家たちが集まって一種のサロンを形成していたので、中国人留学生の集団とは切り離された空間に洪深は身を置くことになる。道徳的な観念が異なるため、このアダとの住まいには、一人を除いて中国人同級生は誰も呼ばなかったという。その例外の一人とは、洪深が普段住むアパートをシェアする劉宗鋐だったが、のちに清華大学歴史学部の教授となる彼は、アダとの同棲生活を目の当たりにするとぎこちない態度をみせたと、洪深は回想している。

二人の同棲生活が一年ほどたった一九二一年冬、「わたし」は上海の友人から映画会社設立の誘いを受け、帰国を決意する。そのときアダは洪深の子を身ごもっていたが、彼を引き留めることなく、二人は別れる。自伝の第八回は、次のように締めくくられている。

写真4　「アダ（3）」に掲載された1921年当時の洪深の写真
（出典：前掲『中国話劇電影先駆洪深』88ページ）

アダはあるとき、わたしの髪を褒めて言った。「真っ直ぐな黒髪に憧れても手に入らない人がいて、あなたはこんなにいい髪なのに、無頓着すぎる。耳の脇の髪はもう少し長めに伸ばしたほうがすてきなのに」と。こうしてわたしは髪を伸ばすようになり、どんなに暑くても短く切ることはしなかった。十数年来この髪形を保ってきたのは、アダのことを忘れないためだ——わたしたち二人はあんなにも深く理解しあっていた。彼女はイエローフェイスを愛するだけでなく、尊敬してくれたのだ。(24)

この最後の数行からは、十年以上の時を経ても、洪深にとってアメリカ人の恋人アダは懐かしむべき大切な存在だったことがうかがえる。なお、洪深の黒髪を褒めたアダ自身は金髪の持ち主だった。最終回になった第八回には、さらに二枚の写真が付されていた。「一九二一年の洪深」というタイトルの一枚は、アメリカでアダと同棲していた時期に撮影したものなのだろう、スーツ姿の洪深が写っている。「一九三〇年の洪深」というタイトルの一枚は、「アダを忘れないために、髪を長く伸ばした」というコメントのとおり、オールバックの髪形にしている洪深のポートレートである。

このように洪深の自伝「匆匆十年 自伝的一節」では、それまで彼が語らなかったアメリカ留学時代の人種差別の体験とアメリカ人女性との交際について明らかにしているが、洪深はボストンに滞在していた際も、彼のファンだというアメリカ人の女性と出会っている。やはり自伝的な内容の「戲劇的人生」(一九三三年)によれば、ある日のこと、洪深が舞台を終えて劇場の外に出ると、かつてニューヨークで俳優として舞台に立ち、社会主義に興味があるという女性が待ち構えていた。翌日、洪深を自宅に招待した彼女は、アメリカ人の男性がどれほど「身勝手」で「あなたたち東洋人のように温厚で礼儀正しくない」かを訴え、洪深に好意を示す。洪深も心が揺れたが、数日後にはニューヨーク行きが控えているため、別れを告げて彼女の家を去る。前後の記述からは、この名もなき元女優もまた白人の女性だったと考えられる。

一九三〇年代の中国では、一〇年代と比べるとはるかに男女交際の自由が認められるようになり、「性」について語る作品も少なくなかった。とはいえ、とりわけ中国社会ではエリートとしての自覚が強いアメリカ官費留学生が、留学時代の人種差別の体験やアメリカ人女性との恋愛、ましてや自己の「性」について言及することは、きわめてまれだった。[25]当時執筆されたこれらの洪深の自伝は、どのように読むべきなのだろうか。

4　中国人留学生のアメリカ体験——胡適・聞一多との比較

洪深の自伝の特色を考えるにあたり、彼と前後してやはり官費留学生の身分でアメリカへ渡った近代中国を代表する知識人、胡適の恋愛体験と聞一多の差別体験に目を向けてみよう。

胡適は安徽省出身で洪深よりも三歳年上であり、幼くして父を失い母の手で苦労して育てられた。上海の新式学校で学んだのち、清華学校が創立される前年、全国の学生に門戸を開いた義和団賠償金による第二回アメリカ官費派遣留学試験に合格し、一九一〇年にアメリカに渡る。ニューヨーク州のコーネル大学で農学を専攻したのち文学部に転部し、さらにニューヨーク市のコロンビア大学の博士課程でジョン・デューイに師事し哲学を修め、一七年に中国に帰国する。コロンビア大学留学中から、平易な口語文を用いた個人の思想を表す新たな文学の形式と内容を提唱し、中国国内の「新文学革命論争」の口火を切った。また帰国後は北京大学の教授に就任し、女性の自立やデューイのプラグマティズムを説き、五四新文化運動の旗手として活躍した。私生活では、アメリカから帰国後、意に沿わない旧式結婚を受け入れ、かねてから母親が決めていたいいなずけである江秀冬を妻にしている。

七年間に及ぶ新興国アメリカでの留学生活は、個人が社会を支える民主国家としてのアメリカの姿を、胡適の

写真5　留学中の胡適
（出典：季羨林主編『胡適全集』第5巻、安徽教育出版社、2003年、冒頭）

心に刻んだ。なかでも当初保守的だった彼の社会観と女性観を大きく変えたのは、一人のアメリカ人女性、新進気鋭の画家イーデス・クリフォード・ウィリアムズとの一九一四年から始まる交際だった。藤井省三の綿密な調査[26]によれば、イーデスはコーネル大学創設に尽力した実業家の祖父と、同大学の地質学の教授だった父をもつ女性で、当時のニューヨークのダダイストのグループのなかで新境地を切り開き、パリの美術評論家にも注目される存在だった。一八八五年生まれのイーデスは胡適よりも六歳年上だが、非常に小柄で細身な女性だったという。二人はデートを重ね、アメリカと中国の特色について話し合ううちに互いに引かれるようになる。

しかしすでに中国にいいなずけがいた胡適はそれを彼女に伝え、二人は互いに生涯「最良の友」として精神的に支え合うことを決める。二人は社会や人生について深く語り、中国に帰国するまでの三年未満のあいだに胡適はイーデス宛てに百通ほどの手紙を送り、さらに帰国後も手紙を送り続けた[27]という。中国に帰国後、胡適はヘンリック・イプセンの『人形の家』（一八七九年）を紹介し、儒教的な家制度に基づく伝統的な結婚を否定し、自由恋愛と女性の自立を説く。このような思想が胡適に生まれたのは、アメリカでの男女平等論などのほか、イーデスの存在が大きな影響を与えていることが指摘されている[28]。

イーデスについては、胡適は一九一八年に北京女子師範学校でおこなった講演のもとになった原稿「アメリカの婦人（美国的婦人）」で名前を伏せて、「著名な大学教授の娘で学問をしっかりと身につけていて、二十数歳のときに突然髪を短く切り、身につけていた華やかな衣装を脱ぎ捨て、それからはごく質素な服装と短髪を彼女のスタイルにし、美術を専門的に勉強するため郷里を離れてニューヨークに出ていった[29]」などと、自立した女性のモデルとして紹介している。また三九年に刊行した胡適のアメリカ留学時代の日記『蔵暉室劄記』（のちに『胡適留学日記』と改題）のなかでは、イーデスとの出会いに関する部分を削除することなく掲載している[30]。

胡適にとって自伝や日記の公開は、歴史的資料としての個人の内面の歴史を示すことによって、読者の人生を変革し、人々の相互ネットワークで成り立つ社会自体をより豊かにすることが目的だという[31]。アメリカの知識階級の女性イーデスとのプラトニックな交際について述べることは、胡適にとって過ぎ去った日々をノスタルジックに語る行為ではなく、中国の新文化運動の旗手でありつづけた彼の精神的成長の経歴を開示するという、社会的使命に基づいたものだったと考えられる。

その一方で、胡適はアメリカでの人種差別について表立っては記していない。それは彼の交際相手がアメリカの知識階級に限られていたことと関係があるのだろう。ただし、洪深とほぼ同時期に同じニューヨークに滞在していたことを考えれば、全く人種差別のまなざしに触れなかったとは考えにくい[32]。中国知識人としての堅固な意志とプライドの持ち主である胡適は、負の体験に足をとられることを避けていたのかもしれない。ともあれ、アメリカの白人女性だったイーデスの存在は、胡適の精神世界に大きな糧を与えただけではなく、同時にまたアメリカの上流社会に彼が溶け込む際の大きな手助けになったことは確かだろう。

次に、もう一人の比較対象である聞一多について紹介したい[33]。聞一多は、洪深よりも五歳年下で清華学校の後輩にあたる。湖北省の旧家に生まれ、武昌の新式学堂に学び、辛亥革命の翌年である一九一二年に清華学校中等部に入学する。高等部を卒業した二二年にアメリカに留学し、イリノイ州のシカゴ美術学院に進学して、アメリカで美術を専攻する初の官費留学生になった。翌年にはコロラド・カレッジ芸術学部で聴講生として美術や英文学を学んだ。のちにニューヨークの美術学院に移り、二五年に中国に帰国する。帰国後は国立青島大学などを経て母校の清華大学の教授に就任し、愛国的な思想と中国の伝統に現代詩の芸術性を融合させようと試み、北京文壇などで活躍した。

通常八年で卒業するところを、聞一多は清華学校に二年多く在籍している。まず、英語を学んだことがなかった聞一多はその習得に苦労し、入学後一年間留年することになる。一方、中国語の文章に秀でていた彼は「清華学報」の中国語版の編集長になり、学生団体の美術社などで絵の才能を発揮した。また五四運動の際は清華学校代表に選ばれて全国学生連合会に参加するなど、政治運動でも一目置かれる存在になる。一九二一年という卒業

写真6　留学中の聞一多
（出典：聞黎明『聞一多伝』鈴木義昭訳、北京大学出版社、2000年、冒頭）

とアメリカ留学派遣を控えた年に、北洋軍閥政府の教育費支払いの滞りに北京の各国立大学の教職員と学生が反対の声を上げ、政権側が弾圧をおこなった六・三虐殺事件に際しても、聞一多は授業ボイコットを貫き、その結果、学校側の処分で卒業が一年遅れることになった。なお、彼の場合も留学前に、やはり自らは望まない旧式の結婚を受け入れ、いいなずけの高孝貞と結婚している。

聞一多はシカゴでは同地の詩壇に出入りし、英語詩の添削を受けて作品がアメリカの詩誌に掲載されるなど、現地の詩人たちと交流を育んだ。しかし一方では、清華学校の仲間から離れることを嫌い、シカゴ美術学院まで往復三時間かかる場所に住むことを選択している。そして聞一多もまたアメリカ留学中に人種差別を受けていた。このことはよく知られていて、彼自身、その体験を題材にした詩を残している。

聞一多はシカゴ美術学院で最優秀栄誉賞を授与されるが、アメリカ人ではないという理由で受賞者に付与されるヨーロッパ留学の機会を手にできなかったという[34]。翌年、文学仲間だった清華学校下級生の梁実秋が入学したコロラド・カレッジに聞一多も移る。牧野格子の研究[35]によれば、同大学で学内新聞が中国人を攻撃する詩を掲載したことへの反論として、聞一多は梁実秋とともに英語詩を発表しているという。特に聞一多の詩「チャイナ野郎からの返信（Reply From a “Chinee”）」は、中国文化の神髄を理解できないアメリカ人学生の単純さを晦渋な表現で痛烈に皮肉っていて、その優れた表現がアメリカ人学生の口をふさいだという。さらに一九二四年のコロラド・カレッジの卒業式では、女子学生たちが中国人の男子学生とペアを組むことを拒む様子を聞一多は目撃したという。

これらの差別に憤怒した聞一多たちは、アメリカ留学中の清華学校卒業生たちとシカゴで会合を開き、翌年、中国の国家主義を標榜するアメリカ在住の中国人留学生の集いである大江会を発足させる。大江会のメンバーはニューヨークで中国を題材とした英語劇『楊貴妃』などを上演し、中国文化の宣伝に努めた。聞一多は大江会の機関誌「大江季刊」にアメリカ在住の中国人の境遇を歌った詩「長城下之哀歌」、のちの「洗衣歌」の原型になる「浣衣曲」などを発表している。[36] 洪深の自伝には、アメリカ人男性から「洗濯屋」とののしられた経験が記されているが、先に言及したとおり、当時アメリカ社会の下層を占める中国人労働者のおもな職業の一つは、洗濯屋だった。「浣衣曲」や「洗衣歌」の題名は、このなりわいを指す。聞一多のアメリカ滞在は清華学校の規定だった五年に満たないものだったが、その理由は彼が家族のもとに早く戻りたがったからだとも、アメリカでの人種差別に耐えられなかったからだ[37]ともいわれている。

アメリカ留学の体験を題材にした聞一多の作品は、おもに人種差別や愛国心について記しているが、それに対して異国の風景や女性の描写はきわめて限られていた。[38] それは彼の最初の留学先であるコロラドが保守層を多く抱えるアメリカ中部だったこととも関わりがあるかもしれない。しかしやはり、清華学校在学中に五四運動をはじめとする民族運動に関わり、中国の伝統文化を尊重し、強い愛国の思いをもっていた聞一多ゆえに、中国人に向けられた差別のまなざしに対してはとりわけ敏感だったからだろうと考えられる。もっとも、彼のアメリカでの人種差別の体験は、屈辱の記述にとどまらず、詩として研ぎ澄まされた表現になっているため、これらの作品は、芸術的な表現と愛国的な思想の両立を模索した聞一多の文芸活動の重要な一角として位置づけられるのである。

5 アウトローとしてのアメリカ留学体験と創作

胡適や聞一多と比べると洪深のアメリカ体験は大きく異なるが、その差異を生み出した要因の一つとして、彼らが生まれた年と家庭環境の違いが挙げられる。

経済的に貧しい寡婦である母の手で育てられた胡適、多くの扶養家族を抱えた父親が学費免除の清華学校の募集を見つけて同校を受験した聞一多にとって、アメリカ留学とは、彼ら個人だけでなく、一家の将来を担った選択だった。これに対して、父親が権威ある官僚として北京の袁世凱政権で活躍していた洪深は、自らの言葉のとおり「お坊ちゃん」として育った。

また胡適よりも六年遅く、聞一多よりも六年早くアメリカに渡った洪深だけは、留学中のため、中国全土で起こった大規模な反帝国主義の民族運動である五四運動をじかに体験していない。胡適の場合、中国に帰国後、アメリカ留学で得た知識をもとに五四運動の新思想を支えるリーダーになった。一方、聞一多は清華学校の代表として五四運動に連なる学生たちの反帝国主義運動に関わり、愛国の思いを胸にアメリカに向かっている。洪深も中国国内の五四運動に呼応し、英語劇の上演を通して第一次世界大戦後の山東省権益の日本への譲渡を認めたアメリカの帝国主義的な姿勢を批判してはいた。しかし、胡適ほど民主国家の理想としてのアメリカの姿を心に刻むこともできず、また聞一多のように留学生たちを組織して愛国の思想を掲げる機会はなかったことが指摘できる。

このような背景をもつ洪深のアメリカ体験に大きなねじれをもたらしたのが、父・洪述祖の事件だった。洪述祖がくみしていた北京の袁世凱政権は、宋教仁暗殺事件を経てさらに日本の支持を得て専制を強化するため、国内の反対を顧みず、日本の二十一カ条の要求を受諾していた。すなわち、山東省権益問題の素地は袁世凱政権がつくり上げていて、そこには間接的に洪深の父が関わっていたのだった。こうした父の事件の記憶を封印したうえで、留学先アメリカでの洪深は愛国の形を模索せざるをえなかった。

洪深が抱えたねじれは、彼の「男性」性へのダメージとも言い換えることができる。最初の妻との離婚は彼のプライド、すなわち「男性」性に傷を負わせたが、何よりも父の事件は、権威ある官僚の家の長男でアメリカ官費留学を果たし、中国での男性社会のヒエラルキーのなかで最も優位な地位を占めていたはずの洪深を一気に奈落の底へと突き落とし、その「男性」性を正面から否定することになった。さらにアメリカ留学中は、人種差別のまなざしを受け、中国人男性としての「男性」性も揺らぐことになる。

深く傷ついた洪深の「男性」性を救ったのは、清華学校の同級生や同国人ではなく、アダをはじめとするアメリカの白人の女性たちだった。従来の彼は、妻たちとは家柄を重視した旧式結婚で結ばれていたが、アメリカで初めて、彼個人の魅力、しかも演劇人としての彼を愛する女性たちに出会ったのだった。ただし、洪深の自伝でのアダたちとの交流に関する記述で気になるのは、彼女たちがどれほど演劇人としての洪深のファンだったか、またどれほどアメリカ人男性よりも洪深が優れているかを語ったかについて細かく記していることである。さらにアダとの同棲生活については、自分が負担した金銭についてまで記録している。

それらの記述は、洪深の几帳面さの表れとも受け止められるが、一方ではやはり、アメリカの白人女性に慕われ、彼女を養う男性という、社会的に優位な自画像を無意識のうちに描こうとしていたようにも見て取れる。それは、皮肉にも「羽振りがよく金持ちの坊ちゃんである一部の留学生ならばまだ、アメリカの女性に歓迎される」という自らの言葉をなぞる行為であり、その底には、自らの「男性」性の傷を埋めようとする洪深のナイーブな心の弱さが見え隠れする。先に触れたとおり、ウルフの小説に登場する洪深をモデルにしたという人物は、「官僚の息子で大金持ち」で「浪費家で女好き」「騒々しい中国人」として描かれていた。この中国人像はもちろん誇張されていることを差し引いて考えなければならないが、才気あふれるものの前のめりになりすぎて余裕がなく、ときには「ボヘミアン」の意識にとらわれ、どこか浮足立って暮らしていたアメリカでの洪深の姿を捉えているようにも思えるのである。

では、一九三〇年代にアメリカ人女性との恋愛や同居生活について記した自伝を洪深が発表した背景には、何があったのだろうか。「印象的自伝」と「匆匆十年 自伝的一節」を発表した当時、二番目の妻を病で失った洪深は、それまで洪家に仕えていた常青真と三三年に再々婚する。ちょうどこの三度目の結婚をした頃から、洪深は文芸界での政治的対立やゴシップの応酬に疲弊し始めていて、上海を離れて、国立山東大学の外国文学の教授として青島へ赴任する。ドイツ租借地として都市が形成され、日本による統治を経て二二年に中国に返還された青島は、三〇年代は北伐を遂げた南京国民政府が力を入れて都市計画を進めているところだった。聞一多もまた国立山東大学の前身にあたる国立青島大学の教壇に立ち、洪深と入れ違いで青島を去っていた[39]。

しかし文化都市である北京や上海と比べると、文化面では青島は「荒島」と呼ばれていて、上海の演劇界で活躍していた洪深にとって、そこでの生活は安定していたものの、寂寞を感じていたようである。一方で青島は亡き父・洪述祖のゆかりの地だった。指名手配中の父が身を潜めたのがドイツ租借地の青島であり、清華学校の学生だった洪深は長期休暇ごとに父の別荘に滞在していた。青島での生活は、洪深に過去を振り返らせる時間を与えたようで、この時期に生前の父との生活について回想し[40]、また「匆匆十年 自伝的一節」などを執筆している。「匆匆十年 自伝的一節」をはじめとする自伝からは、アメリカ留学中のアウトローとしての自分の過去を開示し、人種の壁を乗り越えてアメリカ人女性が彼に与えてくれた愛情を再認識することによって、上海の演劇界を離れた洪深がそれによってダメージを受けた演劇人としてのアイデンティティと「男性」性の危機を乗り越えようとしていたと考えられる。ただし、売春やアダとの同棲、そして彼女の妊娠にも触れた「匆匆十年 自伝的一節」は、彼の意図を超えて、むしろゴシップ的な読み物として読者に受け止められた可能性がある。「匆匆十年 自伝的一節」は最終回の予告もなく、第八回で打ち切られている。

洪深の自伝のなかの差別体験やアメリカ人女性との交際の包み隠すことがない記述は、胡適のように社会を支える個人の来歴を理性的にまとめて歴史的資料として示すためのものとも、聞一多のように愛国の情熱と研ぎ澄まされた表現を結合させることを試みた作品とも、性質が異なる。ただし、中国人留学生の集団を一人離れて、アメリカの中流以下の人々とも幅広く接触し、アウトローとしての道を歩んだ洪深だからこそ、露骨な人種主義の視線も含めて、アメリカ社会とアメリカ人の陰の姿まで捉えて描くことができたといえる。洪深は留学先での体験をもとに、一九三〇年代の上海で中国映画界とアメリカ映画界を結ぶ役割を果たしながら、同時にまたハリ

図2　映画『愛情と黄金』(監督：張石川／洪深、1926年)。倒れた女性に手をかけているのが主人公・黄志鈞役の洪深
(出典：前掲『中国話劇電影先駆洪深』119ページ)

ウッド映画の中国人描写の差別性を運動の先頭に立って訴えることになる。

これまでの演劇史や映画史での洪深の作品の評価は、初期の近代劇の創作以外では、農村の陋習や官僚の傲慢さを暴く社会派戯曲や抗日戯曲に向けられてきた。しかし一九二〇年代から三〇年代にかけて彼が創作した上海を舞台にした映画脚本では、女性たちの自立の道をふさぐ男たちの姿をどこかコミカルなタッチで描いている。例えば、明星影片公司用に書き下ろして監督を務めた二六年の映画脚本『愛情と黄金（愛情与黄金）』では、自由恋愛で結ばれた恋人を裏切る男が登場する。そのストーリーの概略は以下のとおりである。

兄夫婦によって金持ちの愛人にされそうになった陳連珍は、上海で小学校教師を務める恋人・黄志鈞のもとに身を寄せる。ささやかな同棲生活に連珍は幸せを感じているが、志鈞はうだつが上がらない生活に嫌気が差すようになる。三年後、繊維工場に転職した彼は、その機敏さと従順さによって社長とそのわがままな令嬢に気に入られ、婿入りの話が舞い込む。志鈞は迷うことなく連珍を捨て、絶望した彼女は、黄と令嬢の婚礼の場でピストル自殺を図る。物語のラスト、連珍の死にショックを受けた黄は後追い自殺をする。[41] 興味深いのは、映画のなかで洪深は自らこの黄役を演じていることである。

五四運動以降、胡適をはじめとする中国の男性知識人たちは、女性の自立や自由恋愛を称賛した。しかし実際のところ、男性たちは旧式結婚を受け入れ、家を出た女性たちの居場所はなく、教育を受けて自立しようとした女性たちは苦悩することになる。一九三〇年代に入ると、女子の高等教育の普及や都市の発展によって状況は少しずつ変わるが、それでもやはり男性社会のなかで女性たちが主体的に生きることは難しかった。洪深の映画脚本『愛情と黄金』は、「愛情」という言葉を用いながら、むしろ「愛情の不成功」を描いている。自分の人生を歩もうとする女たちとその前に立ちはだかる、社会のしがらみにからめ捕られて迷いを抱えた男たちの姿の描写こそ、当時の中国の現実をより正確に捉えていたといえる。それは「男性性」の喪失の危機に陥り、他者の人生を描き、演じるドラマを通して自己のアイデンティティを補い続けた洪深だからこそ、可能な描写だったのだ。

アウトローとしてのアメリカ留学とその体験をつづった洪深の自伝、そして愛情の挫折と男たちの弱さを描いた作品は、中国人男性のアメリカ留学体験と五四運動以後の中国近代社会が抱えた一つの側面を表しているのである。

注

(1) 朱衛兵「洪深《農村三部曲》解読」(「文芸争鳴」二〇〇四年第三期、文芸争鳴雑誌社)、邵迎建「洪深与《包得行》」(「中華文化論壇」二〇一三年第十一期、四川省社会科学院)などでは、「正しい」政治イデオロギーからはみ出した矛盾を抱える人々の姿を描いた洪深の作品を取り上げて高く評価している。本章のテーマは、これらの先行研究からヒントを得ている。

（2）洪深の経歴については、洪深「戯劇的人生」（『五奎橋』現代書局、一九三三年）、陳美英『洪深年譜——一八九四—一九五五年』（文化芸術出版社、一九九三年）、洪鈐『中国話劇電影先駆洪深——歴世編年紀』（秀威資訊科技、二〇一一年）などをおもに参照した。アメリカでの洪深の演劇活動については、鈴木直子「洪深のアメリカ留学と帰国後の作品『趙閻王』について」（「演劇研究」第三十三号、早稲田大学坪内博士記念演劇博物館、二〇〇九年）がさまざまな資料を用いて跡づけている。

（3）清華学校の歴史とアメリカ留学の政策については、おもに舒新城『近代中国留学史』（上海世紀出版集団、二〇一一年）、劉超『学府与政府——清華大学与国民政府的衝突及合作一九二八—一九三五』（天津人民出版社、二〇一五年）などを参照した。

（4）鈴木直子「清華学校における学生演劇——洪深の『貧民惨劇』を中心に」「中国文化」第六十七号、中国文化学会、二〇一〇年

（5）前掲「戯劇的人生」一六ページ。以下、断りがないかぎり、本章での引用文は引用者による日本語訳を用いる。

（6）前掲「洪深のアメリカ留学と帰国後の作品『趙閻王』について」による。

（7）洪深「印象的自伝」「文学月報」創刊号、文学月報社、一九三二年、一八〇ページ

（8）本章で言及する聞一多は、聴講生の身分でアメリカの大学に学籍を置いていたが、ほとんど授業に出なかったようである。

（9）サンフランシスコのチャイナタウンを舞台にしたこの映画には、中国人がスリなどの役で登場していた。

（10）南京国民政府下の上海での反ハリウッド映画運動については、菅原慶乃「中国人を描くべきは誰か——アメリカ対中映画貿易をめぐる表象の政治学」（堀潤之／菅原慶乃編著『越境の映画史』〔関西大学東西学術研究所研究叢刊〕所収、関西大学出版部、二〇一四年）を参照されたい。

（11）前掲「印象的自伝」一七九ページ

（12）同記事一七九—一八〇ページ

(13) 周寄梅の経歴は、金富軍「一生情係清華――紀念周詒春校長誕辰一三〇周年」(「清華大学校史館ウェブサイト」〔https://www.tsinghua.edu.cn/publish/xsg/8350/2013/20131209092903103727057/20131209092903103727057_.html〕[二〇一九年十月十五日アクセス]) による。なお、周寄梅とは周詒春の字(あざな)である。
(14) 大島良行『素顔のアメリカ――植民地時代からレーガンまで』(中央大学出版部、一九八一年) などを参照した。
(15) 聞黎明『聞一多伝』鈴木義昭訳、北京大学出版社、二〇〇〇年、一二四ページ
(16) 前掲「印象的自伝」一八〇ページ
(17) 前掲「洪深のアメリカ留学と帰国後の作品『趙閻王』について」では、ベーカー教授のワークショップを舞台にしたトマス・ウルフの小説『Of Time and the River』(一九三五年) について言及し、そこに登場する中国人留学生「ミスター・ワン」は、実際に唯一の中国人学生だった洪深をモデルにしている可能性が高いことを紹介している。なお、「Wang」は洪深の苗字「Hong」の音と通じる。
(18) 洪深『洪深文集』第一―四巻、中国戯劇出版社、一九五七―五九年。洪深の全集は刊行されていない。
(19) 洪深「黄面鬼」「民報」一九三五年六月五日付
(20) アダの経歴の詳細についてはこれ以上のことは明らかではないが、今後の研究の課題としたい。
(21) 中国語原文では、あえて「中国人」ではなく「支那人」という言葉を用いている。
(22) 洪深「Ada (二)」「民報」一九三五年六月十三日付
(23) 洪深「Ada (三)」「民報」一九三五年六月十六日付
(24) 同記事
(25) 対照的に、日本留学経験者である中国人作家は、作品のなかで留学生の「性」について触れることが多い。中村みどり「放蕩留学生と日本女性――『留東外史』及び『留東外史補』『留東新史』について」(「野草」第七十七号、中国文芸研究会、二〇〇六年) を参照されたい。
(26) 藤井省三「恋する胡適――アメリカ留学と中国近代化論の形成」(新田義弘／丸山圭三郎／子安宣邦／三島憲一／丸山高司／佐々木力／村田純一／野家啓一編『二十世紀知識社会の構図』〔「岩波講座 現代思想」第二巻〕所収、岩

波書店、一九九四年）、藤井省三「彼女はニューヨーク・ダダ——胡適の恋人E・クリフォード・ウィリアムズの生涯」（一）（二）（三）（「東方」一九九六年三月・四月・五月号、東方書店）がある。

（27）前掲「恋する胡適」、前掲「彼女はニューヨーク・ダダ」

（28）イーデスが胡適に与えた影響などについては、羽田朝子「胡適の結婚と母」（「人間文化研究科年報」第二十四号、奈良女子大学大学院人間文化研究科、二〇〇九年）などが詳しく論じている。

（29）胡適「美国的婦人」「新青年」第五巻第三号、上海群益書社、一九一八年（汲古書院影印本、一九七一年）、二二一ページ

（30）胡適『蔵暉室劄記』上海亜東図書館、一九三九年（『胡適留学日記』上海科学技術文献出版社、二〇一四年）

（31）福嶋亮大「「社会的」な個の誕生——胡適の自伝および伝記について」（京都大学文学部中国語学中国文学研究室編「中国文学報」第八十号、中国文学会、二〇一一年）を参照した。

（32）前掲「恋する胡適」によれば、イーデスの母が胡適に宛てた手紙には、胡適と娘の交際について尋ねるにあたり、「東洋人」という言葉が用いられていた。イーデスの母が二人の仲を裂こうとしたという説もあるという。

（33）聞一多の経歴については、おもに前掲『聞一多伝』による。

（34）同書

（35）牧野格子「留学生としての聞一多と謝冰心」（「神話と詩——日本聞一多学会報」第九号、日本聞一多学会事務局、二〇一〇年）は、同時期にアメリカに留学した聞一多と謝冰心の愛国心の表現の差異について指摘し、聞一多に関しては、彼が留学中に受けた差別体験とそれへの反論としての表現である詩の創作について論じている。

（36）聞一多の愛国の思いと芸術としての文学の共存については、鄧捷「「愛国」と「文芸」のはざまで——聞一多と清華圏の詩人たち」（「日本中国学会報」第五十二号、日本中国学会、二〇〇〇年）が詳細に論じている。

（37）前掲「留学生としての聞一多と謝冰心」では、親友である梁実秋の回想を引用して、そう述べている。

（38）鄧捷「「近代」の表象としての女性描写——留日作家から聞一多まで」（牧角悦子訳「神話と詩——日本聞一多学会報」第十五号、日本聞一多学会事務局、二〇一七年）を参照した。

(39) 一九一六年に清華学校で上演された洪深の脚本による「貧民惨劇」の公演に、聞一多は総務や招待の仕事で携わっていたので、お互いの存在は認識していたと思われる。
(40) 青島を取り上げた洪深の作品に関する論考としては、中村みどり「青島興亡をめぐる民族意識と父の記憶――洪深映画脚本「占領下の桃花」を中心に」が、二〇二〇年に中国モダニズム研究会から刊行予定。
(41) 洪深「愛情与黄金」、鄭培為／劉桂清編選『中国無声電影劇本』上巻所収、中国電影出版社、一九九六年

第4章　男らしくない西部劇小説『シェーン』

――冷戦期アメリカの核／家族

古屋耕平

はじめに

西部劇小説『シェーン』は、一九四九年の出版以来、五三年に公開した映画（監督：ジョージ・スティーヴンス）の人気にも後押しされながらコンスタントに売り上げを伸ばし、いまでは西部劇の古典として一定の地位を確立している。[1]しかしながら、この作品の西部劇伝統での特異性については、その明白さにもかかわらず、それほど多く論じられているわけではない。作者ジャック・シェーファーは、当時人気だった西部劇小説や映画とは一線を画す作品として『シェーン』を構想していたといい、「それまで西部物は質の悪いダイムノベルしかなく、あまりそれらの作品は読まなかった」[2]と語っている。しかしながら、そもそも『シェーン』執筆時に一度も西部に行ったことがなかったというシェーファーが描く西部は、ハリウッド映画や西部劇小説での西部のステレオタイプを脱しているとは言い難い。[3]さらに、シェーファーは西部を描く際に多くの歴史書を参考にしたと述べているが、その「歴史」も、『シェーン』の改訂版の編者が（それ自体、肯定的なものとして）論じているように、二十世紀初期を代表する歴史家の一人であるフレデリック・ジャクソン・ターナーが要約するような「西部拡張の歴史こそがアメリカの発展の歴史であった」という、十九世紀半ばから二十世紀にかけて人口に膾炙したアメリカの帝国主義的拡張主義の言説、いわゆるマニフェスト・デスティニーに基づいている。[5] その意味では、小説『シェーン』も第二次世界大戦前から冷戦期にかけて制作された多くの西部劇映画・小説やハリウッド娯楽映画とイデオロギー的に同一線上にある、と考えるのはとりあえず妥当だろう。[6]

この小説を論じるうえで最も重要と思われるのが執筆の時期である。『シェーン』のもとになった中篇小説『ライダー・フロム・ノーウェア』の執筆が始まったのが一九四五年（『シェーン』の出版は一九四九年）だった、という事実は注目に値する。[7] シェーファーはこの時期に「ノーフォーク・ヴァージニアン・パイロット」という地方新聞の編集の職に就いていて、忙しい一日が終わったあと、夜中に「リラックス」のために作品を書き始めたのだと述べている。[8] 一体、「西部」の何が彼を引き付けたのか。また、「西部」のどのような部分に彼は安らぎを見いだしたのか。これらの問題について考察するためには、シェーファーが個人的に抱える何らかの葛藤や彼を取り巻く状況、つまり四五年という時代背景を取り上げなければならない。注意深く読めば、『シェーン』のテクストには、第二次世界大戦直後から冷戦期にかけてのアメリカ社会についてのさまざまな言及が隠されていることがわかる。

図1　ジャック・シェーファー『シェーン』のカバー（Houghton Mifflin, 1949）

以下、西部劇小説『シェーン』と二十世紀半ばのアメリカの政治的・文化的構造との密接な関係に注目しながら、アメリカの冷戦イデオロギーのもとでの男性性の問題について論じる。

1 カウボーイと家庭

第二次世界大戦後から一九五〇年代にかけてのアメリカが、対外的には軍備の拡張を推し進めながら、国内では保守的な価値観が復活した時代だったということは多く論じられてきた。[9] そしてその流れのなかで、家庭の価値が再び称揚されるようになった。男はよく働いて家計を支え、よき夫よき父親として一家の中心になり、女は家事を取り仕切って子どもの教育に力を注ぐ。家庭は男にとっては一日の疲れを癒して明日への活力を養う場所であり、女は外で一日闘ってきた男たちを温かく迎え入れる。このようなアメリカの理想の核家族の姿は、同時期の映画やテレビなどのメディアを通じて広く流通した。[10]

『シェーン』という作品の特徴としてまず注目すべきは、このような戦後的な理想の核家族の姿を、主人公シェーンが居候するスターレット家を通じて描いている点にある。第二次世界大戦前後に作られた多くの西部劇映画と比較した場合、これはユニークだといえる。例えば、西部劇史上最も著名な映画監督の一人であるジョン・フォードの作品では、基本的に父・母・子どもという構成の家族はほとんど登場しない。西部とは概して暴力が支配する無秩序な世界で、酒場の女や悲劇のヒロインを除いては、登場人物は男だけといっていいだろう。特に、『シェーン』の執筆中に公開され人気を博した『荒野の決闘』(監督:ジョン・フォード、一九四六年)では主人公ワイアット・アープには三人の兄弟がいて母親はすでにこの世にはいないという設定であり、さらには最後の場面でアープ兄弟と対決するクラントン一家も全く同じ家族構成と、映画のなかに母親は不在である。[11] これに比べると、『シェーン』という作品は、暴力が支配する男だけの荒野と幸福な家庭生活という相反する世界が共存している作品だということになる。

さらに、『シェーン』の物語には三角関係というロマンスの要素まで持ち込まれる。もちろん、三角関係という設定自体は、映画や文学で決して珍しいものではない。しかし、『シェーン』にいささか奇妙な点があるとすれば、三角関係というロマンス的プロットを提示しながら、その三角関係に対する無理な解決策を見いだそうとした結果、それが作品の構成や登場人物の行動にほとんど不自然とも思われるような展開をもたらしている点にある。そのような作品構成上の破綻が最もよく現れているのは、ジョー・スターレットとマリアン・スターレットとシェーンの奇妙な三角関係である。この三者のあいだには、当然そこにあるべき罪の意識や嫉妬といった、三角関係に関わる男女の葛藤がほとんど描かれていない。

例えば、シェーンとマリアン・スターレットのあいだの恋愛関係が作品の重要なプロットの一つであるのは間違いないにもかかわらず、二人のあいだに男女の親密な空気を読み取ることは難しい。確かにシェーンとマリアンのあいだで交わされる会話では二人が互いに心を寄せ合っているということをほのめかしているが、会話以外の場面では二人が引かれ合っていることを示す場面はほとんどない。ロマンス本来のあり方としては、社会の規範を破ろうとして破れなかったり、あるいは破ってしまって苦しんだりといった葛藤を直接的にせよ間接的にせよ描くことが作品の最も重要な構成要素だろう。マリアンがシェーンに引かれたのも、よき父であり夫であるジョーには欠けている規範破壊的な性質をもっているからこそのはずだ。しかし、この作品の場合、冷戦期の家族イデオロギーの無言の圧力が、作者の執筆過程にいわば一種の検閲官としてはたらいているように思われる。その結果、規範を守ろうとする家族イデオロギーの圧力が規範を破るほうに向かうはずの恋愛小説の要素を圧倒し、その妥協案として「シェーンのジョー化」という独特の解決策がとられることになる。

まず、最初の切り株の場面で、シェーンとジョーが次第に分身のように似通って、ほとんど一心同体になっていくさまを繰り返し描いている。(12) 警戒心からたまたまシェーンがジョーの席に座るようになり、それが定着してしまうという場面にも、シェーンの「ジョー化」は暗示されている。[13] さらに、物語が進むにつれて、シェーンは恋人というよりもむしろ自分の妻にするようにマリアンに話しかけるようになり、マリアンも自分の夫に対するようにシェーンに話しかけるようになる。本来、ロマンスの場面であるはずのシェーンとマリアンの二人きりの会話も、恋人というよりむしろ夫婦的なものに近くなる――「「そうだ、マリアン」。彼〔シェーン：引用者注〕は、父親がするような、親しみがこもった、しかし尊敬の念に満ちたやり方で、彼女の名前を呼んだ。ほかの誰にも向けない優しさにあふれるまなざしで、いつも彼女を見つめるのと同じように」。[14] このような「シェーンのジョー化」という折衷案によって、よき夫とよき妻という社会的に正しい男女関係を維持したまま、ロマンスの要素をストーリーに導入することがかろうじて可能になる。その一方で、当然の結果として、そこに描かれてしかるべき、シェーンとマリアンのあいだの男女の親密さの要素はいつの間にか雲散霧消してしまう。おそらくシェーファー自身は始めから、シェーンとマリアンの恋愛を描くことにはあまり大きな関心をもっていなかったはずだ。むしろストーリーの進行上、シェーンがスターレット家に落ち着く理由を説明するために、無理やりそのようなプロットを用意したのだと考えるほうが正しいように思われる。

それでは、シェーンがスターレット家に居着くことになった本当の理由は何だろうか。それは、おそらくシェーンとジョーの男同士の限りなく愛情に近い友情のためだろう。作者の力点がこの男同士の愛情のような友情を描くことに置かれていることは、妻マリアンのフラットな人物造形と、切り株の場面や殴り合いの場面などでの男たちの肉体の躍動感あふれる描写とを比べると明らかである。[15] この作品では男女の肉体的な親密さの要素が削除されているとすでに述べたが、実は、それは偽装されたものとして作品の始めから繰り返し描かれている。この作品での二つの引かれ合う肉体とは、シェーンとマリアンの肉体ではなく、実はシェーンとジョーのそれである。二人が初めて出会った場面を、息子のボブは次のように描写している――「わたしは、父とよそ者〔シェーン：引用者注〕が長い間見つめ合い、わたしの理解を超えた、大人にだけわかる無言の兄弟愛でお互いを測るのを驚きをもって眺めた」[16]。その後も、言葉ではなく視線だけでわかりあう二人の姿を繰り返し描いている。また、切り株に向かって二人で斧を振るう場面[17]や、さらには、敵対するフレッチャーの手下の一団とのけんかのあと、傷ついたシェーンをジョーが優しく運ぶ場面[18]など、どの場面でもほとんど性愛の比喩として読めるような男同士の親密さが強調されている。例えば、マリアンによればジョーはいつも仕事で疲れているが、シェーンと二人で汗を流して木を切り倒したときには、ジョーは「いま、自分は元気がみなぎっている。世界が始まって以来、いまの自分ほど元気な男はいないはずだ[19]」と言う。ここでジョーが何げなく吐いている本音とは、いくら休めと言われても家にいたら全然休まらない、ということだろう。ところでこれは、シェーファーが「リラックスするため」に新聞社での仕事を終えたあと、夜中にこの作品を書いていたという証言とも一致している。シェーファーは自身の家庭生活についてほとんど語っていない。しかし仕事が終わればまっすぐ家に帰って家族とともに過ごすという戦後アメリカの「正しい」家族のあり方や固定された父親と夫の役割を守り続けることが実は非常にストレスフルなものであるということを、この切り株の場面を通じてさりげなく告白しているのだ、と読んでも的外れではないだろう。

しかしながら、一方で、このようにあまりにもシェーンとジョーのあいだに濃密な空気が流れすぎると、今度は、実はシェーンとジョーはホモセクシャルではないかという疑いを読者に抱かせかねないことになる。冷戦の時代が、赤狩りに加えてホモセクシャル弾圧の時代だったことは多く論じられている[20]。ゲイやレズビアンはしばしばコミュニストや犯罪者と結び付けられ、社会秩序の壊乱を招く危険分子として公職から追放されることもあった[21]。また、『シェーン』執筆中の一九四八年に発表されたアルフレッド・キンゼイによる「アメリカ人男性の三七パーセントが成人後に同性と性行為をおこなったことがある」というスキャンダラスなレポートは、真偽のほどはさておき、結果的にアメリカ社会でのホモフォビアをあおることになった[22]。そのような時期に同性愛的要素を描いたと見なされかねない作品を出版するのは当然のことながら非常に難しく、またシェーファーがひそかに同性愛を描こうとしたという証拠もない。しかしながら、シェーンが去っていったあと、悲しみにくれるジョーの姿などは、作者の意図にかかわらず、ホモセクシャルな愛情と紙一重の、男同士のホモエロチックな友情を表している。[23] これに対して、シェーンとマリアンが思いを寄せ合っているというテクスト上の既成事実が、シェーンが（たとえ見かけのうえだけでも）異性愛者であるという証拠として機能する。そしてジョーについては、マリアンと夫婦だという事実があるので、一応ホモセクシャルではないということになる。先ほど例に挙げたジョーとマリアンの二人きりの会話の場面で、「行かないで、シェーン。ジョーはあなたを必要としているわ」[24] とマリアンは言う。「通常」の読みとしては、ここでマリアンは「自分（マリアン）とシェーンは引かれ合っていて、このままの状態で、三人（シェーン、ジョー、マリアン）で同じ生活を続けるのは全員にとってとても苦しいけれども、これまで家族のためにがんばってくれた夫ジョーのために自分（マリアン）も我慢するから、あなた（シェーン）も夫ジョーを支えてほしい」とほのめかしている、と解釈するのが妥当かもしれない。しかしながら、ここまで述べてきたような「斜め」の視点を導入すると、ここでマリアンは、「夫ジョーとシェーンは引かれ合っていて、このままの状態で、三人（シェーン、ジョー、マリアン）で同じ生活を続けるのは全員にとってとても苦しいけれども、これまで家族のためにがんばってくれた夫ジョーのために自分（マリアン）も我慢するし、そのためだったらいわば内縁の「妻」のような立場でシェーンが家にいてもかまわない。世間体を考えて自分（マリアン）が泥をかぶってシェーンと引かれ合っているという偽装をしてもかまわない」と言っているように解釈できる。

十九世紀西部の歴史を研究し、『シェーン』で従来の神話化された西部とは異なるリアルな西部を描き出そうと試みたと主張するシェーファーは、そのリアルな歴史に隠されたホモエロチシズムの底流に気づいていたからこそ、それを隠蔽するためにあえて「正しい」ヘテロセクシュアルな物語を作品に組み込んだと考えることはできないだろうか。[25] そして、『シェーン』のテクストは、冷戦期の異性愛的な規範と家族イデオロギーの圧力の強さと、そのような「正しい」生活を維持するために排除されていたものの存在を、結果的に無数の傷跡としてわれわれに見せているのである。

2　カウボーイと原子爆弾

スターレット家が冷戦期での理想の核家族の縮図だとすれば、この一家に入り込んだシェーンの存在は何を意味するのだろうか。このシェーンの存在は、実は一九四五年から冷戦期のアメリカ社会に伏流するある感覚のメタファーなのではないかというのが、ここでのもう一つの仮説である。四五年は、歴史上ではもちろん第二次世界大戦終結という事件によって記憶されるものだが、その戦争末期に起こった出来事は、実はこの作品でのシェーンの人物造形に大きく影響を及ぼしているのではないかと思われる。語り手のボブや町の人々はシェーンがもつ「危険」な空気について繰り返し語る。

暖かく、遮るものもない太陽の下で、なぜだか説明できないような、突然の寒けが〔シェーンを見ていた：引用者注〕わたしを襲った。[26]

触れることができない（intangible）、冷たくて恐ろしい何かが、〔わたしとシェーンの間に：引用者注〕存在していた。[27]

神秘的な。いやそれ以上に、危険な。[28]

そのシーソーのような瞬間が表現できないような致命的な爆発をもたらしうることが、それとは知らずに、感じられた。[29]

「僕は、ただ怖かったんだ。僕は、とにかくなんでも、起こるかもしれないことが怖かったんだ[30]」

「静かで、パチッとも言わねえ。すげえ静かで、それが燃えているってことも忘れちまう。そんで、それが弾薬に触れたときには、とんでもねえ大爆発を引き起こす。それがやつ〔シェーン：引用者注〕だ[31]」

「いや、ウィル。やつはクリスを恐れちゃいないさ。やつは自分自身が怖かったんだ。（略）ウィル、騒ぎが巻き起こるぞ。いままでで最悪の騒ぎがな[32]」

さらにシェーンが持つ銃についても、同様に不吉なイメージで語られる。

そこにあったのは、いままで見たなかで最も美しい武器だった。美しく、死の気配に満ちた[33]。〔その銃の：引用者注〕黒く、死をもたらす高性能を見ているうちに、わたしは再び突然の寒けに襲われた[34]。

繰り返し語られるシェーンのこの「危険」な気配を一九四五年という時代背景に置いてみたときに考えられるのが、実は、シェーンとは核の比喩ではないかということである[35]。

一九四五年八月の広島と長崎への原子爆弾の投下とそれに続く日本の「無条件降伏」が伝えられた以降のアメリカの報道は、基本的には祝勝ムードが支配的でありながらも、ところどころに原子爆弾の破壊力に対する恐怖が入り交じっているという複雑なものだった[36]。原爆投下直後のホワイトハウス周辺は重苦しい緊張に包まれ、ハリー・S・トルーマン大統領の勝利演説と街の祝勝ムードの陰で、厳しい報道規制にもかかわらず早くも核の恐怖についてのコメントがいくつかの場所ですでに出されていた[37]。例えば、NBCラジオは「どうやらわれわれはフランケンシュタインを生み出してしまったようだ！　今日、われわれが使用する改良された新型兵器は、すぐにでもわれわれ自身に向けられることもありうると、われわれは理解しなければならない[38]」と報じている。

Norfolk Virginian-Pilot

Published by
NORFOLK NEWSPAPERS, Inc.
NORFOLK NEWSPAPERS BUILDING
Norfolk Virginia

Entered in the Post Office at Norfolk Va., at second class rates

Member of The Associated Press
The Associated Press is exclusively entitled to use for republication all news credited to it or not otherwise credited to this paper and also the local news published therein. All rights of republication of special dispatches herein are also reserved.

SUBSCRIPTION RATES
Delivered to subscribers by carrier in Norfolk, Portsmouth and Berkley at 25 cents per week or $13.00 per year.
By mail to any other point in Virginia, North Carolina and Maryland

	1 Mo.	3 Mo	6 Mo	1 Year
Daily and Sunday	$1.00	$3.00	$6.00	$12.00
Daily without Sunday	90	2.25	4.25	8.00
Sunday only				5.20

All subscriptions payable in advance.

NATIONAL ADVERTISING REPRESENTATIVES -The Jones Budd Co., Graybar Building, New York; Tribune Tower, Chicago; Mills Building, San Francisco; Healey Building, Atlanta.

Friday, August 24, 1945

The Full Employment Bill

The Wagner-Murray "full employment" bill, picking up momentum at hearings before the Senate Banking Committee this week, is already marked for high priority on the agenda for Congress next month. It was given strong impetus on Tuesday when Secretary Byrnes endorsed its "principles" and stated that American success or failure in maintaining adequate employment within a democratic system of free enterprise would "certainly affect and probably determine the direction of the world's political and economic development."

As it stands, the bill asserts the "right" of every able-bodied individual to a job and declares:

> It is the policy of the United States to assure the existence at all times of sufficient employment opportunities to enable all Americans who have finished their schooling and who do not have full-time housekeeping responsibilities freely to exercise that right.

In carrying out that policy, the bill repeatedly insists, the government shall act always for and through private business. It contemplates no government operation of industry. It provides that, whenever private business is unable to achieve maximum employment, the government shall make "such Federal investments and expenditures" as may be needed to "assure" jobs for all workers. Even these expenditures must be channeled through private business. The bill specifically requires, in any public works program, "performance of the necessary construction work by private concerns."

The prescribed procedure is as follows: In advance of each fiscal year the government shall estimate the nation's total labor force for that year and the number of jobs likely to be available in private business. If the forecast indicates unemployment, the government shall take action to encourage and expand employment in private industry. Congress would have the final say on each new "job budget" and could revise it as developments warranted.

One can question the advisability of the procedure. Its opponents are quick to note that it might be described as a move towards more direct political intervention with, and control over, the nation's peacetime economy. The difficulties of the planning envisoned are admittedly great and the country might come to depend too much on the public works panacea with consequent unbalanced budgets and discouragement to private business. But the bill abviously is not what its more zealous opponents have been claiming, a radical and socialistic scheme designed to destroy private enterprise. It represents an effort to solve the recurrent problem of unemployment within the framework of the American system.

Surrender Week

Except in unimportant particulars, the stipulations and time table of the formal Japanese surrender, as released Wednesday by General MacArthur, square with the details made public two days earlier by Tokio broadcasts. For reasons of their own—probably dictated by the need of acclimating the Japanese people to occupation weather which they have never before experienced—the Japanese government made public the essential provisions of the instructions delivered to its emissaries to Manila, while for security or other reasons MacArthur's headquarters elected to treat them as confidential. Now that the Americans have abandoned their silence, it is seen that the two versions are in substantial agreement.

From beginning to end the surrender measures are to consume a week. They are to begin today with the grounding of Japanese civilian and military aircraft, the anchoring of naval and merchant ships in home waters, the dumping of all explosives from Japanese vessels at sea, and the surfacing of all enemy submarines with orders to proceed to designated American-controlled ports. Progressive demilitarization measures are to be taken daily through August 27. On August 25, weather permitting, General MacArthur, heading an airborne force, will land at Atsugi airdrome near Tokio, while naval and Marine forces will land near the Yokosuka naval base—one of Japan's largest. On August 31, almost six years to the day from the outbreak of the war in Europe, the formal surrender pact will be signed aboard the 45,000-ton battleship Missouri riding in Tokio Bay.

By happy coincidence the battleship which the Japanese plenipotentiaries will board, surrender pens (or brushes) in hand, is at once representative of the most powerful fighting units of our Navy and an important factor in the communal life of the cities in which the principal naval establishments are situated.

The Rear Admiral who assumed command of the Fifth Naval District Wednesday is a native of Minnesota, born at Minneapolis on November 10, 1886. From some branch of his family tree he picked up the names Walden and Lee with their New England and Virginia connotations. He graduated from the University of Minnesota in 1905 with the Bachelor of Science degree, and from the United States Naval Academy five years later. He served on various ships and stations, including the Asiatic Station and Panama, and was advanced through grades to the rear admiral rank which he attained in December, 1941—the month of Japan's treachery at Pearl Harbor. He comes to Norfolk directly from the Pacific theater where he was, successively, commander of cruisers and destroyers, Pacific Fleet. Admiral Halsey awarded him the Navy Cross for services in the Kula Gulf action. His role in other engagements brought him the Distinguished Service Medal.

The end of the war has brought Admiral Ainsworth an assignment in one of the country's greatest naval bases. His first word on assuming command was a tribute to the role of the Fifth Naval District in the winning of the war. But for "the tonnage of supplies coming from this area to the Pacific," he said, "the war in the Pacific could not have been fought to so successful a conclusion." A great many other important war-aids came from this area besides an "unprecedented" tonnage of supplies. Admiral Ainsworth will have opportunity to complete the tribute. Wednesday was not the occasion for making it inclusive. It was the occasion for reading his orders and assuming command. The Norfolk community welcomes him and wishes him success in his new responsibility.

Accent on the Plow

Monday was a banner day in the lifting of wartime restrictions on American business. Chester Bowles, OPA director, started it off by abolishing rationing of farm implements and industrial-type tires, promising to end controls over passenger and ordinary truck tires as soon as existing shortages are made good. Secretary of Agriculture Anderson followed with orders suspending all sales quotas on milk, buttermilk, chocolate dairy drinks and light cream. And Chairman Krug, of the WPB, made the most sweeping move of all, ending at one storke some 210 limitations on civilian goods production.

There are no ceilings now on the manufacture for civilian use of radios, refrigerators, trucks, stoves, electric fans, batteries, washing machines, photographic supplies, machine tools,

図2　エディトリアル
（出典：*Norfolk Virginian Pilot*, Aug. 24, 1945.）

前述したように、『シェーン』のもとになった中篇『ライダー・フロム・ノーウェア』をシェーファーが書き始めたのは、この一九四五年のことだった。当時、「ノーフォーク・ヴァージニアン・パイロット」の編集の職に就いていたシェーファーが、広島・長崎の原爆投下についての報道や写真などから、原爆の破壊力やその惨禍について一般人よりも多くの情報をもっていたことは間違いない。そして、それがシェーファーの心に大きな恐怖をもたらしていた可能性は高い。シェーファーも実は、事情にそれなりに通じているホワイトハウス周辺の一部の記者たちや議員たちと同じように、国全体の祝勝ムードを横目に複雑な感想を抱いていたようである。事実、「ノーフォーク・ヴァージニアン・パイロット」一九四五年八月二十四日付のエディトリアルで、シェーファーは原爆投下に言及している。そこで、シェーファーは「グロッキーにもかかわらず抵抗を続ける敵に対する、莫大に致命的な、そしてそれゆえに道徳的に議論の余地がある、原子爆弾の使用を認可するという〔トルーマン大統領の：引用者注〕難しい決断[39]」と原爆投下について言及し、手放しで称賛もせず、一方で批判もしないという曖昧な書き方をしている。もちろん、エディトリアルの性質上、それらの記事にシェーファー自身の個人的意見が大きく反映されていると見なすことはできないが、称賛と非難のどちらともとれるような書き方をせざるをえなかった事実に、当時の微妙な空気が大きく反映されているという言い方はしてもいいだろう。つまり、一方で戦争の勝利とアメリカの繁栄を素直に喜びながらも、同時にその栄光の裏側に核の脅威と恐怖が常に張り付いているというのが、四五年の原爆投下から冷戦へと続く時代の白人マジョリティの気分を表しているとすれば、シェーファーはそれを敏感に感じ取り、そのことがシェーンというキャラクターの造形に大きく作用したのではないだろうか。

さて、このような神秘的で美しくも危険なシェーンについてジョーだけは、一貫して少し違った見方をしている。ジョーは「確かに彼〔シェーン：引用者注〕は危険だ（略）だけどわれわれに対してではないよ（略）実は、彼ほど安全な男を家に招いたことはないと思うよ[40]」と息子ボブに語る。さらには、「単に、ある種の男たちは内側にダイナマイトを抱えているんだよ。彼もその一人だ。だけどな、彼ほど困ったときに味方につけておきたいと思う男に出会ったことはないよ」[41]とも言い、シェーンをかばおうとする。また、街の住人エド・ハウエルも、同様に「俺の見たところ、シェーンはいままで会ったなかで最も危険な男さ。やつがフレッチャーではなくジョーのために働いててよかったよ」と言い、これに対してジョーは「勝ち誇ったように」「さて、〔シェーンを家に迎えたことで：引用者注〕俺は間違ってるかな？」[42]と答える。この「非常に危険だが、味方につければこれほど安全なものはない」というシェーンの評価は、実は冷戦期のアメリカでの核の言説そのものだといえる。例えば、長崎に原爆が投下された一九四五年八月九日の次の日、トルーマン大統領は次のようなラジオ演説をおこない、「われわれに訪れたのは甚大な責任である（略）。われわれは、それが敵の手ではなく、われわれの手にもたらされたことを神に感謝し、また、神が神の方法で神の目的のためにそれを使うようわれわれを導いてくださることを祈る」[43]と述べている。また、日本の降伏直後から繰り返し語られた「戦争早期終結のために原爆投下が必要だった」という主張は、白人を中心とするマジョリティの支持を受けていた。[44]

しかしながら、前述したように自国がそれを使えるということは敵国もそれを使える可能性があることを意味するのであって、そのなかで、平和を維持するためには相手を圧倒する核の力が必要であるという言説が冷戦期のアメリカ社会ではかなり支配的になった。[45]シェーン自身が語る銃の論理――「ボブ、よく聞けよ。銃っていうのは、ただの道具だ。ショベルや斧や鞍やコンロなんかと同じだ。いつもこんなふうに考えろよ。銃っていうのは、それを持ち運ぶ人間と同じように、いいものになったり悪いものになったりするもんだ。覚えてろよ」[46]――などは、現代の銃規制法反対派の主張と一致するものでもあるが、これも、要するに所有する人間の問題である、という核の論理として読むことができる。また、冷戦期に軍産複合体が急速に発達したことをあわせて考えても、軍事力拡大を主張する核の論理と『シェーン』内の銃の論理との共通点は見逃せないと思われる。さらには、最終的な戦闘に家族の長であるジョーは参加せず、シェーンと敵のフレッチャー家に雇われたガンマンが闘うという構図は、朝鮮戦争やベトナム戦争などでのアメリカ合衆国とソビエト連邦の代理戦争の構図と重なり合う、ということも指摘しておくべきだろう。(47)

このように考えたときに、すでに述べた作品構成上の破綻の意味があらためて浮かび上がってくる。第十一章で、フレッチャーとの対決をためらうジョーに向かって、それまで暴力による闘いに反対して夫とシェーンの身を案じていた母親が、啞然とさせられるような唐突さでシェーンとともに闘うように激しく促す場面がある。このとき、まず息子ボブが「思考(thinking)」ではなく「感覚(feeling)」によって、(48)「お父さん、シェーンだったら逃げないよ! シェーンだったら何からも逃げないよ!(49)」と突然叫ぶ。これが引き金になって、今度は母親マリアンが、何かに取り付かれたかのように夫に向かって説教を始める。

「ジョー、ボブは正しいわ。シェーンを裏切ってはだめ(略)。もしわたしたちが逃げたら、彼は決してわたしたちを許さないわ。それがわたしたちがやろうとしていることよ。これはもう単にフレッチャーに逆らうかどうかという問題じゃない。これはフレッチャーが放牧地としてほしがっている土地を守るかどうかという問題でもない。わたしたちは、シェーンが考えているような種類の人間にならなきゃいけないのよ。ボブは正しいわ。シェーンだったら、こんなふうに逃げるなんてことは決してしないわ。そして、それがわたしたちが逃げちゃいけない理由よ。(略)ジョー、うまく説明できないけど、わたしにはわかるのよ。わたしたちは、わたしたちの誰よりも大きな何かによって結ばれていて、逃げ出すことは、わたしたちの身に起こるかもしれないどんなことよりも悪いことよ。(略)わたしにはわかる。きっとうまくいくわ。どうやってだかわからない。でも、もしわたしたちが、それと向かい合って、立ち向かって、お互いを信じれば、きっとうまくいく。きっとうまくいく。だって、それはそうならないといけないんだから(50)」

ここにみられるのは、思考の放棄と感覚の絶対的肯定、それから現実的な利害関係の無視とグループのアイデンティティの追求、さらには個人を超えた大きな力の確認と信じることの大切さ、そして宿命づけられた闘いと勝利、などである。このマリアンの長広舌を支配するトートロジーは、一つのイデオロギーの純粋な形態を見事に示している。もちろん、西部劇の場合、最終的な戦闘場面に向けて緊張を盛り上げていくというのが絶対の法則であって、母親の心変わりもメロドラマに特有のお約束として考えるとそれほど注意を引く場面ではないかもしれない。しかし、お約束だからこそ、そこには作品の内的な必然性を突き崩す外的な力が最も露骨に姿を現しているのだと考えるべきだろう。一方では、家庭神話という社会規範によって労働力と軍事力の安定的な再生産を図りながら、そのような規範から漏れ出る個人的な欲望（マリアンのシェーンに対する欲望、ジョーのシェーンに対する欲望など）には敵への勝利という明確なはけ口が与えられる。この箇所が結果的に示しているのは、このような冷戦期アメリカの国家的イデオロギー戦略のきわめて具体的な例である。

シェーンは「自分を正当化する必要を感じていた[51]」と語る。自国がおこなった暴虐行為をどのように正当化するかという問題は、この時代のアメリカ人の多くにとって（そして、いつの時代、どの場所でも）大きな問題だったことは間違いない。前述したように、シェーファーは「リラックス」するために物語を書き始めたのだというが、正当化することがきわめて難しい自国の圧倒的な暴虐を知り、それに対する想像上の解決として、あるいは一種の逃避として『シェーン』の物語は生み出されたのかもしれない[52]。そして、この作品に含まれているさまざまな亀裂も、平和と核が切り離せないものとして存在する世界のあり方そのものの矛盾の反映だといえるだろう。最終章でボブは次のように語る。

目を閉じるといつも彼はわたしと一緒にいて、わたしは彼の姿をはっきりと見ることができ、彼の優しい声を聞くことができる。彼がグラフトン酒場のバルコニーに立ったフレッチャーを撃とうと身を翻した、あのまばゆい瞬間にいる彼の姿を、最もはっきりとわたしは思い浮かべる。理解を超えて美しく調和した武力のパワーと慈悲が、わたしには再び見える。あの致命的な力で分かちがたく一つに結ばれた、あの男と武器の姿が、わたしには見える。あの男と彼の道具、よき男とよき道具が、なされなければならないことを成し遂げるのが、わたしには見える。(53)

これが、大人になったボブが長い年月の果てに得た結論である。ボブはいまやシェーンが残した精神的遺産の正統的継承者としてこの物語を語っている。そして、ボブの追想には、（彼が実際に目撃したはずの）シェーンに撃たれて死んだ人間の生々しい姿は全く登場しない。ここに、暴力の正当化と過去の美化を伴う、政治の美学化というイデオロギー操作の最も純粋で露骨な例を見いだすことはそれほど難しくないだろう。作品がはらむ（そして、作品を生み出した世界がはらむ）暴力的な矛盾や葛藤、衝突や分裂は、いまや記憶のかなたへと追いやられ、美しい思い出の一ページとしてあらためて語り継がれていく。

図3　United States Intelligence Agencyの紋章

おわりに

一九四九年の第一刷の版以降、小説『シェーン』は学校版をはじめ多くの版を生んだが、そのなかにはＵＳＩＡ（United States Information Agency）による「アメリカ文化の認定輸出品」版まで存在した。(54) ＵＳＩＡはドワイト・D・アイゼンハワー大統領の主導で創設された、冷戦期の対ソ連と反共産主義の外交・文化政策を担うアメリカ政府の海外広報機関で、「ボイス・オブ・アメリカ」や「ラジオ・フリー・ヨーロッパ」などの海外ラジオ放送の運営や、フルブライト奨学金制度の運営、さらには「プロブレムズ・オブ・コミュニズム」などの雑誌やパンフレットのアメリカ国外での出版をおもな業務とした。[55]また、五〇年代半ばには「平和のための原子(Atoms for Peace)」キャンペーンを世界中で展開し、ベルリンなどで大きな展示会を催している。これは、五三年十二月八日の国連総会でのアイゼンハワー大統領の「アトムズ・フォー・ピース・プロポーザル(Atoms for Peace Proposal)」と一般に呼ばれるスピーチに呼応するものだった。[56]このスピーチでアイゼンハワー大統領は、核の平和利用推進のための国際組織として、アメリカ主導による「国際原子力機関(IAEA, International Atomic Energy Agency)」の設立を提言した。[57]だが、スピーチの内容はその通称とは裏腹に、「アメリカの〔核による：引用者注〕報復能力は強大で、これに対する攻撃国は不毛の土地と化すだろう」といった語句にみられるように、核拡散が懸念される世界状況下でのソ連とその同盟国に対する露骨な恫喝を多分に含むものだった。USIAが小説『シェーン』を「認定輸出品」と定めた事実は、作者の意図にかかわらず、同作品のプロパガンダ的性質を裏づけている。そして、五三年の同タイトル映画の封切りに合わせて、日本でも小説『シェーン』は翻訳出版された。以来、この冷戦イデオロギーの落とし子のような物語が、映画と小説の両面から多くのファンを生んできたことはよく知られるとおりである。その意味で、USIAの文化的戦略は一定の成功を収めたと評価すべきだろう。

注

(1) 以下、映画版の邦題にならい、*Shane* をシェーンと記す。また、特記しない限り、英文翻訳はすべて引用者による。

同作品は一説ではこれまでに六百万部以上売れたとされている。*Dictionary of Literary Biography*, s.v. "Schaefer, Jack" (http://galenet.galegroup.com.lib-ezproxy.tamu.edu:2048/servlet/GLD/hits?r=d&origSearch=true&o=DataType&n=10&l=d&c=1&locID=txshracd2898&secondary=false&u=DLB&t=KW&s=4&NA=jack+schaefer)［二〇〇九年七月二十九日アクセス］

（2）以下、日本語訳の慣習にならい、Schaefer をシェーファーと記す。Henry Joseph Nuwer, "An Interview with Jack Schaefer: May 1972," in Jack Schaefer, *Shane*, James C. Work ed., the Critical Edition, University of Nebraska Press, 1984, p. 278.

（3）Ibid., p. 278. シェーファーは大の映画ファンで、コロンビア大学英文科の大学院でも映画を研究しようとしたが、指導教官の承認が得られずに退学したとも語っている。ハリウッド的「西部」や「カウボーイ」のステレオタイプが、どれほど実情とかけ離れたものだったのかについては、David T. Courtwright, *Violent Land: Single Men and Social Disorder from the Frontier to the Inner City*, Harvard University Press, 1996, pp. 87-108 を参照。

（4）*Ibid.*, p. 278.

（5）James C. Work, "Settlement Waves and Coordinate Forces in Shane," in Schaefer, *op.cit.*, pp. 307-318.

（6）スタンレー・コールキンは「封じ込め政策と連携した信念としての冷戦期リベラル的価値観を、マッカーシーのような、さらに反動的な政治家と連携した熱烈なナショナリズムによりふさわしいイデオロギー的象徴へと連結したことによって、冷戦西部劇の頂点をなす」作品の一つとして映画『シェーン』を評価している。Stanley Corkin, *Cowboys as Cold Warriors: The Western and U.S. History*, Temple University Press, 2004, p. 133.

（7）同作品は、一八四六年、「アーゴシー」(Popular Publications) 誌上に三回に分けて連載された。

（8）Nuwer, op.cit., pp. 278-279.

（9）冷戦期のアメリカ文化については、Elaine Tyler May, *Homeward Bound: American Families in the Cold War Era*, Basic Books, 2008, Peter J. Kuznick and James Gilbert, eds., *Rethinking Cold War Culture*, Smithsonian Institution Press, 2001, John Fousek, *To Lead the Free World: American Nationalism and the Cultural Roots of the Cold War*,

The University of North Carolina Press, 2000 を参照。

（10）May, *op.cit.*, pp. 58-88.

（11）西部劇のジャンルが「女の排除」の原則のもとに成り立っているということは、ジェーン・トンプキンズをはじめ、多くが論じている。Jane Tompkins, *West of Everything: The Inner Life of Westerns*, Oxford University Press, 1992, pp. 47-67.

（12）Schaefer, *op.cit.*, pp. 90-108.

（13）*Ibid.*, p. 122.

（14）*Ibid.*, pp. 175-176.

（15）小説『シェーン』が描く男たちの世界にホモエロチックな要素を見いだす議論もすでに存在する。例えば、Blake Allmendinger, *Ten Most Wanted: The New Western Literature*, Routledge, 1998, pp. 158-160 を参照。ブレイク・アルメンディンジャーは、シェーンと敵のフレッチャーの手下たちとの殴り合いのけんかの場面に男同士の性行為の暗喩を読み取り、「『ヴァージニアン』や『シェーン』などの、エロチシズムを帯びたホモソーシャルな関係を特徴としている」と論じている。*Ibid.*, p. 160.

（16）*Ibid.*, p. 68.

（17）*Ibid.*, pp. 90-108.

（18）*Ibid.*, p. 198.

（19）*Ibid.*, p. 108.

（20）Michael S. Kimmel, *Manhood in America: A Cultural History*, 2nd ed., Oxford University Press, 2006, pp. 40-52, John D' Emilio, *Sexual Politics, Sexual Communities: The Making of a Homosexual Minority in the United States, 1940-1970*, 2nd ed., University of Chicago Press, 1998, pp. 40-56, Jane Sherron De Hart, "Containment at Home: Gender, Sexuality, and National Identity in Cold War America," in Kuznick and Gilbert, *op.cit.*, pp. 124-155 を参照。

（21）Kimmel, *op.cit.*, p. 41.

（22）De Hart, op.cit., p. 126.
（23）Schaefer, *op.cit.*, pp. 268-271.
（24）*Ibid.*, p. 176.
（25）西部での男同士のホモエロチックな友情や愛情については、レスリー・A・フィードラーの古典的アメリカ文学研究 *Love and Death in the American Novel*, Criterion Books, 1960 を挙げることができるが、近年、再び研究が進みつつある。例えば、Chris Packard, *Queer Cowboys: and Other Erotic Male Friendships in Nineteenth-Century American Literature*, Palgrave Macmillan, 2005 を参照。クリス・パッカードは、ジェームズ・フェニモア・クーパーに始まる十九世紀アメリカ西部文学に隠されたホモエロチシズムの系譜について論じている。また、アン・リー監督のアカデミー監督賞受賞作『ブロークバック・マウンテン』（二〇〇五年）が、同じテーマを新型のハリウッド式メロドラマとして鮮やかに映画化したのは周知のとおりである。
（26）Schaefer, *op.cit.*, p. 63.
（27）*Ibid.*, p. 68.
（28）*Ibid.*, p. 75.
（29）*Ibid.*, p. 88.
（30）*Ibid.*, p. 98.
（31）*Ibid.*, p. 125.
（32）*Ibid.*, p. 157.
（33）*Ibid.*, p. 126.
（34）*Ibid.*, p. 128.
（35）『シェーン』と核の関係については、Stephen McVeigh, *The American Western*, Edinburgh University Press, 2007, p. 57 を参照。
（36）初期の原爆報道と世論の反応については、Paul Boyer, *By the Bomb's Early Light: American Thought and Culture*

at the Dawn of the Atomic Age, The University of North Carolina Press, 1994, pp. 1-26, Robert Jay Lifton and Greg Mitchell, *Hiroshima in America: Fifty Years of Denial*, Putnam's Sons, 1995, pp. 3-39 を参照。ロバート・ジェイ・リフトンとグレッグ・ミッチェルは、日本の降伏が天皇制の維持という条件付きだったことを強調し、「ニューヨークタイムズ」紙上での「日本の無条件降伏」という初期報道の信頼性に疑問を呈している。*Ibid.*, p. 32.

（37）Fousek, *op.cit.*, p. 17.

（38）Boyer, *op.cit.*, p. 5 に引用がある。

（39）Editorial. 一九四四年から四六年にかけて、シェーファーは判明しているだけで少なくとも六十五本以上のエディトリアルを「ノーフォーク・ヴァージニアン・パイロット」紙上で担当している。なお、シェーファーが書いた無署名のエディトリアルの特定にあたっては、University of Wyoming, American Heritage Center のショーン・ヘイズ氏の協力を得た。

（40）Schaefer, *op.cit.*, p. 75.

（41）*Ibid.*, p. 122.

（42）*Ibid.*, p. 171.

（43）Boyer, *op.cit.*, p. 5.

（44）*Ibid.*, pp. 181-195.

（45）Fousek, *op.cit.*, pp. 111-120.

（46）Schaefer, *op.cit*, pp. 139-140.

（47）*Ibid.*, pp. 235-264.

（48）*Ibid.*, p. 222.

（49）*Ibid.*, p. 223.

（50）*Ibid.*, pp. 223-224.

（51）*Ibid.*, p. 173.

（52）トンプキンズは、映画版『シェーン』の乱闘場面を例に挙げながら「〔西部劇という：引用者注〕ジャンルは暴力を正当化するために存在している」と論じている。Tompkins, *op.cit.*, p. 227.

（53）*Ibid.*, pp. 272-273.

（54）Michael T. Marsden, "The Sagebrush Testament," in Schaefer *op.cit.*, p. 340.

（55）ＵＳＩＡは、一九九〇年代の冷戦構造の終焉に伴い、九九年に国務省と合併し事実上消滅した。ＵＳＩＡについての詳細は、Leo Bogart , *Premises for Propaganda: the United States Information Agency's Operating Assumptions in the Cold War* abridged by Agnes Bogart, Free Press, 1976, Nancy Snow, *Propaganda, Inc.: Selling America's Culture to the World*, 2nd ed., Seven Stories Press, 2002, Nicholas John Cull, *The Cold War and the United States Information Agency: American Propaganda and Public Diplomacy, 1945-1989*, Cambridge University Press, 2008 を参照。ちなみに、ＵＳＩＡのパンフレットには、日本でのＵＳＩＡの活動記録として、ノーベル賞作家ウィリアム・フォークナーの日本への招聘を大きく取り上げている。Harry H. Kendall, "Harry and Bill: Encounters with William Faulkner," in Robert Chatten, Lois Herrmann, Theresa Markiw and Frances Sullinger, et al., *United States Information Agency: A Commemoration*, United States Information Agency, 1999, p. 18 (http://dosfan.lib.uic.edu/usia/abtusia/commins.pdf)〔二〇一一年九月十一日アクセス〕

（56）Lawrence S. Wittner, *The Struggle against the Bomb: Resisting the Bomb: A History of the World Nuclear Disarmament Movement, 1954-1970*, vol. 2, Stanford University Press, 1997, pp. 154-156.

（57）"Text of the Address Delivered by the President of the United States before the General Assembly of the United Nations in New York City Tuesday Afternoon, December 8, 1953" (https://www.eisenhowerlibrary.gov/sites/default/files/file/atoms_for_peace.pdf)〔二〇一〇年一月一日アクセス〕

（58）Ibid., p. 4.

［付記］本章は、拙論「カウボーイと家庭と原子爆弾——西部劇小説『シェーン』における合衆国冷戦イデオロギーの問

題」（「和洋女子大学紀要」第五十二号、和洋女子大学、二〇一二年、六一―七〇ページ）に加筆・修正を施したものである。

第5章 「人間らしさ」への道、「男らしさ」への道
——ラルフ・エリソン『見えない人間』

山口ヨシ子

1 実体がない黒い身体

ラルフ・エリソンの『見えない人間』(一九五二年)は、一人の知的な「黒人」[1]男性の自己探求の物語である。アメリカ合衆国(以下、アメリカと表記)南部の高校を優秀な成績で卒業し、奨学金を得て黒人大学へ進んだ主人公の「僕」が、その後二十年ほどの遍歴を経て、自らを「見えない人間」[2]と認識するまでを、彼自身の語りでつづっている。公民権運動が起こる以前の南部やニューヨークでの経験を通して、奴隷だった祖父母をもつ「僕」は、白人中心の社会で「見えない人間」になっていると悟るようになる。彼自身は「肉もあり、骨もあり、繊維もあれば、液体もある」「実体をそなえた人間」だと思っているが、「人々が見ようとしない」ので「見えない人間」になっていると「発見する」に至るのである。

小説は、一人の若い黒人男性の個人的な体験を記録しているのだが、同時に奴隷解放後のアメリカの黒人の歴

史をたどってもいる。[3]一九三〇年代から四〇年代を生きる黒人青年を描くことで、差別の歴史が依然として黒人青年の人生を決定していることを示し、歴史が記録しなかった「歴史の溝の外側にいた」人々を「内側に入らせ」ようとする作者の意図を、そこにみることができる。このことは、黒人が「人間ではないような気持ちにさせられている」白人優越主義の社会で、人間としての存在証明を獲得しようとする主人公の必死の努力の描写を通して示されている。

主人公のこの努力は、例えば、アメリカ共産党を思わせるブラザーフッド（兄弟愛）という政治団体で出会った一人の若い黒人男性の死を語る際に、きわめて明確に表れている。「僕」は、トッド・クリフトンという名の青年部指導者の、「彫りの深い黒大理石のような容貌」から、「背の高い身体」「大きくピンと張った拳」「角ばったなめらかな顎」まで、詳しく描写している。彼がハーレムの路上で白人警官に撃たれて不慮の死を遂げたときには、「僕」は葬式を準備し、集まった数千人の前で彼の名前を連呼してもいる。

写真1　ラルフ・エリソン
（出　典：Ralph Ellison, *Invisible Man*, Modern Library, 1994, カバー）

「この人の名前はクリフトンといい、彼らはこの人を射殺しました」「この人の名前は、クリフトンといい、彼の頭は黒く、彼の髪は濃く、きれいな巻毛でした」「この人の名前はトッド・クリフトンといい、彼の頭は幻想に満ちていました。彼はトッド・クリフトンであるにすぎないのに、自分は人間だと思っていました」「この人の名前はトッド・クリフトンといい、彼は兄弟愛を信じ、我われの希望をかき立ててくれましたが、死にました」と。クリフトンの名前を高らかに繰り返し、彼があらゆる人間と変わりない、赤い血をもった人間だったことを強調している。それは、「白人であったら死ぬことはなかった」と「僕」が考える、一人の若き黒人の路上での死を「記録されない歴史」の一部にしないための、怒りに満ちた努力でもある。

主人公が短いスピーチのなかで二十数回にわたってクリフトンの名前を連

呼するのは、彼がその名前以外にさしたることを言えないからでもある。ブラザーフッドのためにはたらいていたクリフトンについて「僕」は、当初は「好敵手になりそうな人物」と見なしていたが、やがてクリフトンが「サンボ」という、白人人種差別主義者からみた黒人のステレオタイプといえる人形を路上で売っている姿を見る。ハーレム地区の黒人青年の地位向上のために活動していたクリフトンが、なぜ人種偏見を助長するような人形を売っていたのかは、「僕」にもわからない。だが、クリフトンが白人の同志に暴力を振るったことなどが伝え語られていることからすれば、彼がブラザーフッドの活動に欺瞞を感じた結果なのかもしれなかった。

あるいは、黒人たちにアフリカへの回帰を説いた活動家マーカス・ガーヴィをモデルにしたと思われる、説教者ラスの民族主義色が強い発言を聞いて「人間は歴史の外側へ飛び出す必要がある気がする」と言ったクリフトンであれば、自身のそれまでの活動自体に疑問をもったのかもしれない。いずれにしても、理想と現実とのはざまで自暴自棄になった果ての行動とその結果としての死なのかもしれず、クリフトンもまた、「白人の文明を築くために」流された、「三百年にわたる黒人の血」の一部になったことになる。主人公が抱くそうした思いは、クリフトンの血について、「あらゆる血のように赤く、あらゆる血のようにぬるぬるとしていて、空や、ビルディングや、鳥や、木々を映しだしていました」と語るところにも表れている。

同志クリフトンについてはその名前を連呼して熱く語る「僕」ではあるが、一方で、自分自身の個人情報についてはあまり語ることはない。彼の名前さえも読者は知ることができない。話す相手から、名前で呼びかけられることもない。ブラザーフッドでは、演説や原稿を発表する際に使用する名前を与えられたというが、その名前についても明らかになることはない。奴隷の身で北部に逃れて自由を獲得し、奴隷制廃止運動や黒人の地位向上のための運動に身を投じた十九世紀の黒人活動家フレデリック・ダグラスについて、その本名が「どういう名前だったのだろう」と「僕」は反芻し、やがては「ダグラスという名前」こそが、彼自身を「定義づけた」と考える。つまり「僕」は、その活動と名前との関係に強い関心を示すのだが、「僕」自身の活動名も実名も明らかになることはない。

「僕」の名前がはっきりしないばかりか、彼の身体的特徴や容貌についても作中で十分に語られることはない。高校を卒業したばかりの頃は「生姜色の黒んぼ」と呼ばれたことが明らかにされ、ブラザーフッドで出会うエマという名の白人女性には、ハーレムの指導者の役割を果たすためには「もうちょっと黒くなくちゃだめじゃない」と言われていて、「僕」の肌の色が薄いことが明らかにされている。また、「見えない人間」としての「僕」の本性を見抜く帰還兵の医師バーンサイドは、「立派にあぐらをかいたアフリカ人の鼻をもっている」と「僕」の容貌の一端を明らかにしている。さらに、ニューヨークで職探しをしているときに出会うエマソン・ジュニアには、優秀な短距離走者になれそうな身体の持ち主と言われてもいる。このように「僕」の身体的特徴は、ほかの登場人物などを通して断片的に示されるだけで、「見えない人間」と自覚する人物だけに、はっきりしない。

　全米黒人地位向上委員会の設立に貢献したW・E・B・デュボイスは、その著書『黒人の魂』（一九〇三年）で、アメリカの黒人が直面する「二重意識」について述べている。[4] アメリカの世界は、「黒人に真の自意識を少しも与えてはくれず、自己をもう一つの世界（白人世界）の啓示を通してのみ見ることを許してくれる世界である」と。そして、アメリカの黒人は、アメリカ人であることと黒人であることの「二重意識」を抱きながら、「その身体を解体から防いでいるものは、頑健な体力だけである」と。

写真2　フレデリック・ダグラス
（出典：Darren Rhym, *The NAACP*, Chelsea House Publishers, 2002, p. 10.）

　『黒人の魂』から約半世紀遅れて出版された『見えない人間』の主人公には、デュボイスが黒人に唯一与えられたと主張した黒い身体の「容易に屈しない強さ」という特徴さえ与えられていない。それどころか、主人公は曖昧な「ボディレス（bodiless）」な存在として提示されている。個人を特定する基

本的な手立てともいえる名前が知らされないばかりか、その身体の特徴さえも、読者にはよく「見えない」のである。奴隷制度が黒人を男女ともに「身体的存在」、いわゆる「労働するもの」として搾取し、その後も、アメリカの人種差別が黒人全体を「精神よりは身体に結びつけてきた」[5]ことからすれば、『見えない人間』の主人公が「ボディレス」な状態で描かれていることは意味深長である。「人間ではないような気持ちにさせられて」生きてきた黒人の長く鬱積した怒りが、その「ボディレス」の精神に凝縮されているかのようでもある。

アメリカ社会が黒人を身体と結び付けて差別してきた歴史の一端は、『見えない人間』の冒頭で、主人公がバトルロワイヤルに参加させられるシーンにも表れている。バトルロワイヤルとは、十人ほどの黒人青少年がボクシングリングで、わずかな賞金をかけて最後の一人になるまで殴り合う様子を「見せものにする」というものである。『見えない人間』では、「銀行家、弁護士、判事、医師、消防署長、教師、商人、牧師」など、「町の名士」が一堂に会するなかで、バトルロワイヤルがおこなわれる。高校を卒業したばかりの「僕」も、意味もわか

写真3　1900年、パリ博覧会で黒人の展示を支援したときのデュボイス
（出　典：Jacqueline M. Moore, *Booker T. Washington, W. E. B. Du Bois, and the Struggle for Racial Uplift*, Rowman & Littlefield Publishers, 2003, p. 38.）

らないまま、目隠しされてリングに上げられ、結果として、大学への奨学金を得ている。バトルロワイヤル自体は、身体のいちばん大きい青年が勝利して十ドルばかりの賞金を得るのだが、「僕」は高校で好成績を収めても、リングで血まみれにならなければ奨学金を得られなかったのである。

バトルロワイヤルは、奴隷制廃止後の十九世紀末から二十世紀前半の南部を中心に、ボクシングの試合の前座として実際によくおこなわれていたといわれる。リングに上がるのは黒人の青少年だけで、白人はそれを楽しむ観客に徹し、黒人男性の「威厳を崩壊させ」「白人優越主義の社会規範を認識させる[6]」儀式として機能していた。つまりそれは、黒人男性の「動物的側面ひいては人種的劣等を強調する場」であり、そのために「人種のヒエラルキーを再確認する場として機能していた[7]」ことになる。黒人初のヘビー級チャンピオンになったジャック・ジョンソンのように、バトルロワイヤルからボクシング界のヒーローになる事例も多々あった[8]。人種秩序を強化する装置が、貧しい黒人青年に成功の夢を実現する機会を提供する一方で、筋骨たくましい男性の黒い身体を商品化する契機にもなっていたのである。

写真4 若き日のジャック・ジョンソン
（出 典：Richard Kyle Fox, *The Life and Battles of Jack Johnson: Champion of the World*, Fox Publishing, 1912, p. 8.）

バトルロワイヤルが興隆した時期は、黒人男性をターゲットにしたリンチが南部で多発した頃と重なり、「男らしさ」と人種が強く結び付いていた時代だったといえる[9]。反リンチ活動家アイダ・B・ウェルズが「インディペンデント」紙に発表した論文「リンチとそれを実行する口実」で抗議したように、それは、黒人男性を性的欲望や衝動にかられた「ブラック・モンスター」と見なし、そのようなモンスターから「南部女性を守る必死の努力」だという口実で黒人男性へのリンチ

写真5　木につるされてリンチされ火葬される黒人を取り囲む白人の群衆
（出典：Rhym, *op.cit.*, p. 52.）

を正当化していた時代である。[10] リンチが、白人と黒人とのあいだのヒエラルキーを強固にするための口実だったことは、ウェルズがその論文に付したリンチになった理由を記した資料が示している。南北戦争に敗北したのち、南部女性は、白人男性が彼女たちを「保護し養うという男らしい責任」を果たすことができなくなった怒りを黒人男性に向けた。一方、権力の失墜に苦しんでいた白人男性は、黒人男性を「生まれながらの強姦者」に仕立て上げ、南部女性から「申し立てられた強姦」への復讐を勇敢に実行することで、自らを「家長、復讐者、有徳の保護者」という「理想の男性」と見なすことができた[11]という。

　バトルロワイヤルは、このようなリンチが多発していた頃と時期を同じくして頻繁におこなわれ、黒人男性を性欲過剰で人間ではない、ブラック・モンスターだと確認する場として機能していたことになる。エリソン自身、あるインタビューでバトルロワイヤルについて語り、「カーストラインを保持するための儀式」だったと述べている。[12]『見えない人間』の「僕」が、「人々が見ないので」自らが「ボディレス」になっていると認識するに至る過程とは、「動物のような」扱いを受けていた彼が、「人間として」の自らの尊厳に気づく過程でもあるのだ。

したがって、「僕」の身体が読者に見えないのは、人々が彼を見ないばかりでなく、彼自身にとっても自らは「見えなかった」ことの証しでもある。自らの身体が見えないということは、一人の人間としての自己確立ができていなかったということだ。このことは、「僕」が大学の白人理事ノートンとともに大学周辺の賭博場「黄金の日」に赴いたときに出会う、帰還兵の医師が指摘している。ノートンは、妻と娘を同時に妊娠させたという大学近くに住む黒人の小作人の話を聞いて気を失い、「僕」は気付けの酒を得るために「黄金の日」に行くのだが、そこで出会った帰還兵は、「僕」のことを「目の見えない」「自動人形」と呼ぶ。「自分の感情だけではなく、人間性までも、抑えることを学び」、そうすることで「人の目には映らない、消極の権化」、白人の「夢の完璧な成果」になっていると、「僕」は彼から指摘される。

この帰還兵は「僕」が在籍する大学で学んだのち、陸軍の衛生隊に加わってフランスに赴き、休戦後も当地で研究と臨床にいそしんでいたという、いわば、黒人のエリートである。その彼が、帰国後に精神病者の施設に送られ、週に一度、売春宿も兼ねる「黄金の日」に引率つきで連れてこられる身になっている。悩める知的な黒人である彼は、「僕」が「人間ではなく」、それ以下の「黒い無定形なもの（a black amorphous thing）」にすぎないと断言する。この帰還兵は、白人中心の社会での黒人の不可視性について初めて言及する黒人であり、「僕」が自らを「不定形な黒きもの」から、「見えない人間」として認識するようになる基点を示す人物である。

『見えない人間』は、このように「もの」だった「僕」が自身を人間として認識する目覚めを扱う小説だが、一方で、「僕」が出会い、描く女性たちは、人間以前の「もの」のままである。「人間」を「マン」と表示しているこの小説は、黒人ソウルシンガーのジェイムズ・ブラウンが、「男、男、男の世界（It's Man's, Man's, Man's World）」（一九六六年）と歌ったような「男の世界」を描いている。「僕」が記録する女性は、白人も黒人とともにステレオタイプ的で男性の「男らしさ」を確認するための手段として利用されている。『見えない人間』のなかの女性の状況は、女性権利宣言を決議した一八四八年のセネカフォールズ会議以前のようである。この会議では、アメリカ独立宣言の「オール・メン（all men）」は女性を含んでいないとして、「すべての男性と女性（all men and women）は平等に作られている」という文言を女性権利宣言に盛り込んでいる。

本章では、黒人青年の「僕」が、どのように「不定形な黒きもの」から、人々には見えない「人間」としての自分を自覚するかの経緯をたどり、この作品が示す男性性のあり方を検討したい。さらには、女性がどのように描かれ、「僕」をはじめとする男性たちがそうした女性とどのように関わるかを検討することで、公民権運動が始まる以前の人種差別社会のなかの男性性のあり方を捉え直したい。

2 「不定形な黒きもの」としての「僕」と「マン」の仮面をかぶった「もの」たち

「不定形な黒きもの」としての「僕」は、黒人男性としての自己確立ができず、白人が望む「黒人」像を無自覚に受け入れている。このことは、高校を優秀な成績で卒業し、さらに大学三年までを優秀な成績で終えている「僕」が、白人と対等の口調で話す帰還兵に驚き、彼が自分を批判したことを不愉快に感じていることにも表れている。「僕」が白人が望む黒人だったことを示す最も顕著な例は、「僕」が高校の卒業式でのスピーチでブッカー・T・ワシントンの言葉を引用し、彼の後継者と自任している事実が示している。さらには、ワシントンの経歴そのままを生きてきたような黒人大学の学長ブレッドソーに、自らの理想の姿をみているところにも表れている。

ワシントンは、奴隷から身を起こして、現在のタスキーギ大学の前身であるアラバマ州タスキーギ職業専門学校の校長に就任し、白人とも広く交流して政治活動も積極的におこなった黒人の教育者である。彼は、裕福な白人から資金援助を得て黒人の教育を普及させ、そのようにして職業による自立を推進することが、黒人の真の自由への道だと考えていた。「僕」が卒業スピーチで引用した「今いる場所にバケツをおろせ」とは、いわゆる「アトランタの妥協」と呼ばれる、一八九六年のアトランタ博覧会でのワシントンのスピーチが原典である。そ

写真6　ブッカー・T・ワシントンと白人支援者たち
（出典：*Ibid.*, p. 8.）

のスピーチの根本は、黒人が「社会的平等を要求することは愚かなこと」[13]で、いまいる場所で豊かになるための努力をすべきとするものである。白人と黒人とを同じ手の異なった指に例えて、白人が主張する人種隔離政策を受け入れることを黒人に諭し、黒人は教育を受け南部を豊かにするべく働くことこそが賢明なこととする主張である。

ワシントンについては、「自由や人種的自己決定権を追求する黒人の価値観から逸脱した存在」として批判が強い一方で、「白人至上主義が高揚し黒人に対する抑圧が高まった二〇世紀転換期において」彼の「妥協主義が白人側から最大限の利益を引きだし、黒人コミュニティの機会拡大に貢献した」[14]という評価も存在する。『見えない人間』の「僕」がたどるのは、この二つの評価の後者から前者への移行の道である。つまり、後者の評価の実益を無意識に得ていた状態から、前者の評価を理解するに至るということである。

「僕」のこの移行は、タスキーギらしき黒人大学の成績優秀な学生として三年間を過ごすことに表れているように、急激な歩みをとることはない。マーク・トウェインが『ハックルベリー・フィンの冒険』（一八八五年）の主人公ハックを無垢の語り手にして、「親切このうえない」紳士淑女で構成されている南北戦争以前の南部社会が奴隷を保有している矛盾を淡々と読者の前に提示した[15]ように、エリソンは、「僕」をきわめて無垢な黒人学生として描いている。それを最も顕著に示しているのは、極貧の生まれながら苦学して社会的地位と財力とを獲得した、ワシントンの生まれ変わりのようなブレッドソー学長を、「自分がなりたいと望んだ一切の手本」として「僕」が尊敬している点である。さらには、ブレッドソーの裏切りによって放校になっても、彼の真意を見抜けず、依然として彼の後継者になるべく大学に戻ることを目指していることにもそれは表れている。

ブレッドソー学長は、「真黒な皮膚といい、禿頭といい、白人の嘲笑のまとにされるあらゆる要素をそなえていながら、権力と権威を獲得し」「南部のたいていの白人よりは勢力のある人間にのし上がった」と描写される人物である。「小太りの給仕頭」といった風情だが、「刻苦精励を積み重ねて学長にまでのぼり」、大学の問題を

「ホワイトハウスにすらも持ち込む政治家」でもある。高給取りで、キャデラックを二台も所有し、「優しい感じのクリーム色の顔の美人妻」をもっているというところからも、白人優越主義の家父長制社会で、貧しい黒人男性が、白人男性に対抗しうる知的・経済的・社会的「武勇さ」を獲得すべく奮闘して、「のし上がった」成功者として描かれていることがわかる。

バトルロワイヤルのシーンが示すように、二十世紀前半のアメリカでは、男性性と人種的優位さが結び付くことで差別意識が高まっていたといえるが、ブレッドソーの例は、そのような社会で権力をもつに至った黒人男性の屈折した男性性のあり方を示している。そのことは、彼が黒人としての自己確立ができずに白人から強要された人種間のヒエラルキーにそのまま従い、そのヒエラルキーをもって、「僕」をはじめとする社会的弱者に権力を行使するところに表れている。それは、前に挙げたデュボイスが、黒人に「真の自意識」を与えず、「自己を白人世界の啓示を通してだけ見ることを許す世界」と評したアメリカ社会の、最悪のパターンを示すかのようである。奴隷制廃止後も続いた、あるいは強化された白人優越主義の家父長制社会で、権力をもつ白人男性に自ら進んで従属し、白人男性の基準に沿って自らの男性としての存在価値を認識しようとする姿といえるだろう。ポール・ホッチが『ホワイト・ヒーロー、ブラック・ビースト』（一九七九年）で指摘し、レイウィン・コンネルが『マスキュリニティーズ』（一九九三年）で論じていることだが、男性性の形成に人種的な要素が強く影響を与え、白人男性は隷属化した黒人たちの報復を恐れて黒人男性像を作り上げ、黒人男性は隷属化された歴史が繰り返されることの恐怖から進んで社会の主流たる白人男性に従属するという現象が起きているともいえる。[16]

「僕」は、学長から白人には面従腹背をもって接せよと迫られる。学長が黒人社会の「恥部」と見なす貧しい黒人の家に白人理事を案内したことで「僕」は学長に叱責されるが、理事の指示に従っただけだと答える「僕」に、学長は自らの実践哲学を披露する。自らを「王様」と呼び、「黒人の大物」としての権力を誇示したうえで、学長は、そんな自分でも白人に対しては「どんな黒んぼよりも」卑下した態度で接すると断言する。さらには、権力の座に留まるためには、「この地方のニグロを一人残らず樹の枝につるし上げさせてもいいくらいに思っている」とさえ言う。白人が作った人種間のヒエラルキーをそのまま受容し、白人が望む、彼らに「媚びへつらう」黒人男性像を自ら進んで受け入れることで、獲得した権力を保持しようとし、そうすることで彼は白人を支配していると考えているのである。だが、その権力が白人から与えられたものであることを考えれば、彼が「王様」と自称して自分がもっていると主張する権力は、錯覚でしかない。

学長の「僕」への怒りは、白人理事から支援金がもらえなくなり、自らの地位が脅かされることへの恐れから生じているのだが、彼は「僕」を「ニガー」と呼んで「より有効な盲目化」を強要する。同胞をリンチにかけても自らの権力を守ると断言するこの学長は、虐げられた黒人が地位と財力を手にしたときに示す屈折した男性のタイプを表している。「優しい感じのクリーム色の顔の美人妻」を二台のキャデラックと同様に、自らのトロフィーとして「所有している」彼は、いわば白人優越主義の家父長制社会によって「精神的に去勢された」[17]黒人男性の一つのタイプを示している。その姿は、「不定形な黒いもの」としての「僕」が、その屈折した「醜悪さ」を十分に理解せずに語ることで、一層度合いを増して読者に伝えられている。

無垢な語りの効果は、「僕」が学長の怒りを買って放校になるきっかけを作った、大学近くの丸太小屋に住む黒人ジム・トルーブラッドによっても示されている。無学で貧しいこの小作人は、苦学の末に博士号をもつ身になり、ホワイトハウスまで動かすほどの権力者になったブレッドソーとは、知的・経済的・社会的「武勇さ」では、天と地ほどの差がある。だが、白人優越主義の家父長制社会によって「精神的に去勢された」黒人男性としては同じである。それは、白人が作り上げた黒人男性像をそのまま受容して白人からの経済的支援を受け、「一家の男」として生き残るしたたかさを備えている、という意味でである。

エリソンは黒人の口承文学の手法を用いて、トルーブラッドに自らの話し言葉で、娘を妊娠させるに至った過程を語らせているのだが、その語りは、その「事実」よりも、白人が思うとおりの黒人像を語ることによって本の出版を望む白人の訪問を受けるなど来訪者が多くなり、白人の支援者が多くなったという皮肉な結果を映し出している。奴隷時代そのままのような暮らしをしている彼は、「人間が自分の家庭のうちでやる、いちばん悪いことをした人間」と自らを認めながら、どの黒人も受けたことがない援助を白人から得て、いい暮らしができるようになったと語る。彼は、白人が望むブラック・モンスターとしての黒人像を自ら受け入れることで「一家の男」として家族を養うことに成功している。

トルーブラッドという名前そのままに、近親相姦さえ犯す「獣のような性的獰猛さ」こそが黒人男性の「真の気質、血筋」であるかのように振る舞い、白人が考える黒人男性像そのままに生きているかのように、彼は語る。しかし、そうすることで、彼は自らの「役割」を果たそうとしているのだといえる。それは、「俺は男で、男は家の者を見捨てられるもんじゃねえ」という発言に表れた家長としての役割である。妻と娘を同時に妊娠させたと語り、扶養義務を担う家長であることに執着するトルーブラッドもまた、白人優越主義の家父長制社会で「精神的に去勢された」黒人男性の一つのタイプを示している。

トルーブラッドがもとから昔話の巧みな語り手で、「娘の尻を追いかけだした若者」のことを心配していたこと、さらに「同じ頃にお産をする女を二人抱えて」立ち退きを迫られていたことなどを考え合わせれば、娘は若者の子どもを身ごもっていて、彼は生き残るために近親相姦という作り話を「眼前にほうふつさせるような魔術をもって」語ったとも推測できる。この推測は、彼の発言や態度を考えれば、信憑性を増す。「黒んぼがどんなに偉くなったって、白人の衆にぺちゃんこにされる」が、自分には「白人の衆がついでくださるだ」という発言や、「躊躇や恥じらいも見せずに」とくとくと近親相姦の経緯を語る態度がそれである。真実はわからないままだが、立ち退きを迫られていた彼がもとの小屋で白人の支援を受けて生き延びていることだけは確かである。

トルーブラッドの話を聞いて彼に百ドル紙幣を差し出すノートンは、黒人男性の性行動を見下げるような態度をとるのだが、その実、この白人理事は、無学な黒人男性と遠くない位置にいる。「僕」の語りは、大学の理事の一人として大学を支え、黒人の地位向上に尽力していると思われている人が、近親相姦を犯したという黒人の小作人と同列にあることを示している。「詩人のどのような奔放な夢も及ばないほど、美しく清らかで、完成されていて、繊細で、まれに見る存在だった」と亡き娘を熱く語る口調に、そして、トルーブラッドの話を聞いて失神するほど興奮することに、近親相姦のひそかな願望が隠れているからである。

ノートンは、自らの資金と時間とを投資することで、黒人学生が職業人として社会に貢献するようになるのを夢見ていると語り、黒人学生から「自分の運命を教えてもらおうと期待している」と「僕」に言う。しかし、この慈善家は、「僕」の個人的支援要請に応えることもなく、その後ニューヨークで出会っても「僕」を認識することもできない。黒人の地位向上に貢献しているという命題に自らの存在意義を見いだしているだけで、トルーブラッドの話を聞いて百ドル紙幣を差し出す事実が示すように、黒人を同等の人間としてみる姿勢はない。バトルロワイヤルの白人観戦者が、自分たちが思うとおりのモンスターのような黒人男性の姿をリング上で見て、わずかな賞金を出すのと変わらないのである。

「僕」を「不定形な黒きもの」と呼んだ帰還兵は、ノートンについて、「その強力なる権力をもってしても人間ではない」と述べたが、事実ノートンは、「僕」に「神のような」権力を行使することで人間以前の姿を示す。「偉大なる白人の父」を装った、黒人の「魂のリンチ制裁者」としての姿である。ノートンは「僕」に十九世紀の思想家ラルフ・ウォルドー・エマソンの作品を読むことを勧め、自らを「黒人種の運命に手を貸す」現代のエマソンであるかのように演出するが、二人の接点は、ともにニューイングランド人であること以外に見つからない。ノートンはその名前から、作家であり、大学教授であり、社会活動家でもあったチャールズ・エリオット・ノートンを連想させるが、同時に、進歩的な考えを表明しながら、人種的偏見を克服できない多くの白人権力者を代表しているといえるだろう。(18)

「僕」は、ノートンを「六〇年にわたっての偉大な伝統の担い手」と呼ぶ。奴隷制廃止後のアメリカで黒人の地位向上に尽力してきた白人男性としてのノートンに対する言葉だが、その彼を、人種差別社会の無残な被害者である無学な黒人小作人と同列に描くところに、作者エリソンの意図が表れている。それは、合衆国憲法修正第十三条によって奴隷制を廃止し、同第十五条によって人種やそれ以前の隷属状況によって差別することなく選挙権を与えるべしとしたアメリカが、その後、州法によって黒人の選挙権を剝奪し、人種差別を深めてきたという長い歴史を象徴するかのようでもある。

このように「不定形なもの」としての「僕」が出会う大人たちは、白人か黒人かを問わず、人種差別社会に生きる屈折した男性としての特徴を示して「僕」が進む道を閉ざす。そのなかで、唯一、「僕」に援助の手を差し伸べるのが、学長からの推薦状をもって仕事探しに赴いたニューヨークで「僕」が出会う、大学の白人理事エマソンの息子である。エマソン・ジュニアは、「キャラマス・クラブ」への言及や「僕」の膝を手で触れる様子などからホモセクシュアルだと思われるが、「僕らは二人とも挫折させられた人間なのだから、僕はあなたを助けたい」と「僕」に言う。彼は、推薦状の文面を見せて学長の裏切りを知らせ、さらには、就職口を紹介して「僕」を支援する。親との断絶を匂わせ、自らをハックルベリー・フィンと呼ぶエマソン・ジュニアが「僕」を助ける姿は、『ハックルベリー・フィンの冒険』で、人種を超えて友情関係を築く、ハックと黒人逃亡奴隷ジムとの関係をほうふつとさせる。その関係は、「僕」を理事である父親に会わせようとしないエマソン・ジュニアの意図を「僕」が理解できないために深まることはないものの、「僕ら二人が、人間から人間を隔離している、慣習や風習の仮面を脱ぎ捨てて、裸の正直さと淡白さで話し合うことが可能だと思うか」というエマソン・ジュニアの問いかけは、深い意味をもつ。

エマソン・ジュニアは、北部での「僕」の就職活動を支援する唯一の人物だが、強制的異性愛を当然と見なす社会で彼自身も社会から疎外されていることからすれば、「僕」が抱いた北部への夢が「見果てぬ夢」であることを暗示する人物でもある。「僕」の軌跡は、南北戦争以前から自由を求めて移動した多くの黒人の軌跡をなぞって南部から北部への道をたどるが、北部は、「僕」の夢を実現できる場所ではない。北部は、黒人を、資本主義社会を主導する白人の陰に隠れる「見えない」便利な消耗品として利用する場所である。

このことは、「僕」が職を得る工場が、「常にアメリカを純粋に、リバティ・ペンキを使って」というコピーを掲げ、「僕」に対し「考えずに言われたことをすることだけ」を求めることからも明らかである。正規雇用の白人労働者のかわりに黒人をより安い賃金の非正規で雇って利潤を上げようとするのが、雇用者側の意図である。また、工場には、「視覚的白色なら、正しい白さです」という現場のスローガンそのままの人生を生きて工場にしがみつき、「僕」のような大学教育を受けた人間に仕事を取られることを恐れる労働者階級のブレッドソーともいうべき黒人職工もいる。工場での「僕」の経験は、ノートンら白人理事が唱える、技術をもった黒人を創出することでアメリカ社会での黒人の地位を保証する、という建前が実現し難いことを実証してもいるのである。

北部が「僕」にとって自由を保証する場所ではないことは、ニューヨークに博物館のように立派な事務所をもつエマソン・シニアによっても示されている。ビジネスで成功している彼は、「僕」が通う黒人大学を支援する白人理事として、「白人の偉大なる父」を演じているが、ノートン同様、黒人の「魂のリンチ制裁者」でしかない。彼自身は小説には登場せず、その豪華な事務所を訪れた「僕」が、「王族のような」生活をする白人として語るにすぎないが、彼は、南部の奴隷制の恩恵によって、さらには奴隷制廃止後も続いた同様の経済システムによって、富を築いた北部の白人の一人である。そのことは、彼が蓄積した美術品によって「僕」が奴隷制時代の遺物を連想していること、さらには、エマソン・ジュニアが父親を「暴君」と呼んで、自分の話は聞かずただ一方的に命令を下す存在でしかないと語ることに暗示されている。

エマソン・シニアが小説には登場せず、黒人の「主人」のようなイメージで描かれていることは、エリソン自身が十九世紀の思想家エマソンにあやかってラルフ・ウォルドーと名づけられていた事実を考えれば、皮肉に満ちている。思想家のエマソンは、個人の尊厳を尊び「自己信頼」による独立を説いて「個人の無限性」を高らかに主張したが、[19]『見えない人間』でのエマソン・シニアは、見えない力で他者に強力な影響力を及ぼす魂のような存在として、黒人の魂をリンチする奴隷主のようなイメージで描かれているからだ。エリソン自身は、「隠れた名前と複雑な運命」と題するエッセーで名前がもつ「魔法の力」を意識して育ったと述べているが、[20]「個人の無限性」を生涯かけて主張しつづけた思想家と同名の登場人物を黒人の「魂のリンチ制裁者」として描くエリソンは、アメリカ人としての「複雑な運命」をきわめて皮肉なものとして示したといえるだろう。

ダグラスがその自伝『あるアメリカ奴隷フレデリック・ダグラスの生涯の物語――本人による実録』（一八四五年）で明らかにするのは、白人男性と同様のことをすることが、奴隷の身分からの解放を意味していたということである。ダグラスは、白人の「主人」が鞭打つことで奴隷としての彼を獣のように扱っていたのに対して、暴力で対抗し二時間闘ったことを、奴隷人生の「転換点」としている。[21]つまり、ダグラスは、自らの「知的進歩によって男らしさを感じることはできず」[22]、奴隷主の暴力に対して暴力をもって抗することで、獣から人間としての道を歩み始めたことになる。それは、黒人男性性が、白人男性性を模範にして形成されてきたことを端的に示している。そのことは、北部で自由を獲得し「自分自身の主人」になったダグラスが、「妻と自分自身のために働く」幸せを語るくだりにも示されている。獣でも白人の動産でもなく、一人の人間としての尊厳を黒人男性が確立するとは白人男性と同様の人生を送ることを意味していたことは、ダグラスが北部で仕事を得て、自分と妻のために働いて家長としての責任を果たすことに幸せを見いだしている事実が示している。

『見えない人間』が描くのは、奴隷制が廃止されてから半世紀以上を経た二十世紀前半のアメリカ社会だが、同時に黒人男性性が、中産階級以上の異性愛者の白人男性をモデルにして形成されていたことも示している。学長のブレッドソーと小作人のトルーブラッドは、デュボイスが述べたとおり、黒人男性自身の自意識を形成する機会が与えられず、白人世界による啓示を通してしか自己を捉えることが許されなかった社会から生まれた黒人男性の、両極端の見本である。そして、そのような白人優越主義の家父長制社会で、権力と財力とをもって黒人たちの「魂のリンチ制裁者」でありつづけるノートンやエマソン・シニアは、自分たちがそのリンチを加え続けている黒人男性同様、「精神的に去勢された」男性たちでもある。

3 南部出身の黒人男性としての自己確立と「人間らしさ」への道

白人優越主義の社会に生きる黒人青年としての「僕」がもっている唯一ともいえる武器は、「声」である。高校卒業後、バトルロワイヤルに参加させられた「僕」がその闘いに血まみれになっても耐え抜くのは、前日の卒業式でおこなったスピーチをもう一度したいという思いである。このスピーチをする能力によって、「僕」はやがてブラザーフッドの活動に身を投じることになる。公民権と地位の向上を求める黒人たちとアメリカ共産党は、南部の黒人たちがよりよい生活を求めて北部の都市へ大量に移動した二十世紀前半の「大移動」の時代に密接な関わりをもつようになるのだが、「僕」も共産党を思わせる政治団体ブラザーフッドに加わっている。「僕」は、家財道具一切とともに路上に追い出された黒人の老夫婦を見て、その理不尽さを訴えるスピーチをすることを契機として、ブラザーフッドへの入会の勧誘を受けている。このとき路上でおこなったスピーチは、「僕」がバトルロワイヤルのあとにおこなったような、白人に褒められることを期待しておこなったそれとは全く異なるもので、「僕」の内から湧き出た、南部出身の黒人青年としてのスピーチである。

「僕」は、「我われは法律を守る人種であり、憤ることの遅い人種だ」[23]と繰り返し、自らを黒人の一人として受け入れ、「人間ではないような思いにさせられている」黒人の現状を、周囲の人々に訴える。武装警官に襲いかかろうとする黒人群衆に向けて、「黒人の兄弟たち」と呼びかけ、一時的にせよ、黒人だけでなく居合わせた白人やほかの人種の人たちの心を一つにすることに成功し、八十七年間の人生でわずかな物しか所有することができなかった元奴隷の黒人夫婦をみんなで支援するという結果を導き出すのである。

「僕」がこのような、自らの内からあふれるスピーチをすることができるようになったのは、南部出身の黒人としての自己を認めることができたからである。それは、白人が望み、白人が抱く黒人男性像を生きているブレッドソー学長との決別でもある。学長のように、白人が作った人種間の権力関係を従属的に受け入れるのではなく、自分自身を南部出身の、かつて奴隷だった先祖をもつ一人の独立した黒人男性として自己確認することによって、それは達成される。

「僕」はこの自己確認を、南部名産のヤム芋を公道で食べるという行為を通しておこなっている。ニューヨークに移り住んだ直後の彼は、南部人のソウルフードともいうべき「ポークチョップ、トウモロコシの粥、ホット・ビスケット」などを食べるのを拒否しているのだが、その理由は南部出身者である自分と向き合うことができないためである。それればかりか、南部の食事を勧める店員に対して、「僕が南部生まれだということが、誰にも見てとれるのだろうか」と警戒心を抱いてもいる。そのような彼が、路上のヤム芋売りから南部名産のヤム芋を買って食べることで「強烈な自由の感覚を得て」「僕はありのままの僕なんだ」と自覚するに至っている。そのヤム芋売りに「ヤム芋が自分には生まれつきの痣のようなもので、自分の本性はヤム芋なんだ（I yam what I am.）」と宣言してもいる。故郷名産のヤム芋を、誰もが見ている路上で食べるという行為を通して、それまでの自分を反省してもいる。「自分自身のしたいことではなく、人から期待されていることだけをしようと努力してきたおかげで、僕はずいぶんいろんなものを失ったのではないか」と。

「人から期待されていること」とは、黒人である「僕」が、白人の「下僕」のように生きるということだ。そのために「人間のようには感じることができず」「無定形な黒いもの」になっていたということでもある。ヤム芋による覚醒によって、「僕」は、かつてブレッドソー学長が、南部黒人の食文化を恥じて好物の豚のホルモン料理を隠れて食べていた事実を思い出し、学長が目の前にいる姿を想像して「おまえは卑劣なホルモン料理好き

図1　18世紀末制作され、イギリスの奴隷制廃止協会の標章とされたものだが、アメリカでは、1837年、奴隷制廃止論者の詩人ジョン・グリーンリーフ・ウィッティアの「鎖に繫がれた私たちの同胞」という詩とともに紹介されて大きな衝撃を与えた
（出典：Library of Congress 所蔵）

だ」と叫ぶ。この叫びは、白人を手本として白人が望む黒人像を生きている学長との決別であり、彼を理想の男性像にしてきた過去の自分との決別でもある。かつてバトルロワイヤルで、屈辱的な方法で奨学金を与えられても、それを喜び、感謝していた「僕」は、南部からニューヨークへの道程を経て、自らの尊厳を獲得するに至っている。

南部出身の黒人男性としての自覚を経て「僕」が加わるのは、「すべての人びとのためによりよい世界を作るために運動している」という政治団体のブラザーフッドである。だが、「遺産を剥奪された人びとのために」団結して、平等な協働社会を築くというイデオロギーによって結ばれているはずの団体が、結果的には、黒人としての「僕」を利用するにすぎない場所になる。奴隷制が、「カナンは呪われよ、奴隷の奴隷となり、兄たちに仕えよ」という「創世記」の一節を都合よく解釈して正当化され、また、奴隷制廃止運動が、「私も人間で、兄弟ではありませんか」というスローガンを掲げていた歴史を考えれば、「ブラザーフッド」という団体名は、意味深長である。団員同士を「ブラザー」と呼び合うことでもその両義性は強調されるのだが、「僕」は、結果的には、ブラザーフッドの白人指導者であるブラザー・ジャックに奴隷主のような姿を見いだしている。それは、差別されてきた人々を包摂し、平等な協働社会を築くというイデオロギーを信奉する人でさえも、白人優越主義の家父長制社会の伝統を乗り越えられないという皮肉を示している。

この皮肉は、ジャックが一貫して「父親らしい姿」をもって「僕」に接することで示されている。当初、ジャックは、「僕」に衣食住のすべてを提供するばかりか、金銭さえも与えて活動が開始できるように援助をしている。そればかりか、団体が「科学的」理論のもとに成立していることを強調し、「僕」がその理論を学び、スピーチに「科学的な」要素を入れるように助言もしている。それによって「僕」が効果を上げれば、ハーレム地区の主任スポークスマンとして重用して、「組織の一員として、言葉を通じ写真を通じて宣伝し」、「僕」に活動家としての飛躍の機会も与えている。ジャックは団体の指導者にすぎないが、「僕」に対して、まるで父親が子どもに対するように接している。

だが、問題は、「僕」が独立して活動できるようになっても、ジャックが父親のようなコントロールを続けることにある。かつて「僕」を「無定形な黒いもの」と呼んだ帰還兵は、その後「父親らしい忠告」をすると言って、「自分自身の父親になれ」と「僕」を励ました。だがジャックには、子ども自らが父親の役割を果たすべく独立させようとする姿勢はない。「君は、考えるために雇われたのではない」というジャックの「僕」への発言にそれは表れているが、さらには「僕」の活動の対象であるハーレム地区の黒人たちについて、「ああいう群衆」は「我われの綱領を形作るための原料の一つにすぎない」と述べるように、兄弟愛を掲げる団体の指導者は、実はパターナリズムの実践者なのである。「裸の、昔のままの、腐りきったやつ」と最終的に「僕」はジャックについて述べるに至るが、指導者という強い立場にいる人間が、弱い立場にある人間の意思を尊重せずにその人生を操作している姿は、かつての奴隷主そのものである。そのことは、彼についてハーレムの黒人たちに「ジャックのだんな」と呼ばれたほうがふさわしいと「僕」が述べることが示している。

ジャックの描写は、人類の平等を標榜する高邁な思想の持ち主が、奴隷主のような人権侵害者になる危険もはらんでいることを示している。問題は、彼が一人ひとりを基準にしてものごとを考えられないことにある。

「僕」は当初から、ジャックや同志たちが、常に「我われは」と発言することを気にかけてはいたが、彼らは社会を構成するのが一人ひとりの人間だということを理解していない。ジャックには、「僕」を一人の独立した個人として尊重する姿勢はなく、「僕」の活動の対象であるハーレムの黒人たちにも敬意を払うことはない。そのことは、かつての同志であるクリフトンが無抵抗にもかかわらず至近距離から胸に三発の銃弾を浴びて死んでも、彼を見捨て、団体の方針が変わったという理由だけでハーレムの黒人たちを見捨ててしまう彼の行動に表れている。

「闘争ののちにくるもの、アメリカの未来の虹」というコピーとともに、所有権を奪われた多様な人々が登場するポスターを活動の宣伝のために掲げて、「科学的な」理論のもとに運動を繰り広げている団体の指導者が、黒人一人ひとりの苦しみは理解できないという矛盾を示す。このことは、ジャックが、ハーレムの黒人たちの意見を「幼稚な誤った意見」と呼び、団体の任務を、「彼らにその意見を求めるのではなく、こちらから言い聞かせることにあるのだ」と述べることに表れている。ジャックもまた、白人優越主義の家父長制社会によって「精神的に去勢された」白人男性の一人にすぎないといえるだろう。

クリフトンが死の直前に路上で売っていたサンボ人形には黒い操り糸が付いているのだが、この人形は、ブラザーフッドのハーレム地区担当だったクリフトンと「僕」を象徴している。「にやにや笑いを浮かべ」「公衆の面前で卑猥な行為をやっている人間特有な、挑戦的なすさまじさで跳ね回っている」人形は、ジャックをはじめとする家父長的人物によって操られていたクリフトンと「僕」の姿に似ている。初めてブラザーフッドを訪れた際に、団体のために働くには肌の色がより黒いほうがいいと「僕」は言われているが、彼は黒人の地位向上のために個人として必要とされたというよりは、黒人の地位向上に貢献しているという団体の地位の向上に使われたにすぎない。

サンボは、奴隷制時代に、白人の人種差別主義者が作り上げた黒人男性に対する一つのステレオタイプである。

「サンボ」という語がスペイン語の「ザンボ」に由来し、それが足が湾曲した「猿」と同義だったことを考えれば、黒人をサンボと呼ぶ白人は、彼らを「人間ではない」それ以下の「動物」と見なしていたということになる。[24]

アフリカから奴隷として連れてこられた黒人男性が、アメリカでどのように見られていたかということは、その記録の多くが白人によって書かれているために、一方的であることは否めないが、それでも、植民地時代には、白人は黒人の多様な性格を認知して「売買」をおこなっていたという。[25] それが、南部の白人によって、子どものように「単純で、従順で、扱いやすい」サンボという一つのステレオタイプに集約されていくようになったのは、彼らが「見たい」黒人男性像として「意図して」それを作り上げた結果だといわれる。[26] このステレオタイプが作られるのが奴隷制時代の後期になってからであることを考えれば、奴隷制廃止論に対抗する奴隷制擁護論が背景にあることはいうまでもない。[27]

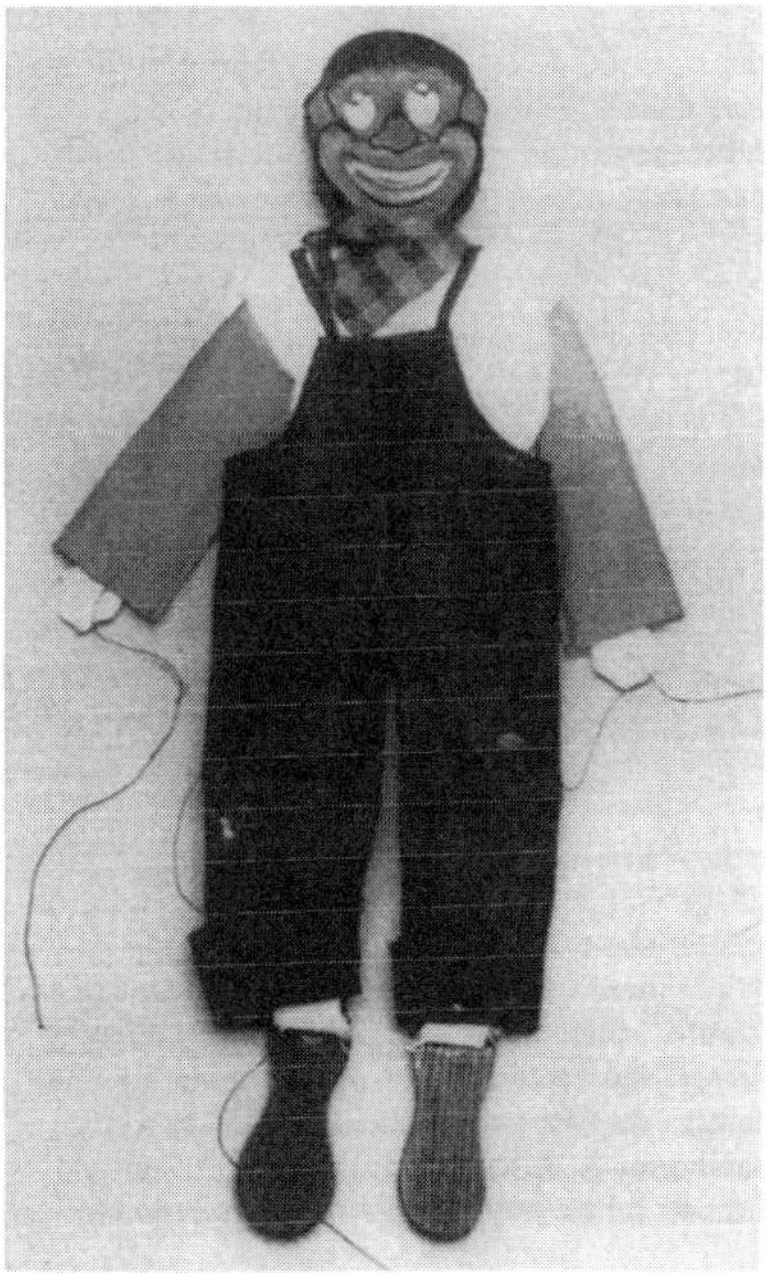

プランテーションの記録では、白人奴隷主を父親のように見上げていたサンボ・タイプの奴隷が、奴隷制の過酷なシステムの抑圧を内面化する力をもてずに、突然正反対の性格を示すことがあったことなどが明らかにされている。[28] このような事例こそが、奴隷主に従順なサンボを演じることが、黒人奴隷にとっては、奴隷制という非常事態を生き延びる必死の策だったことを示している。

サンボ・タイプの奴隷は十九世紀初めから記録されていて、例えば、

図2　1940年代に出回っていたサンボをイメージした操り人形
（出典：Kenneth W. Goings, *Mammy and Uncle Mose: Black Collectibles and American Stereotyping,* Indiana University Press, 1994, p. xx.）

奴隷主で牧師でもあったエドモンド・ボッツフォードによる『サンボとトニー――三部から成る対話』（一八〇八年）には、「浮かれ騒ぎとダンスが好きだった」という奴隷サンボが描かれている。[29] この作品は、サンボがキリスト教の信仰を得て「以前よりもずっと幸せになった」と同僚の奴隷に信仰を促す形式をとっているのだが、その要点は、「よい奴隷主のもとで」「忠実な良い召使い」として仕えることが幸せで平和な世界の調和をもたらすというものである。奴隷制擁護のために宗教が用いられ、白人奴隷主に都合がいい奴隷像が描かれたわけだが、この作品は、人気を得て七版を記録したといわれる。[30]

「幸せな奴隷」の姿は、『ビショップ・ウィップルの南部日記――一八三四―一八四四年』（一九三七年）にもみることができる。そこには、プランテーションの黒人が、「悲しく罪深い世の中のこと」を理解せずに、陽気に笑い、歌を歌う、「幸せな人種だ[31]」という記述がある。それを示すことが奴隷制を生き抜く手段だったと思われる奴隷にみられる特徴を、黒人全体の生来の特徴として捉えているのである。ハリエット・ビーチャー・ストーの反奴隷制小説『アンクル・トムの小屋』（一八五二年）にも、北部出身の「冷酷な」奴隷主の奴隷として「下品な冗談を言う」サンボという名の「真黒で、身体の大きく、活発な」黒人が登場する。[32] 十九世紀の半ばには、陽気な道化であるサンボ像が、白人が作った黒人男性のイメージとして定着していたことがよくわかる。

奴隷制廃止後は、こうしたサンボ像が子どもの本やゲームなど、さまざまなメディアを通じて喧伝され、「黒人男性の身体的・性的脅威を軽減する悪意ある方法[33]」として利用された。黒人女性フェミニストのベル・フックスが主張するように、黒人男性が支配的文化が示すステレオタイプの黒人男性像に怒りを示さなかったことなどアメリカの歴史上一度もなかったが、「怠惰で、やる気のない」「酒を飲んで楽しんでいる、マンガのような」ステレオタイプを蔓延させることこそ、白人人種差別主義者にとって、「黒人男性労働の意義を消す効果的な方法[34]」だったといえるだろう。サンボというイメージによって、奴隷制時代は奴隷制を正当化して黒人男性を過酷な労働の担い手として利用し、奴隷制廃止後はサンボとして黒人男性を労働市場から締め出す口実にした。そうすることで白人男性は、自らの「男らしさ」を保持し、黒人男性から反撃される恐怖を回避していたといえる。

元奴隷だったハリエット・A・ジェイコブズは、その自伝『ある奴隷の少女の人生で起こった出来事』(一八五七年)で黒人男性について述べ、黒人男性が「劣っている」ことを認めながらも、それが白人の男たちが黒人の男たちに強要している「無知」の結果であると指摘し、白人の鞭の力で、黒人男性の「男らしさ」を「奪っている」[35]と述べている。『見えない人間』で、人間社会に生じる差別を「科学的な」理論をもって研究し、協働社会を築くことを目指しているという団体の白人指導者ジャックが、黒人の同志をサンボのように扱うことは、彼の科学的理論に、人間の歴史を精密に分析する手法が欠けていたことの証しである。ハーレムの黒人たちの意見を「幼稚な誤った意見」と切り捨てるジャックには、彼が「隻眼」であることが象徴するように、奴隷解放後も続く差別の歴史を包括的に分析する力がなかったことを示している。「僕」はジャックを「隻眼のサイクロプス」と呼ぶが、彼は、ホメロスの『オデュッセイア』に登場する、旅人を食べる粗暴な怪獣[36]のように、「僕」たち黒人をのみ込んだことになる。

ジェイコブズは、奴隷制は黒人ばかりでなく、「白人にも呪いとなっている」と述べている。奴隷制が「白人の父親たちを残虐で好色にさせ、息子たちを無法で淫らにさせた」とも述べ、その制度の弊害が被害者ばかりでなく、加害者にも及んでいることを指摘している。加害者であった白人男性にも性格的歪みをもたらした奴隷制の弊害は、その制度が法的に終わりを告げても、制度そのものよりも巨大な見えない歪みとになって残ることになる。ジャックの例は、その長い歪みの歴史の「呪い」が世紀を超えて二十世紀もまだ続いていることを示している。

『見えない人間』にはエピグラフとしてハーマン・メルヴィルによる中篇小説「ベニート・セレーノ」(一八五六年)から、「あなたは救われたのですよ、いったい、何があなたにそのような暗い影を投げかけているのですか[37]」という一節が掲げられている。「あなた」とは、黒人奴隷を植民地の港から港へと運ぶ奴隷船のスペイン人船長ベニート・セレーノであり、質問をしているのは、奴隷船で反乱があったことを知らずに乗員への物資救援にあたったアメリカ人船長アメイサ・デレーノである。『見えない人間』のエピグラフには、セレーノ船長による「ニグロ」という返答は引用されていないが、サンボ・タイプの奴隷が、急に正反対の性格を示すことがあって奴隷主を驚かせたという前述の史実が、「ベニート・セレーノ」では、バーボという黒人奴隷によってそのまま具現されている。

バーボはセレーノ船長の忠実な従者として読者の前に登場するが、それ以前に奴隷船で起こった反乱の首謀者である。この小柄な黒人は、その肉体によってではなく、その頭脳によって反乱を首謀するのだが、絞首台で最期を迎えることになる。反乱を企てた精密な「狡智」が詰まったその頭蓋は、広場の柱に打ち付けられ、白人の視線をひるむことなく受け止め、かつての奴隷主の遺骨が眠っている教会のほうをにらんでいたと書かれている。バーボは作品のほとんどの場面で従順な黒人奴隷を演じているのだが、その迫真の演技にこそ、いかに多くの黒人奴隷がサンボのようにならなければ生き残れなかったかが、皮肉な形で示されている。

エリソンが、南北戦争勃発の直前に出版されたメルヴィルの中篇小説の一節を、自らの小説のエピグラフとして引用した理由は多々考えられるが、一つには、作品の視点的人物であるデレーノ船長の精神が二十世紀にも生き残っているということがあるだろう。この船長は、「奴隷制というやつは人間の心に醜い激情を繁殖させる」と嘆き、水と食料不足にあえぐ奴隷船の乗員にそれらを「共和主義的公平さ」をもって分け与えている自分に満足している北部出身のアメリカ人である。奴隷制に反対し、人間の平等を信奉しているように見受けられるが、その実態は、スペイン人船長の黒人管理の不備を問題視する権威主義者であり、白人と黒人との主従関係に「美しさ」を感じる人種差別主義者でもある。そのことは、黒人を「ニューファンドランド犬に対する」ように愛し、さらには、忠実な奴隷を演じるバーボの実像を見抜けずに金額を提示して彼を買いたいと申し出るところにも表れている。反乱があった奴隷船の実態を見抜く目をもたないばかりか、良識ある共和国の市民を演じながら、最終的には、生き残った奴隷たちを元来の目的地に送り出す冷徹なビジネスマンでもある。

デレーノ船長は子どもの頃、「浜辺のジャック」、つまり「海の男」と呼ばれていたと告白しているが、エリソンが描くジャックは、二十世紀のデレーノ船長である。二人は、「男性らしさ」を誇示する同じ呼称で呼ばれているだけでなく、人類の平等を標榜しながら、弱者を理解できない権威主義者である点で一致している。

大学でも、工場でも、そして政治団体でも、白人優越主義の権威によって「僕」は居場所を見つけることができないが、彼は白人に「奴隷化される」と感じながらも、黒人だけの結束を考えることはない。このことは、彼がブラック・ナショナリズムに一瞬たりとも傾くことはないというところに表れている。最初、自らを説教者ラスと名乗り、やがては破壊者ラスと名乗る人物が「僕」に提示するのは、黒人だけで結束する意義であり、目的達成のためには暴力をも辞さない姿勢である。ラスは、白人が黒人を「奴隷化」する現実を力説し、「おまえはアフリカ人だ」と説くが、「僕」は、白人に迎合するアンクル・トムと呼ばれても、死んだクリフトンのように、ラスが説く黒人だけで団結する意義に動揺することはない。南部生まれの黒人として自分を認識できた「僕」は、ラスがなんと言おうと、「黒人であろうと白人であろうと」「我われは一人残らずアメリカ人なのだ」という気持ちに迷いを見せることはない。これは、アメリカの黒人の経験を「大きなアメリカ的経験の重要な部分[39]」として捉えるべきであるとするエリソンの生涯にわたる主張を「僕」が代弁している部分でもある。

ラスは黒人を「奴隷作りをする白人の犠牲にしたくない」と言い、「俺は男だ」とも主張して、白人に対抗し、白人や白人に同調する黒人を敵視することに、男性としての存在価値を見いだしている。ラスには、ブラザーフッドのような科学的な理論はないが、彼のモデルともいえるマーカス・ガーヴィがそうだったように、アフリカ風の派手な民族衣装を身にまとって黒人の優越性を誇示し、そこに男性としての存在意義を見いだして演説する彼の姿は、黒人を「動かす何か」を「多分に」もっている。そのことは、「僕」自身がハーレムで感じることであり、また、ラスが「ハーレムを独占状態にしてきた」というジャックの発言によっても、示されている。ラス

写真7　1920年、万国黒人改善協会の会議で演説するマーカス・ガーヴィ
（出典：*Prologue: The Journal of the National Archives,* Vol. 16, 1961, p. 228.）

と「僕」との対立は、公民権運動でのブラック・ナショナリズムと人種融合主義との対立を予見させるもので、「僕」は、「ハーレムのあらゆる白人的なものを破壊しようとする」ラスに心を傾けることはないが、民衆の心を捉えるそのエネルギーの強さに無視できない脅威も感じている。

「僕」は自己探求の結果、社会の人々はそれぞれにとって都合がいいように自分を見ているだけなのだと悟るようになる。「僕」は、ラスの襲撃を逃れようとして変装を試みるのだが、黒に近い緑色の眼鏡と幅が広い白い帽子だけの簡単な変装にもかかわらず、これによって何人もの人が「僕」をラインハートという人物と見間違える。「僕」は、ラインハートという名の、宝くじ売り、賭博師、贈賄者、愛人、牧師などに見間違えられるのだが、見間違えた相手は、それぞれが自分の知るラインハートに当てはめて「僕」を見ていることになる。ラインハートという名前は、身体(rind)と心(heart)を意味し、人間を象徴すると考えられる。「僕」は、この架空の人物に「巨大な、激動する、熱い流動する世界」を感じ、自身の「政治的道具」に使おうとするのだが、すぐに他者を頼りにしているところに問題があると気づく。南部からニューヨークへの旅を経て、「僕」は、「自由とは必要の承認であり、可能性の承認である」と思うようになるが、結局、世間の人々は、自分が見たいものを見たいように見るのだという結論に至っている。

メルヴィルは、『詐欺師　その仮装』（一八五七年）で、ミシシッピ川を航行する船である「フィディール（忠誠）」号を人間世界全体に見立て、船が寄港地に寄るたびに異なった変装で現れる詐欺師を登場させ、真実を見抜く鋭い目をもたない現実社会の人々を批判した。[40] エリソンが描くラインハートは、路上で行き交う人々が「僕」と見間違える人物であり、実体をもたない人物だが、人間がいかに本人そのものを見ていないかという点で、メルヴィルの詐欺師を連想させる人物である。『詐欺師　その仮装』の世界で、船客が変装した詐欺師の実体を見抜けないように、『見えない人間』の世間の人々も、「僕」の真の姿を見ることはできない。『見えない人間』の世界は、白人が思うとおりの黒人像を生きないかぎり、黒人が「見えなく」なってしまう世界なのである。[41]

4　「男らしさ」への道、そして「見えない」女性たち

『見えない人間』は、アメリカ社会の人種差別主義によって不可視の存在になる黒人青年を描く小説だが、この主人公よりも、女性たちがさらに下位に置かれていることを明らかにする小説でもある。この小説に登場する、あるいは言及される女性は十数人にも及ぶが、その多くが名前さえ与えられず断片的に描かれるだけで、「僕」よりもさらに不可視な状態にある。それは、彼女たちが「僕」のような「声」をもつことさえも許されず、「男性らしさ」の確認を望む男性たちの手段として利用されているからである。

例えば、黒人男性がブラック・モンスターであることを示すために、白人男性に雇われてバトルロワイヤルの

前座で踊る白人のヌードダンサー、「黄金の日」で働く黒人「売春婦」たち、近親相姦が起こったとされる小屋でトルーブラッドに養われて生き続けなければならない彼の妻ケイトと娘マティ・ルー、ブラッドソーの「優しい感じのクリーム色の顔の美人妻」、ノートンの近親相姦の願望の対象になる娘などである。彼女たちは、男性に見られ、語られ、男性の欲望の対象になる存在としてだけ登場している。

ヌードダンサーを手配する白人男性や観客の白人男性は、女性の裸を「楽しみ」ながら、タブーである白人女性の裸体によって性的に興奮している黒人男性のモンスターぶりを確認することで、白人男性としての優越意識を再確認する。一方、そのような禁断の装置をしかけられた黒人男性は、「僕」の場合のように、恐怖感と罪悪感にさいなまれながらも、「ものすごいブロンド」の白人女性を犯す妄想をすることで男性としての征服欲を満たす。ダンサーは、「サーカスのキューピー人形のような金髪で、顔には抽象的なマスクでもかたどろうとしたかのように白粉や紅を塗りつけている」と描写され、人間の様相を呈していない。「もの」のような彼女が、人間に「見える」のは、「官能的な動きで踊り始め」、セクシュアリティを売り物にするときだけである。「僕」は、彼女の丸裸の身体がもたらした混乱に、自分たち黒人少年たちにも劣らないような「恐怖と嫌悪の表情」を彼女が浮かべていたと述べている。その表情は、その白い裸体が男性たちの欲望の対象としてだけ存在して、それ以外のときには、「見えない女性」が示すものでもある。

白人男性の性的「武勇さ」を語るときだけ、「見える女性」として描かれる黒人女性たちもいる。[42]「黄金の日」で働く黒人売春婦たちである。彼女たちは、気を失って運び込まれたノートンについて語るときだけ、名前で呼ばれている。そのことが顕著に表れているのは、ノートンを見て、白人男性の性的「武勇さ」を語るエドナである。彼女は白人男性が好きだと述べ、さらに「こういう白人の金持ちの年寄りときたら、猿のような生殖腺に、牡ヤギのような金玉をもっているのよ」と言う。この黒人売春婦の発言は、「僕」に黒人男性としての、「獣のような性的獰猛さ」を求める白人女性と同様に、伝聞に基づくものだが、彼女が個人として「見える」のは、白人男性の「男らしさ」について発言するときだけで、彼女はそのためだけに存在しているかのようである。

　女性が男性の「男らしさ」を証明する手段になっているのは、トルーブラッドの妻と娘にも共通している。妻と娘を同時に妊娠させたと語るこの黒人の小作人は、家族みんなを養っている一家のあるじだと宣言することで、自らの「男らしさ」を示す欲求を満足させている。前述のように、娘のマティ・ルーは恋人の子どもを妊娠している可能性が高いのだが、彼女は父の語りでは、夢のなかで「一人前の女」になって隣に寝ている父を誘っているかのようなイメージを与えられ、父親によって「淫らで好色[43]」という白人男性が作った黒人女性のステレオタイプを押し付けられてもいる。現実には、彼女はひと言も発する機会を与えられず、黙々と家事にいそしむだけである。

　声を奪われているのは母親のケイトも同様で、夫の語りのなかでは、怒りを爆発させて夫に銃を向け、堕胎しようとしたことなどが明らかにされているが、現実にはひと言も発することはない。彼女は、夫の語りのなかでは夫に怒りを向けても扶養される身であることには変わりなく、彼が町で手に入れた新しい服や眼鏡を受け取ってもいる。「僕」の語りは、大学関係者と小作人たちとの軋轢を感じさせ、黒人種間の階級問題を明らかにする。「僕」はトルーブラッドの多弁さとその妻子の寡黙さとを比較しながらも、その差に疑問をもつことはない。「彼女たちは、どうも頭がよくない」という説明で片付けて、自分よりさらに絶望的な不可視性に気づく様子もない。トルーブラッドは、白人が望む黒人男性像を語ることで「見える人間」になるが、その妻と娘は、男性が望むままの人生を生きていても、見えないままである。

　上流階級の白人であっても、女性の不可視性は変わることはない。ノートンの娘はすでにこの世になく、父親の回想のなかで語られるだけの存在だが、彼女は死んでもなお、父親の秘めた近親相姦的願望から逃れることができない。彼女は、「混沌を覗きながら、うち滅ぼされていない」トルーブラッドをうらやむノートンの秘めた願望の対象としてだけ存在していて、その意味では、小作人の父が語るマティ・ルーの姿と大差ない。ノートンは娘の写真を常に携帯し、それを「僕」に見せるが、彼女は、永遠に父親の願望の額縁に閉じ込められた「芸術品」でしかない。「あれこそは稀に見る完成された創作物、最高の純粋芸術作品」というノートンの娘を語る言葉は美しいが、彼女は声を発することもできず、男性の所有欲・征服欲を満たす「もの」でしかない。死んでいるだけに、永遠に父親に所有されたままである。

男性の「男らしさ」を確認するための手立てとしての女性という位置づけでは、ブラッドソーの肌の色が薄い美人妻も同様である。彼女は、「優しい感じのクリーム色の顔の美人妻」として言及されるだけだが、夫の社会的・経済的「武勇さ」を証明する「装飾品妻」の立場を強いられている。[44] 彼女は、白人の血が混じっていると思われるその薄い肌の色によって、高い経済力と社会的地位を示す二台のキャデラックと同じ扱いを受けている。その状況に満足しているのか、不満なのか、彼女は声を上げる機会さえないので、知る由もない。

このように作品に登場する女性は、大方のところ、男性の「男性らしさ」を証明するための手段として描かれていて、人間としてその人格を主張する機会が与えられていない。そのため、作者にジェンダーの概念が希薄だったことを批判する批評も多い。例えば、アン・フォルウェル・スタンフォードは、「不可視という修辞が人種差別的なアメリカ社会の批判として強力に機能しているエリソンの『見えない人間』のような小説で、第二の性については、どうしたのだ」[45]と、作品での女性の扱いを批判している。つまり、主人公の「僕」が黒人として社会で受けた差別をそのまま女性たちに向けていることを批判しているのだが、主人公のその姿勢こそが、そのまま二十世紀前半のアメリカのジェンダー秩序を明確に示していると見なせる。『見えない人間』に登場する女性は、白人も黒人も、「僕」よりもさらに不可視の状況にある。それは、「僕」の「人間らしさ」への道が、「男らしさ」の道を追求するものであり、その「男らしさ」が女性たちを踏み台にして確認されていることを示している。

「僕」は、ブラザーフッドでのある演説で「彼らは我われからマンフッド、ウーマンフッドを奪ってきた」と言う。ここでの「マンフッド（manhood）」と「ウーマンフッド（womanhood）」は、「幼年期」や「青年期」という語とともに使われていて、男女ともに「成年期」の人生を意味する。「僕」はスピーチで、人種差別主義者が黒人の人生を奪ってきたと主張するのだが、その彼は、自分が「男らしく」あるために、女性の人生を奪っているか、少なくとも、女性を利用し、踏み台にしているといえる。「僕」は、ブラザーフッドでハーレム地区の主任スポークスマンの役職を解かれて「女性問題」担当になるが、彼の関心は、その問題の本質よりも、そのテーマを使って、団体の運動のなかで「頭角を現していくこと」にある。平等な協働社会を築くために向き合わなければならない女性問題も、自らの社会的「武勇さ」を証明する手段でしかない。それは、「僕」やハーレムの黒人たちをサンボのように操ったブラザーフッドのジャックと重なる姿でもある。

「僕」が利用するのは、ブラザーフッドの幹部の妻であるシビルという名の白人女性である。彼は、団体の機密情報を聞き出そうとするとき、当初、「僕」に黒さが足りないと言ったエマが自分に関心をもっていたことを思い出して、彼女を利用しようとする。だが、彼女が「あまりにも洗練されてもいれば陰謀に熟達している」と考え、その計画を断念している。「ジャックの情婦」としての立場を危うくするようなことをエマがしないと考えての計算でもある。そこで「僕」は、第二の候補として、「僕」の女性問題についての講義に参加していたなかから、「もの悲しそうな、理解されていない既婚女性」のシビルを選ぶのである。

女性問題の講義が彼の個人的な経験に基づいたものと見なして近づいてくる彼女のようなタイプは、通常ならば「疫病」扱いして退けるところなのだがと思いながら、「僕」は、彼女が「不幸であること、大物の妻であること」に目をつけて、彼女を自分のアパートに呼んでいる。彼女が政治には興味を示さず、何も情報をもっていないとわかると、「僕」はさっさとアパートから追い出すことを考えるが、彼女は、黒人男性によるレイプ願望を明らかにする。白人女性のこのような願望は、彼の聴衆の一人であるほかの女性によっても示されていて、黒人男性に付与された「獣のような性的獰猛さ」というイメージがどれほど広まっているかを示しているが、

「僕」は結果的にそれを逆手に取って情報を手に入れようとしたことになる。

「僕」は、女性を利用しようと考えたときに、最初に、エマとダンスをしたときの「ぴったり寄せてくる柔らかな姿態」を思い出している。つまり、彼は、エマの「女らしさ」を好んでいるのだが、結局、その「洗練さ」や「熟練さ」ゆえに彼女を利用するのを断念している。女性に「女らしさ」だけを求めている「僕」には、洗練され熟練した女性は手に負えないと考えたということになる。だが、その彼女さえも、ブラザーフッドでは、一人の成熟した人間として扱われていない。酒を注ぐといった雑用のために使われ、「僕」を団体に勧誘するためにダンスをし、彼の気を引く振る舞いをするようジャックに言われていて、主体をもった人間とは見なされていない。ニューヨークの洗練された白人女性も、男性が利用する便利な「もの」でしかなく、便利なものである場合だけ「見える女性」になる。

「僕」が自らの飛躍のために「利用する」女性として、最も重要な役割を果たしているのは、ハーレムの路上で具合が悪くなった「僕」を家に連れていって介抱し、ブラザーフッドに加入するまで支援しつづけるメアリ・ランボである。「いつも誰かを助けている」というこの大柄で年配の黒人女性は、「僕」を無償で援助し、次のステージに立たせている。彼女は、「僕」が南部出身者として「黒人種に名誉をもたらすことができる」と信じて彼のために料理を作り、部屋を提供するのだが、その黒く大きな身体や、性とは無縁な（asexual）女性であることで、「僕」の「マミー」のような存在として描かれている。マミーとは、白人奴隷主の黒人女性奴隷への性的虐待をカムフラージュするために、奴隷制擁護の小説などで繰り返し描かれた、白人に献身的に尽くすことを喜びとする黒人乳母である。(46) メアリは、「ニューヨークにいるけど、ニューヨークがわたしのなかにいるんじゃない」という発言で主体性を示すが、黒人である「僕」が彼女の言う「女の手の介抱」によって、人生の新しいステージに進んでいることには変わりがない。

黒人乳母は、南北戦争後、古きよき南部の回顧録に登場するとともに、そのイメージは舞台から食品の宣伝に至るまで意図的に広められた[47]。一八九三年に開かれたシカゴ博覧会では、体が大きい年配の黒人女性が台所に居場所をもつ「アーント・ジャーマイマ（Aunt Jemima）」として世界に向けて紹介されてもいる[48]。黒人女性が工場労働などから締め出されて働く場所が白人の家庭などに限られていくなかで、彼女たちの居場所が台所で、本人もそれを幸せと考えているようなイメージが商業目的で植え付けられたのである。サンボの女性版ともいえるイ

図3　パンケーキ粉の宣伝として1890年代に使われたデイヴィス製粉会社のポスター
（出典：Kimberly Wallace-Sanders, *Mammy: A Century of Race, Gender, and Southern Memory*, University of Michigan Press, 2009, pp. 78-79.）

写真8　「僕」が学んだ大学のモデルともいうべきタスギーギで学ぶ黒人の男女。午前中アカデミックな科目を学び、午後に訓練科目を学んだといわれる
（出典：Moore, *op.cit.*, p. 31.）

メージが二十世紀前半に拡散されていくのだが、『見えない人間』で「僕」に料理を作り続けるメアリもこのイメージを背負っている。彼女の姓がランボであるところからも、一層そのイメージが強化される。

例えば、黒人女性作家のトニ・モリソンの『タール・ベイビー』（一九八一年）やアリス・ウォーカーの『カラー・パープル』（一九八二年）では、「乳母化」されることに怒りを示す黒人女性が描かれるようになるが[49]、『見えない人間』では、闘いの矛先が白人優越主義の社会にだけ向いているため、「僕」は自分よりもさらに下位に置かれている黒人女性を見ていない。メアリの献身を受けて人種差別主義と闘うだけで、ブラザーフッドで「女性問題」を担当しながらも、性差別主義を理解しているとは言い難い。

『見えない人間』の「見えない女性たち」については、「僕」が通っていた大学の女子学生たちの描写がいみじくも象徴している。「僕」が学んだ大学は男女共学だが、女子学生は、「美しい」と「僕」が形容するキャンパスを「美しく」彩っているだけである。「鮮やかな夏の服装をして散歩する女子学生の姿」や「女子寮の前を曲がりくねって過ぎてゆく禁じられた道を歩いた」ことなど、美しいキャンパス風景の一部として「僕」が思い出すだけの存在である。男女共学の大学であるにもかかわらず、三年間の「僕」の大学生活で女子学生の記述はこれだけしかない。「僕」は、ブラザーフッドについて、「皮膚の色はなんらの相違もきたさない」と思って自分を受け入れてくれたと思っていたが、「皮膚の色も人間も目にしていないからこそ、なんらの相違も感じていなかったのだ」と思うに至る。だが、彼自身、女性の皮膚の色も人間も全く目にしていない。女性は、「僕」にとって、黒人であれ白人であれ、自らの社会的「武勇さ」を確認するための手段でしかない。

作者のエリソンは、「僕」の黒人としての自己探求の記録を、アメリカ文学の遺産のなかに位置づけることを意図して『見えない人間』を執筆したと思われる。そのことは、「僕」の探求が、黒人口承文化の伝統とともに、ラルフ・ウォルドー・エマソン、ハーマン・メルヴィル、マーク・トウェインなど、十九世紀を代表する白人文学者の作品と関連づけられていることに表れている。主人公の探求の記録は、この作品が一九五三年に全米図書賞を受賞していることでも証明されるように、黒人の抵抗文学という枠を超えた、人間存在を希求するアメリカ文学作品として評価されている。だが、その希求の記録のなかで、女性たちは、「僕」たち男性の「男らしさ」を確認するための手段としてだけ存在していて、「僕」よりもさらに「見えない」存在になっている。人種を超え、ジェンダーを超えて、強力な白人優越主義の家父長主義社会との闘いに挑む作品が書かれるのは、先に言及したモリソンやウォーカーなどの黒人女性作家の登場まで待たなければならないということなのかもしれない。

注

(1) 本章では、差別用語については初出時に括弧に入れ、その後はそのまま使用する。作品の表記法に従うことで、当時の差別的状況を明確に示すためである。

(2) Ralph Ellison, *Invisible Man*, Modern Library, 1994.『見えない人間』からの引用はすべて本書による。引用部分の日本語訳は、エリスン『見えない人間 1』『見えない人間 2』(橋本福夫訳〔「黒人文学全集」第九巻・第十巻〕、早川書房、一九六一年)を借用。ただし、文脈に沿わせるためなどの理由によって、変更を加えた箇所もある。

(3) 橋本福夫「あとがき」、前掲『見えない人間 1』所収、三三八ページ

(4) W. E. B. Du Bois, *The Souls of Black Folk*, Oxford University Press, 2007, p. 8. 引用部分の日本語訳は、『黒人のたましい』(木島始/鮫島重俊/黄寅秀訳〔岩波文庫〕、岩波書店、一九九二年)を参照。

(5) 萩原弘子「黒人男性性(ブラック・マスキュリニティ)——黒人フェミニストの視点」「現代思想」一九九七年十月号、青土社、二二一ページ

(6) Andrew Kaye, "Battle Bind': Atlanta's Taste for Black Boxing in the Early Twentieth Century," *Journal of Sport History*, 28(2), 2001, p. 218.

(7) 坂下史子「「苦悶する黒い身体」——モハメド・アリを記憶する」、立教大学アメリカ研究所編「立教アメリカン・スタディーズ」第三十九号、立教大学アメリカ研究所、二〇一七年、一六五—一六六ページ

(8) 同論文一六六ページ、Kaye, *op.cit.*, p. 226.

(9) 同論文一六六ページ

(10) Ida B. Wells Barnett, "Lynching and the Excuse for It," *The Independent*, May. 16, 1901. (https://digital.lib.niu.edu/islandora/object/niu-gildedage%3A24185)〔二〇一九年七月十七日アクセス〕

(11) LeeAnn White, "Rebecca Latimer Felton and the Wife's Farm: The Class and Racial Politics of Gender Reform," *The Georgia Historical Quarterly*, 76(2), 1992, pp. 368-372, Jacquelyn Dowd Hall, "'The Mind That Burns in Each Body': Women, Rape, and Racial Violence," in Ann Snitow, Sharon Thompson and Christine Stansell eds., *Powers of Desire: The Politics of Sexuality*, New York Monthly Review Press, 1983, p. 335, Gail Bederman, *Manliness and Civilization: A Cultural History of Gender and Race in the United States, 1880-1917*, University of Chicago Press,

1996, p. 47.

（12）John F. Callahan, ed., *The Collected Essays of Ralph Ellison: Revised and Updated*, Modern Library, 2003, p. 216.「カースト」とは「血統」を意味するポルトガル語「カスタ」に由来する語で、十五世紀の大航海時代にポルトガル人がインドで見た階級制度にその語を当てはめたといわれる。エリソンが生まれた身分によって階級を分けるカーストという語を用いてバトルロワイヤルを捉えているのは、「すべての人間は平等に作られている」と宣言して独立国家になったアメリカが、二十世紀になっても、黒人に生まれた者はその生まれの「悪運」を白人によって認めさせられる儀式がおこなわれていたことに対する怒りからだろう。Julian Pitt-Rivers, "On the Word 'Caste'," in Thomas O. Beidlman, ed., *Translation of Culture Essays to E. E. Evans-Pritchard*, Psychology Press, 2001, pp. 231-256.

（13）Louis R. Harlan ed., *The Booker T. Washington Papers: Volume 3, 1889-95*, University of Illinois Press, 1974, p. 586.

（14）兼子歩「ブッカー・T・ワシントンのリンチ批判——二〇世紀転換期アメリカ南部における人種・ジェンダー・階級」、北海道大学大学院文学研究科西洋史研究室編「西洋史論集」第十二号、北海道大学大学院文学研究科西洋史研究室、二〇〇九年、五六ページ

（15）Mark Twain, *Adventures of Huckleberry Finn*, Culley Bradley, Richmond Croom Beatty and E. Hudson Long eds., Norton, 1977, pp. 86-88.

（16）Paul Hoch, *White Hero, Black Beast: Racism, Sexism and the Mask of Masculinity*, Pluto Press, 1979, p. 45, R. W. Connell, *Masculinities*, University of California Press, 1995, p. 75.

（17）James B. Lane, "Underground to Manhood: Ralph Ellison's *Invisible Man*," *Negro American Literature Forum*, 7(2), 1973, p. 63.

（18）Thomas Schaub, "Ellison's Masks and the Novel of Reality," in Robert O'Meally ed., *New Essays on* Invisible Man, Cambridge University Press, 1988, p. 138.

（19）Ralph Waldo Emerson, *The Selected Writings of Ralph Waldo Emerson*, William H. Gilman ed., Signet Classics, 1965, p. 65, p. 277, David Hackette Fischer, *Liberty and Freedom: A Visual History of America's Founding Ideas*,

Oxford University Press, 2004, p. 255.

(20) Callahan, *op.cit.*, p. 194.

(21) Frederick Douglass, *Narrative of the Life of Frederick Douglass, An American Slave, Written by Himself, The Portable Frederick Douglass,* John Stauffer and Henry Louis Gate Jr. eds., Penguin, 2016, p. 63. 引用部分の日本語訳は、フレデリック・ダグラス『数奇なる奴隷の半生――フレデリック・ダグラス自伝』(岡田誠一訳〔りぶらりあ選書〕、法政大学出版局、一九九三年)を参照。

(22) bell hooks, *Black Looks: Race and Representation,* South End Press, 1992, p. 90.

(23)「法律を守る人びと(a law abiding people)」という表現は、ダグラスのスピーチにもみられる。アフリカ人を祖先にする者は、奴隷であるか否かにかかわらず、アメリカ市民になれないとしたドレッド・スコット判決について、一八五七年五月に、ダグラスがニューヨークのアメリカ反奴隷制協会でおこなったスピーチに「北部の人びとは、法律を守る人びとです」という一節がある。Frederick Douglass, *Frederick Douglass: Selected Speeches and Writings,* Philip S. Foner and Yuval Taylor eds., Lawrence Hill Books, 1999, p. 352.

(24) Joseph Boskin, *Sambo: The Rise and Demise of an American Jester,* Oxford University Press, 1986, p. 38.

(25) Joel Williamson, *The Crucible of Race: Black-White Relations in the American South Since Emancipation,* Oxford University Press, 1984, p. 22.

(26) *Ibid.*

(27) *Ibid.*

(28) Kenneth M. Stampp, "Rebels and Sambos: The Search for the Negro's Personality in Slavery," in Susan Friedman ed., *Readings in American History: Bicentennial Edition Volume 1,* Duskin Publishing, 1975, p. 167.

(29) Edmond Botsford, *Sambo and Toney: A Dialogue between Two Servants,* American Tract Society, 1808, p. 2.

(30) Dickson D. Bruce, Jr., *The Origins of African American Literature, 1680-1865,* University of Virginia Press, 2001, p. 113.

（31）Lester B. Shippee ed., *Bishop Whipple's Southern Diary, 1834-1844*, University of Minnesota Press, 1937, p. 13, Boskin, *op. cit.*, p. 42.

（32）Harriet Beecher Stowe, *Uncle Tom's Cabin*, Elizabeth Ammons ed., Norton, 1994, p. 284. 引用部分の日本語訳は、ハリエット・ビーチャー・ストウ『新訳 アンクル・トムの小屋』（小林憲二監訳、明石書店、一九九八年）を参照。

（33）Kenneth W. Goings, *Mammy and Uncle Mose: Black Collectibles and American Stereotyping*, Indiana University Press, 1994, p. xix.

（34）hooks, *op.cit.*, pp. 89-90.

（35）Harriet Jacobs, *Incidents in the Life of a Slave Girl*, Nellie Y. McKay and Frances Smith Foster eds., Norton, 2001, pp. 38-39, p. 45. 引用部分の日本語訳は、ハリエット・ジェイコブズ『ハリエット・ジェイコブズ自伝――女・奴隷制・アメリカ』（小林憲二編訳、明石書店、二〇〇一年）を参照。

（36）ホメロス『オデュッセイア』上、松平千秋訳（岩波文庫）、岩波書店、一九九四年、二三一ページ

（37）Herman Melville, "Benito Cereno," in George Hendrick and Willene Hendrick eds., *Two Slave Rebellions at Sea: 'The Heroic Slave' by Frederick Douglass and 'Benito Cereno' by Herman Melville*, Wiley-Blackwell, 2000, p. 112. 引用部分の日本語訳は、ハーマン・メルヴィル「漂流船」（『書記バートルビー・漂流船』牧野有通訳〔古典新訳文庫〕所収、光文社、二〇一五年）を参照。

（38）Keiko Noguchi, "Herman Melville's 'Benito Cereno': An American Narrative of the 'Slumbering Volcano'," 津田塾大学紀要委員会編「津田塾大学紀要」第四十八号、津田塾大学紀要委員会、二〇一六年、三一ページ

（39）Callahan, *op.cit.*, p. 214.

（40）Herman Melville, *The Confidence-Man: His Masquerade*, Norton, 1971, p. 1. 引用部分の日本語訳は、ハーマン・メルヴィル『詐欺師・八面相』（山本雅訳、成美堂、一九八三年）を参照。

（41）Lane, *op.cit.*, p. 65.

（42）Ifrah Mohamed, "Ralph Ellison's Invisible Women: A Comparison of Invisibility Between the Invisible Man and

Selected Female Characters in Ralph Ellison's *Invisible Man* (1952)," Karlstads Universitet, 2014, p. 11.（http://www.diva-portal.org/smash/get/diva2:747444/fulltext01.pdf）［二〇一九年七月十八日アクセス］

（43）Deborah Gray White, *Ar'n't I a Woman?: Female Slaves in the Plantation South*, Norton, 1999, p. 30.

（44）Thorstein Veblen, *The Theory of the Leisure Class: An Economic Study of Institutions*, George Allen & Unwin, 1924, p. 180.

（45）Ann Folwell Stanford, "He Speaks for Whom?: Inscription and Reinscription of Women in *Invisible Man* and *The Salt Eaters*," *MELUS*, 18(2), 1993, p. 17.

（46）山口ヨシ子「奴隷制擁護の小説とマミーの身体——「反アンクル・トム小説」から『風と共に去りぬ』へ」、神奈川大学人文学研究所編、笠間千浪責任編集『〈悪女〉と〈良女〉の身体表象』（神奈川大学人文学研究叢書）所収、青弓社、二〇一二年

（47）White, *op.cit.*, pp. 47-61.

（48）Patricia A. Turner, *Ceramic Uncles and Celluloid Mammies: Black Images and Their Influence on Culture*, Anchor Books, 1994, p. 44.

（49）Toni Morrison, *Tar Baby*, Plume, 1987, p. 170, Alice Walker, *The Color Purple*, Pocket Books, 1982, p. 90、吉田廸子「沈黙から対話へ——南部文学における眼差しと語りに関する一考察」、吉田廸子編著『他者・眼差し・語り——アメリカ文学再読』所収、南雲堂フェニックス、二〇〇五年、六〇ページ

第６章　母、マジョリティ、減退する性

――ロマン・ガリと男性性

熊谷謙介

はじめに

ロマン・ガリというフランス人作家を知っているだろうか。フランスでもアメリカでもベストセラーを出し、フランス語も英語もポーランド語も使って創作活動をおこなった小説家、フランス最大の文学賞であるゴンクール賞を、生涯一度と決まっているのに、二度受賞してしまった男。ヌーヴェル・ヴァーグのスター女優のジーン・セバーグと二十四歳の年の差を超えて結婚し、彼女の謎の死後、「いっぱい楽しんだ、ありがとう、さようなら」と書き残して自殺をするという最期……。波乱に満ちた人生であり、第二次世界大戦での航空士としての活躍もあって、「英雄」「冒険家」「プレイボーイ」という称号が似合う男である。そのためその男性的な側面にばかり注目が向きがちのように思われる。

ところが、ハードボイルド的な要素を期待してその作品を読み進めていくと、彼の男らしさの表象はきわめて

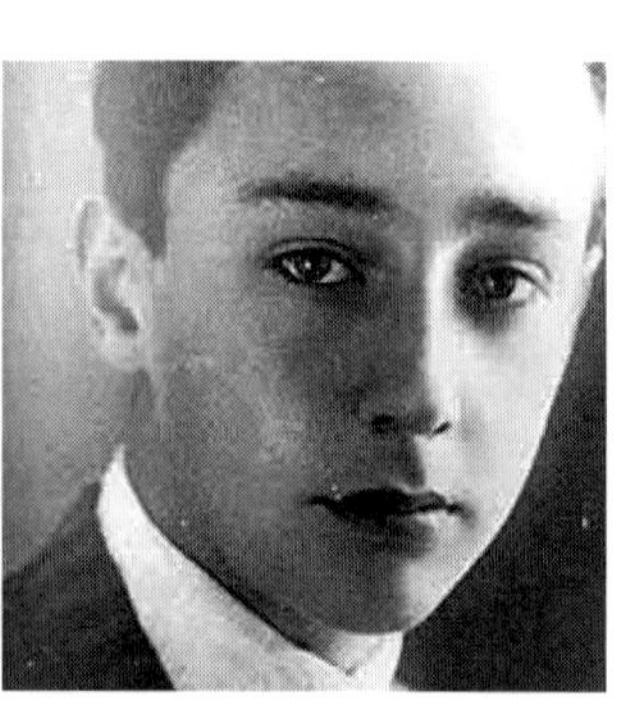

写真1　少年期のロマン（12歳）
（出　典：Maxime Decout, *Album Romain Gary*, Gallimard, 2019, p. 21.）

多様な姿を示していることがみえてくる。「ロマン・ガリ」という名を仮面のようにかぶったこの「男」は、どのようにその数奇な人生を送り、その豊饒な作品群のなかで、世にいう「男性性」を問うていったのか。

レイウィン・コンネルの『マスキュリニティーズ』[1]（一九九五年）はそのタイトルが示すとおり、男性性が一枚岩のものではなく、優勢な男性性の周縁にマイナーな男性性を従属させる構造を形作ってきたことを示した労作だった。この構造に加え、「年上／年下」「民族（人種）」「階級」といった変数や、男性が周囲の人々と結ぶジェンダー関係を含み入れて、本章ではロマン・ガリの人生と文学を複数の男性性という視座から読み解いてみたい。彼の人生と作品は、この点できわめて特異であり、かつ、二十世紀世界史が生み出した「普遍的な」男性像もまた示していると考えるからである。

ロマン・ガリとユダヤ・アイデンティティ

ロマン・ガリことロマン・カチェフは、一九一四年にロシアに生まれた。子ども時代を現在のリトアニアの首都であるヴィーリニュスで過ごす。両親ともユダヤ系であり、父親とされるアリエ＝レイブ・カツェフはロマンの生後すぐに母親と別れ、ロマンは父親の顔を見ずに育つことになる（写真1）。

息子を一人で育てた母親ミナの強烈なパーソナリティは、自伝的小説『夜明けの約束』（一九六〇年）で描かれることになる。ヴィーリニュスはリトアニアのエルサレムとも呼ばれたユダヤ文化の一大中心地だったが、第一次世界大戦期にはドイツに占領され、その後ポーランドに侵攻されるなど、ユダヤ系住民はその時々の支配者からたび重なる迫害、いわゆるポグロム（ユダヤ人集団迫害）を受けてきた。そうしたなかロマンと母は、シナゴーグに出入りしない非実践的信者であり、ユダヤ人コミュニティからも距離を置かれる存在だった。不在の父に対する絶対的存在としての母、そしてユダヤのアイデンティティとのアンビバレントな関係といった要素については、男性性の観点からも注目すべきだろう。

『夜明けの約束』では、息子にフランスへの愛を植え付け、フランス語で話しかける母親が強い印象を残す。ついに母子は苦しい人生を抜け出そうと、ワルシャワを経て、一九二八年にフランスのニースへと移住する。大学生活を送りながら文学誌に作品を発表する時期を経てロマンはフランス空軍に入隊するが、彼は訓練生のなかで例外的に将校になることができなかった。フランスに帰化して間もないというのがその理由だったが、ユダヤ系だったこともその背景にあったと考えられる。

写真2　航空士時代のロマン
（出典：*Ibid.*, p. 38.）

一九四〇年、「祖国」フランスがナチス＝ドイツに敗れると、ロマンはシャルル・ド・ゴール指揮下の「自由フランス」に参加し、第二次世界大戦を航空士として戦うことになる（写真2）。戦後、ロマン・ガリの名前で作品を次々と発表しながら、ブルガリアやアメリカで外交官、国際連合代表、領事としても活動していくが、彼のド・ゴールへの忠誠は終生変わらなかった。ド・ゴールそしてフランスに、ロマンが失われた〈父〉の身代わりをみたのかどうかは考察する必要があるだろう。

作家ロマン・ガリの誕生

実質的なデビュー作である『ヨーロッパ教育』（一九四四年）をはじめとするガリの作品には、二十世紀の戦乱を背景として多様

写真3　ジーン・セバーグとロマン・ガリ、1961年
（出典：*Ibid.*, p. 105.）

なアイデンティティの登場人物がせめぎあうという特徴がある。その典型になるのは、イディッシュ文化に伝わる憑依霊ディブクをモチーフにした、ドイツの将校＝蛮族（チンギス）にユダヤ人の霊（コーエン）が取り憑くという物語、『チンギス・コーエンのダンス』（一九六七年）だろう。

野生動物保護をテーマにした先駆的な作品『天国の根』（一九五六年）で、フランス文学を代表するゴンクール賞を受賞するが、英語、ロシア語、ポーランド語でも作品を執筆し、また自作を自ら翻訳するなど、その多言語性も「フランス」の作家としては稀有である。内容でも言語でも、ロマン・ガリの文学世界では、舞台上で早変わりする仮面劇のように、変幻自在なアイデンティティのダンスが上演されているといっていいだろう。

外交官としてアメリカで活動するガリは、一九六二年、アメリカ人女優ジーン・セバーグと結婚する（写真3）。彼女には『悲しみよこんにちは』（監督：オットー・プレミンジャー、一九五八年）や『勝手にしやがれ』（監督：ジャン＝リュック・ゴダール、一九五九年）でみせた、ショートカットでボーイッシュな「新しい女」というイメージが強いが、社会の不正義に対して強く反発し、のちにブラックパンサーに代表されるラディカルな黒人解放運動に協力し、ＦＢＩによってスキャンダルを捏造され、変死を遂げたことについては、あまり知られていないように思われる。[2] 十年の結婚生活ののちに二人は離婚するが、七九年に彼女が亡くなるまでガリは彼女に絶えず支援を続けた。『ホワイト・ドッグ』（一九七〇年）は、このような黒人解放運動とハリウッドの名士たちの関係をめぐる実録的で寓話的な物語だが、そこに映し出されるのは、抑圧者にも被抑圧者にもみられる男性性への執着という問題である。

「ロマン・ガリ」の死

ロマン・ガリがフランス文学史上初めて起こした（犯した）事件は、前述したように、ゴンクール賞を二度受賞したことである。一九七四年、ガリはエミール・アジャールというペンネームで正体不詳のまま作品を発表し、『これからの人生』という作品で二度目のゴンクール賞を受賞したのだ。

彼の偽名への執着はアイデンティティの攪乱を狙ったものではあるだろうが、叔母の孫のポール・パブロヴィッチを代理に立てて「エミール・アジャール」と名乗って作品を発表したのは、すでに初老を迎えていたガリが若年者として「生き直し」を試みたからなのではないか。アジャール名義の作品が批評家から好評だったのに対して、初老の男性の性を扱い、低い評価に甘んじることになったガリ名義の作品『ここより先チケットは無効』（一九七五年）は、「プレイボーイ」ガリが男性性の減退を取り上げたという点で、再読されるべき作品だろう。

ジーン・セバーグが謎の死を迎えた一年後、一九八〇年十二月二日に、ロマン・ガリはピストル自殺を遂げる。遺書には「ジーン・セバーグとは何の関係もない」と書かれていた。死の翌年公表され、ゴンクール賞受賞の真相を明らかにした『エミール・アジャールの生と死』は、「いっぱい楽しんだ、ありがとう、さようなら」と閉じられている。文字どおり波瀾万丈のガリの人生からは、自らの死までも演出してしまうダンディーとしてのガリ、英雄であり絶世の美女を愛し続けた「男のなかの男」としてのガリ、一つのアイデンティティに安住することなく世界中を駆け巡った冒険者としてのガリの姿が浮かび上がってくる。しかし、こうしたいわゆる男性性がみなぎるイメージ群の陰には、また別の男性性が秘められているのではないか。その解明には、作家の人生だけでなく、その作品世界を分析することが求められるだろう。

以下に示すのは、『夜明けの約束』『ホワイト・ドッグ』『ここより先チケットは無効』という、それぞれ性質を異にした三作品に表れている、ロマン・ガリの男性表象の解明である。

「ヒーロー」「プレイボーイ」ガリ？

しかしその前に確認しておきたいのは、ガリの女性観である。「あの、私が愛した女性たち」（一九七四年）という、いかにもプレイボーイの女性遍歴を惹起するようなタイトルの論考がある。だが、そうしたイメージに反してガリが語っているのは、永遠の女性性への渇望といったものなのだ。

文明の価値のうち、女性性、優しさ、同情、弱さに対する敬意、非暴力などの概念でないものなど、一つとして存在しないと言っておこう。子どもと文明の最初の関係というのは、子どもと母の関係であると言えるのだ。[3]

ここでいう女性性とは、男性が奪い取る性的対象ではなく、むしろそのなかに抱かれることの安らかさを指すものであり、母性といってもいいだろう。「文明」を男性による支配と暴力の論理に代表させるのではなく、母親による「優しさ」という語で定義する点が興味深いが、それを体現した世界史上まれな存在としてガリが挙げているのが、イエス＝キリストであり、[4]哀れみ、許し、寛容、弱者への愛、献身、自己犠牲という言葉が、その形容として並ぶのである。

男性性の徹底的批判、あるいは女性性の神話化？

こうした女性性の過度の賛美は、それを体現しない現実の女性への失望を導く危険性がある。アメリカの一九六〇年代の女性解放運動を目の当たりにしたガリは、そうした運動には「女性の男性化」が潜んでいると断じている。ガリによれば、女性が男性と平等の権利を求めて「男並み」を目指すのは、「女性の男性化」にほかならない。「女性は打ち負かされ、裏切られ、あきらめ、その結果男性化している。それは男性性という価値を認めることにほかならないのであり、マッチョ主義の勝利にすぎない[5]」というのである。

ガリはむしろ「男を変える」べきだと主張するのだが、こうした考えが女性解放のブレーキとしてはたらくことは否定できないだろう。「すべての革命は、男性的な声をした「マッチョな」口調で張り上げられてしまうものである」とまでいうガリは、男性性へのアレルギーが強いあまりに、女性を取り巻く体制の維持に結果的に加担しているといえなくもない。しかし、こうした意見を、ド・ゴールにくみしつづけたガリの政治的立場から分析するよりも、革命の機運に盛り上がる群衆の「正義」に、彼が生理的に感じたことから考えるべきだと思われるが、それはあとで述べることにしよう。

どちらにしても、こうした言説は、男性性の否定・女性性の渇望が現実の女性への嫌悪につながるケースとして取り上げることができる。例えば、現代フランス文学を代表するミシェル・ウエルベックもまた、作品内で「女のほうが男より善良なのだ。女の方が優しく、愛情に満ち、思いやりがあって温和。暴力やエゴイズム、自己主張、残酷さに走る度合いが男よりは低い」（『素粒子』）と語りながら、同時に女性を、家庭のなかにいて男性に優しさを提供するような存在へと帰着させている[6]。

その一方で、女性のなかにも秘められた男性性＝暴力があることを指弾する姿勢は、男性／女性というそれぞれのアイデンティティが確固としてあり、その二項対立で女性を賛美するという立場とは区別されるべきだろう。ガリは別のところで、ナチズムは「人間的」であるという逆説的な言葉を残している。「ナチは人間的であった。そして彼らのうちに存在する人間的なものとは、彼らの非人間性であった[7]」という逆説によって、「ドイツ人のうちに存在する犯罪的なものとは〈人間〉であるという方程式を成立させるのだ。

ガリの女性性の志向にも、これと同様の図式がみられる。すべての人間に含まれる非人間性から目を逸らしてはならないと指摘しているように、ガリは自らも、女性のなかにも「男性性＝絶対への志向」があることを批判している。それは権力への意志に対して懐疑的な視線を注ぎ続けることであり、ガリの作品を特徴づける自虐的ユーモア――ユダヤ的ユーモアには還元されないもの――とも関連づけられるものではないか。ガリはユーモアについて次のように述べている。「誰もこの武器を私から奪うことはできなかったし、私も好んでこの武器を自分自身に向けて使うようにした。「私」を通じて、私たちの根源的な条件を攻撃することができるからだ。ユーモアとは人間としての誇りの宣言であり、人間が自分の身に起きることに対して優位であることの確認である。ユーモアのかけらもないわが「友人」たちは、私が物を書いたり発言したりする際に、この決定的な武器をいつも自分に向けているのを見て悲しんでいる。（略）実際には「私」など存在しないのだ[8]」

1 母と息子――『夜明けの約束』

「母もの」と呼ばれる作品は洋の東西を問わずみられる「人気の」ジャンルだが、息子からみた母親像が多く取り上げられる傾向があり、男性の「マザコン」的な意識がその人気を支えているともいえるだろう。『夜明けの約束』も、ガリ自身が訳した英語版がアメリカでベストセラーとなり、フランスでも多くの読者を獲得した。二〇一七年には長らく待たれた邦訳も刊行[9]され、ピエール・ニネとシャルロット・ゲンズブール主演で、二度目の映画化も果たした（邦題は『母との約束、二五〇通の手紙』〔監督：エリック・バルビエ、二〇一七年〕）（写真4）。

ユダヤ系ロシア人移民の母と息子がポーランドやフランスでたどる波乱に満ちた運命は、二十世紀前半のヨーロッパの歴史を背景として解明されるべきものだが、主人公である息子ロマンの立場から自伝的に語られる母ニーナ（実際の母の名前はミナ）の激しい愛は、彼のうちにある「男性性」についての思考にどのような影響を及ぼしたのだろうか。まずはガリの記述を追っていこう。

海辺の光景／出征の光景

冒頭、「これで終わりだ」という不意をついた言葉から始まるのは、カリフォルニア州ロサンジェルスとサンフランシスコのあいだにある浜辺ビッグ・サーの情景である。海辺に横たわり、過去に思いをめぐらそうとする語り手に、アザラシやペリカンなど海辺の動物たちが近づいてくる。「あともう少しでアザラシが顔の上にとまり、私の首や腕に身体をこすりつけ、私をすっぽり包み込んでくれるのではないか……四四歳になったいまも私は根本的な優しさというものを夢見てしまう[10]」

写真4　映画『夜明けの約束』のピエール・ニネとシャルロット・ゲンズブール
（出典：*Ibid.*, p. 92.）

動物たちがもたらしてくれる包み込むような「優しさ（tendresse）」は、これから始まる物語に対して何を示唆しているのだろうか。時系列順に回想を繰り広げる前に、語り手は母・息子の関係を象徴する光景から描き始める。それはすでに青年となり戦地への出征を迎えたロマンの目の前に、母が別れを告げにくる場面である。多くの仲間に冷やかされ、恥ずかしさに耐える息子に、母は言い放つ。

男の世界に許されないはずの母親が現れたことに私はいらだち、まごついた。「いかつく」て、「ホンモノ」で、「筋金入り」という評判をやっとのことでものにしたところだったからだ。

なるべく冷淡に、見下したようなふりをして、母を抱きしめた。（略）彼女はみんなに聞こえるような大声で、強いロシア語なまりで叫んだ。「ギヌメール！　おまえは第二のギヌメールになるんだよ……！　今に見ててごらん、おまえのかあさんはいつも正しいんだから！」[11]

「男の（viril）」世界を表す「いかつい（dur）」「ホンモノ（vrai）」「筋金入り（tatoué）」という形容詞は、当時フランスの民衆に愛された歌手フェルナンデルの歌のサビで連呼された言葉だった。[12] このような男性的とされる空間に割って入るのは、母の強烈な予言であり、命令である。「おまえは……になるんだよ（Tu seras）」は、この作品のタイトルである「夜明けの約束」、すなわち人生の最初から母に誓わされた約束であり、使命を告げるものである。第一次世界大戦の英雄ジョルジュ・ギヌメールであれ、その後に続く「ダヌンツィオ」（イタリア詩人にして戦時の英雄）や「フランス大使」であれ、次々と母から課された重荷に対して、「男らしさ」をなかなか獲得できない息子が覚える葛藤が、この作品の通奏低音なのだ。「私は母の肩を抱きながら、これから彼女のためにたたかう戦場のことを思い、人生の夜明けに自分に課した約束のことを思った。それは母に報い、彼女が犠牲にしてきたことに意味を与えてから、いつか家に戻ることだった」[13]

このような「息子の帰還」という物語の枠組みは、オデュッセイアのような神話的背景も喚起するものだが、彼の人生は、母の重い愛に対する返礼という難題を突き付けられるものとなる。そして家に戻った彼を抱き締めるであろう母の愛は、「私を包む母の優しさ（la tendresse maternelle）」[14] として語られる。実際、作品の終盤で航空士として転戦するロマンは、冒頭と同様に鳥のメタファーを借りて、女性的な優しさに庇護を求めようとする。

私は心の底から動揺し、誰かの愛情と庇護を必要としていた。それはあまりにも長いあいだ、母鳥の翼に慣れすぎてきたせいだった。何か女性的で天上的な優しさ（tendresse）に見守られているのを感じたいというよくわからない願望とともに残された私は、一瞬たりとも離れない彼女のイメージに全面的に身をゆだねた。[15]

激情的でまた奇矯にもみえる母の言動もまた、動物たちの「優しさ」、つまりガリが女性性として尊ぶ「同情」「柔弱さ」「自己犠牲」に帰着するものなのである。

〈父〉の抹消？

このように強烈な個性によって読者に強い印象を残す母親だが、それに対して父親については、「私が生まれて間もなく母と別れた」（第十四章）とあっさりと書かれるだけで、その存在が物語に直接影響することはない。唯一登場するのは、第二次世界大戦中、強制収容所のガス室で殺されたと思われた父親が、実際はそこにたどりつく前に、恐怖のあまり硬直して死んでしまったという話を、戦後ロマンが耳にするという挿話である。

実際のロマンの父アリエ＝レイブ・カツェフは、ゲットーの接収の際に銃殺されるという最期を遂げている。なぜガリは父の死に対して、このような二重の虚構の操作を施したのか。一見すると、死を非英雄的なものにすることによって、ガリが母を捨てた父に対して復讐しているようにも解釈できる。その前の章で、母とド・ゴール将軍を並べて語っていたことを考えるなら（「人生を通じて、フランスについて同じ口調で話す人に、私は二人しか会ったことがない。それは私の母とド・ゴール将軍である」[16]）、実際の父は権威を失墜し、フランスの「国父」となるド・ゴール将軍に取って代わられるというストーリーが描けるかもしれない。[17]

しかし、「ガス室で死ぬなんて死に方をした人間は私にとって理解しがたい異邦人だったが、その日以来、彼は私の父になった」[18]と述べていることからすると、むしろこれには、否認していた父の存在を肯定する意味があったのではないか。歴史的でも劇的でもない形に改変された最期はむしろ、マッチョ的な価値観に対するガリの距離感を示すものであり、恐怖という感情を父に与えることで、父を哀れみや自己犠牲という女性性に付与された価値観のほうに引き寄せたといえる。[19] このような父の存在は、紙幅は大きく割かれていないかもしれないが、母―息子間では相続されないような、「父性」といったものを含み込んでいるのではないか。これについては『ここより先チケットは無効』を分析する際に再度考えてみたい。

共依存関係の母と息子？

ロマン少年は母から音楽家や俳優、画家、プレイボーイ、ヴァーツラフ・ニジンスキー（！）といった夢を次々と浴びせかけられては、才能の欠如にぶつかって挫折を繰り返していくのだが、ただ一つ続けられたものとして、文学があった。ガリの言葉を借りれば、「文学こそは、この地上でどこに身を隠せばいいのかわからない者たちの、最後の避難所[20]」なのであった。母に捧げるべき「傑作を物したいという憧れ[21]」にとらわれて、唇が震え、うめきだすほどだったが、うめくかわりの行為が文学になったのである。

この「傑作（chef d'œuvre）」は一方で、ロマンの人生そのものといえる。大学に入学したあとも、糖尿病をおして働く母に経済的にも心理的にも依存せざるをえないロマンは、自分を「男らしくない」と認める。

> 私はもう十九歳だった。（略）ひどく苦しかった。自分など男ではないという気持ちが、だんだんと強迫観念のように取り付き、自分の男らしさを確認しようとした多くの先人たちと同じように、その気持ちと闘った。（略）自尊心や男らしさ、尊厳などといったものは問題になるはずもなかった。私の未来の伝説こそが母を生かしていたのだ。[22]

自立の概念を、「男らしさ（virilité）」や自意識（「自尊心〔amour-propre〕」）と結び付けるのはしばしばみられることであり、この言葉は作品冒頭の出征前の光景も想起させる。さらに、自立とは自らが「傑作」になるということを意味するのであれば、それは母の夢をかなえることであり、本来の意味での自己充足、すなわち自己実現を意味しないことになる。こうしたダブルバインドによって、母はロマンの自立、すなわちここでいわれる「男らしさ」の成長を阻む存在として、立ちはだかりつづけるのである。

一方で、「私の未来の伝説こそが母を生かしていたのだ」と述べていることにも、注意が必要である。息子は母に依存して生きているが、母も息子の将来に依存していまを持ちこたえている、という認識である。これは別の箇所では、「何かを奪うときに与えるような気分にさせ、何かにもたれているときに支えているような気分にさせてくれた[23]」という逆説的な表現によって語られている感情である。

心理学でいう「共依存関係」と分析されそうな状況だが、そのあとの箇所で「もし私の書く本が尊厳や正義への呼びかけに満ちているとしたら、また、人間であることの誇りをこれほど何度も高々と讃えているとしたら、それはたぶん二十二歳になるまで、病身で働きすぎの年老いた女性の仕事のおかげで生きていたからだ[24]」と述べているように、ここにはガリが一貫して語り続けた人間性への深い認識があるように思われる。他者に依存せず、自己の完全な理性によって、自律的に判断する存在として人間を捉えるのではなく、他者に身をゆだね、自己統御せず、迷い揺れ動き続ける不完全な存在として人間を捉えるという態度である。前者を男性性に、後者を女性性に寄せて考えるならば、ガリはすでにみたように、男性性を嫌悪し、女性性を志向しているといえるだろう。

芸術作品としての人生

一方で、「傑作を物する」という使命は、第二次世界大戦という時代の荒波にあって、戦闘員として戦争に身を投じることにロマンを導くことになる。フランス降伏後、停戦協定を無視して北アフリカに危険を顧みずに向かうロマンは、いままでも、そしてこれからも自分の人生を突き動かしつづけていくものについて、次のように語る。

私に何も起こらないことはわかっていた。驚嘆すべき愛の力が私を見守っていたからだ。私は傑作好きなのだ。人生を創作中の芸術作品のように扱う私の本能的なやり方には、隠されているとはいえ動かしがたい原理があり、それは間違いなく美の論理であるはずだった。(略)こうした物の見方は、正義をある種の審美的な命令にしてしまう。[25]

実際、戦争中も母からの手紙は届けられつづけ、ロマンを勇気づけることになる。「母が生きている限りは私は無傷であり——彼女のハッピーエンドである私——その栄光の帰還が保証されてるように思われた[26]」のである。彼女の手紙は、ロマンの人生の夜明けから課してきた約束の最終形態であり、生きて帰ってくるという使命を彼の人生に書き込むもの、さらにいえば、彼の人生そのものを書き記したものといえるだろう。ロマンはこの「芸術作品としての人生」という概念を引き受け、さらには自ら制作していくことになる。作品としての『夜明けの約束』もまた、自伝として実際にあったことを叙述していくだけでなく、父の死の挿話でみたように、虚構を加えることによって人生を作品化したともいえる。

しかし、それは同時に人生を審美的な立場から加工していくという認識も含んでいるように思われる。「ただ生きる」のではなく「このように生きるのが美しいのでこのように生きる」という考えは、ロマン・ガリの偽名使用に象徴的な、アイデンティティの交換可能性や、その自殺という最期までも根拠づけているように思われる。死後に出版された『エミール・アジャールの生と死』は、芸術作品として仕上げられた人生そのものを示すかのようである。このような認識が「男性性」とどのように関係性を切り結ぶかについては、さらに考察の必要がある。

再び、海辺の光景へ

戦地から帰還した息子に母の真実が開示されたあと、作品の結末は、冒頭の海岸に立ち戻ることになる。

アザラシは岩の上で黙り込み、私はここでほほえみながら目を閉じる。そしてアザラシの群れのうちの一頭がそっと近づいてきてくれて、頬か肩のくぼみあたりに急に親しげな鼻先を感じるのを想像してみる……私は生きたのだ。(27)

ロマンの傍らには相変わらず動物がいて、今度はアザラシが近づいてくるところを想像する。ここにあるのはやはり、女性性という概念に収斂するような優しさであり、穏やかさ、親しみといったものである。「私は生きた」という結句は、まさに人生を作品として制作し、母に捧げたことを告げるものだろう。『夜明けの約束』は、母親と交わした「人生の夜明けの約束」をかなえるべく、「自立＝男らしさ」を実現しようとする欲望と、「優しさ＝女らしさ」にもたれかかろうとする欲望のあいだで引き裂かれながらも、自らの人生を作品とする務めを必死で果たそうとする一人の男性の物語だと、ひとまずまとめることができるだろう。また、そこには抹消しきれない「弱い」父親の存在も刻印されていた。『夜明けの約束』は、単純に「母もの」というジャンルには還元されないだろう。それはいわば、「家族小説」とも「家族幻想」とも訳せる「ファミリー・ロマンス」（ジークムント・フロイト）なのである。それが息子の男性性の形成に及ぼす影響については、さらに考察を進める必要がある。

2 強者の男性性、弱者の男性性——『ホワイト・ドッグ』

「白い犬（chien blanc）」を意味するこの作品名を、『ホワイト・ドッグ』とあえて英語で訳したのには意味がある。すでに述べたように、この小説はアメリカでのジーン・セバーグとの生活をもとにした実録的なものである。「わたし」が偶然拾ったイヌは、黒人たちを襲うように調教されたホワイト・ドッグであり、黒人解放運動を献身的に支援していたジーンと「わたし」は、このイヌを、黒人の調教師に依頼して飼いならそうと試みる……という筋は、ガリ自身、実際の体験から生まれたものと語っている。

ワッツ暴動からブラックパンサー党結成、マーティン・ルーサー・キング牧師の暗殺に至る公民権運動の展開を背景とする『ホワイト・ドッグ』は、フランス文学史ではこれ以上ないといっていいほど、同時代のアメリカに焦点を当てた作品である。しかし、このような大文字の「歴史」や、解放運動に賛意を示して資金援助をおこなう華々しいハリウッドの名士たちといった、表層的なアメリカだけを描いているのではない。男性性との関係からみた「アメリカ文明」の深層にもまた言及している。運動の支援に執着する白人たちは、精悍な黒人たちの姿に何を想像し、それに照らして自らに何をみるのだろうか。

ロマン・ガリと動物

白人男性にとっての男性性の妄想について考える前に、この小説がイヌを軸とした「動物小説」であることを確認しておきたい。ガリが語るところによれば、ジーン・セバーグと彼はパンチョとサンディ（写真5）というイヌを飼っていたのだが、サンディがある日、見知らぬイヌを連れてきたという。このイヌが作中のホワイト・

ドッグ「バーティカ」のモデルになったということである。この小説の献辞はサンディに捧げられている。

アフリカの象の救出を筋書きとする『天の根』をはじめ（写真6）、大蛇を「登場人物」とするエミール・アジャール名義の作品『大きな甘えん坊』など、ガリの作品群には動物が欠かせない。すでにみたように、『夜明けの約束』の冒頭と結末でも、動物たちは女性性を体現する存在として重要な位置を占めていたが、『ホワイト・ドッグ』でもそうした要素は同様にみられる。ホワイト・ドッグという存在は、ガリの創作ではなく歴史的にも確認されていて、人種差別を背景とした攻撃性の象徴であり、かつ人間の怨念によってアイデンティティを作り替えられた被害者ともいえる。

また、『ホワイト・ドッグ』に登場するイヌは、ただ純朴で、飼い主に「優しさ（tendresse）」を与える存在と

写真5　ガリ夫妻と息子ディエゴ、犬のサンディ
（出典：Myriam Anissimov, Caroline Keppy and Sandrine Roux, *Romain Gary: l'enchanteur*, Textuel, 2010, p. 128.）

写真6　ロマン・ガリと象、1961年
（出典：Decout, *op.cit.*, p. 84.）

して描かれているわけではない。バーティカは黒人に危害を加えるように訓練されたイヌであり、「わたし」が皮肉にも調教を依頼した黒人調教師にも、やはり牙を向けるのである。この両義的な位置を如実に示すのが、バーティカが「ホワイト・ドッグ」という役割を与えられながらも「灰色の犬」[28]と描写されていることである。プレイヤード版全集の解説が示しているように、灰色は黒い肌と白い肌の中間色であり、「ホワイト・ドッグ」として白人に仕えながらも、いつ「ブラック・ドッグ」に転化して黒人に仕えるかわからない、アイデンティティの変転可能性を示すものといえる。このような色の象徴性は、最晩年の作品『凧』にも表れていて、「白と黒など、うんざりだ。灰色、それしか人間的なものなどない[29]」という一節がみられるのである。

ナチズムは人間的だがその人間的なものとは非人間性であるとするガリの思想はすでに確認したが、彼が考える人間性とは善悪の両極に還元されないものであり、「グレー」なものに留まりつづける。いわば「正義」を疑い続けることこそが、彼の倫理だといえるだろう。その意味では、そうした人間性の象徴を動物(灰色の犬)と結び付けているのが、『ホワイト・ドッグ』だといえるだろう。人間とはイヌであり、「ホワイト・ドッグ」とは人間なのである。

アイデンティティとしての精力

妻のジーンの生まれ故郷はアイオワ州であり、アメリカのなかでもいちばん「古くさいアメリカ」の面影が残っている土地だ、とガリは語っている。彼女の弟が自動車事故で亡くなり、弔問に訪れた「わたし」が街で耳にしたのは、身持ちがいい白人の娘が黒人と結婚したがっているという「別の悲劇」だった。白人たちが覚える人種結合に対するこうした嫌悪に「わたし」は逆上するが、その背景にあるのは白人が抱えている性への怖れであり、具体的にいえば、「黒人の陰茎の大きさについての何かひどく滑稽な伝説[30]」なのである。「白人は《陰茎の大きさに関して》怖れを抱いていて、それが黒人によって吹きこまれる憎しみの中の大きな要素となっている」というのである。ガリはそれをアメリカ「白人」文学者のファンタスムと結び付ける。

わたしは、アメリカでそれもとりわけ作家たちのあいだに、この《男性の大きさに関する》強迫観念が見られることにいつも驚ろかされている。メイラーからジェイムズ・ジョーンズまで、フォークナーからヘミングウェイやフィリップ・ロスまで、アメリカの知識人における陰茎への関心ぶりは、究極的に何か大規模な去勢を呼び起こすようなかたちで現れている。(31)

二十世紀アメリカ文学のメインストリームに、「フランス人作家」ガリは陰茎の大きさをめぐる男性性への不安を嗅ぎ取っている（とりわけユダヤ系作家で中年男性の性を繰り返し描いたフィリップ・ロスは、ガリとの比較でも重要だろう(32)）。ガリが挙げるその最も「悲壮な」例は、アーネスト・ヘミングウェイが『移動祝祭日』で語るスコット・フィッツジェラルドから受けた相談であり、自分が「小さい」と思うフィッツジェラルドを、ルーブル美術館に連れていってギリシャ彫刻を見せて安心させるというエピソードが紹介されている。

こうした男性作家たちの性の不安は、アメリカでは社会そのものの深刻な問題として受け止められた。ジョン・F・ケネディ大統領の補佐官を務めたアーサー・M・シュレシンジャーは、「アメリカの男性性の危機」（一九五八年）という論考で、セオドア・ドライサーやフィッツジェラルド、ヘミングウェイの作品のなかで、主人公たちが自らの男性性に疑問を持ち始めるようになったことを指摘していた。ガリもまた、アメリカの作家たちのいくぶん俗悪にもみえる打ち明け話から、次のような文明論を導き出している。

アメリカの男たちは、気づかぬうちに世界の複雑さにとらえられ、また、徐々に支配的かつ圧倒的になっている社会の、仮借のない自動的歯車に巻き込まれており、（略）徐々にすべてのことが理解できなくなり、自分のうちに何か基本的な、安心できるような力を見つけだそうと努める。（略）こうしたベルトコンベヤーに乗せられた生活、官僚主義のしみついた生活を送る男たちにとっては、勃起しか自分の《力》を確立する可能性が見つからない。（略）去勢と戦う人が《自己を確立しよう》とする貧しき意志なのだ。すなわち、〈アメリカの夢が陰茎になりつつある（The American dream is becoming a prick）〉ということは……。[33]

文明の進展に伴って複雑化する世の中にあって、自らの存在の核が見いだしにくくなり、男の源泉としての精力にそれを追い求めるようになるという思考は、アメリカ文学ではないが『チャタレー夫人の恋人』のD・H・ロレンスの文学などにも表れている。自らのセックスによって確認できる「力」はフランス語で puissance という、権力や能力を指すと同時に、英語でいう potency のように「精力」という意味をもつのだ。「権力」をもつ白人男性に欠けている「精力」、それをもっているとされたのが黒人男性であり、白人たちは「あたかも黒人の中に自分たちの勃起状態の陰茎の姿を見て、「ほら、ママ、ぼくだってすごいだろう」とつぶやいている」というのが、ガリの見立てである。人種差別の背後には、黒人男性の精力に対する羨望と憎悪があり、それらは白人の性的コンプレックス――それもマザー・コンプレックスとないまぜになったもの――を構成する要素になるのである。

「われわれは皆ドイツのユダヤ人だ」

『ホワイト・ドッグ』はアメリカの男性たちのルポルタージュとして読めるというだけではない。第三部で「わたし」は、五月革命の風が吹き荒れるパリの路上に降り立って、学生や労働者たちと対面する。「勲章野郎」「ファシスト」とわめく筋肉質の男に対して、「腰抜け野郎」「きたないユダヤ人」と言い返す「わたし」。これは異議申し立てをする側が口々に叫んでいたスローガン「われわれは皆ドイツのユダヤ人だ」に対する皮肉である。

歴史上最も迫害されたともいえるドイツのユダヤ人＝犠牲者の立場をとることで自らの権利を主張するというマイノリティ・ポリティクスの戦術に対して、ユダヤ人の「わたし」は苦笑し、「フランスをフランス人の手に！」という右翼の常套句を、自らは他国から移り住んだ者であるにもかかわらず、叫ぶのである。いわば、被害者の立場に立つ「女性的」言説（「かわいそう」）に、あえて強者の立場に立つ「男性的」言説をぶつけるのである。[34]それはまさに、迫害者と被害者のハイブリットである、チンギス（チンギス・ハンにみられるタタール＝モンゴル姓）・コーエン（ユダヤ人に多い姓）的な態度である。

しかし一方でこれは、単に反動的な言動によって左翼に挑発をしかけているようにしかみえないかもしれない。ド・ゴールに終生忠誠を尽くしたロマン・ガリの立場を考えれば、そうした印象は深まるだろう。しかし、「わたし」は左翼的な正義から距離をとっているだけではない。五月革命の収束を告げる、体制側によるシャンゼリゼ通りの行進に喜び勇んでやってきた「わたし」は、次のように告白する。

> わたしは多数派が大きらいだ。多数派はつねに脅威的な存在になる。だから、期待に胸をふくらませてシャン＝ゼリゼ通りにやってきたわたしが、何十万という人間が押しかけてくるのを目にしたときの、気持ちの混乱ぶりはご想像いただけるだろう。これらの人たちはみんな同一意見の持ち主であるという印象を強く与えるので、わたしは鳥肌が立ちそうになる。（略）わたしは群衆に背を向ける。左翼のものであれ、右翼のものであれ、人びとが押しかけてくるところはすべて、まっぴら御免だ。わたしは少数派に生まれついているのだ。[35]

政治的イデオロギーのいかんにかかわらず多数派を嫌悪するという考えは、「生まれついての少数派（minoritaire-né）」とあるように、ユダヤ人というアイデンティティに起因するようにもみえる。しかし、ガリが母子ともにユダヤ人コミュニティからも距離を置かれていたことを想起するなら、これはむしろ、すべてのアイデンティティに対する拒絶の意志なのではないか。[36]

ホワイト・ドッグからブラック・ドッグへ

このような「わたし」を「一匹狼」というのはたやすい。そしてこのようなメタファーによって、「わたし」と「ホワイト・ドッグ」との親近性も確認できるだろう。

結末、黒人を襲うように調教されたバーティカは、黒人調教師キーズに見事にしつけられることになる。ホワイト・ドッグはブラック・ドッグとなり、白人を襲うイヌへと変貌するのである。「わたし」を何回かかんだあげく、バーティカは走り去る。「とにかく、どこかで始めなければならないんです……」と告げるキーズに、わたしはこう応じる。

「白人と平等に卑劣な行為に走ることを？」
「正当防衛というふうに呼ばれていますがね……」
「それにしても、ユダヤ人が同じユダヤ人のゲシュタポを夢みるようになったり、黒人が同じ黒人のクー・クラックス・クランを夢みるようになったりするのは、悲しいことだね……」[37]

被抑圧者が抑圧者に転化するという現象は、現在のイスラエルとパレスチナの状況にもみられるものだろう。白人スターと黒人たちという権力の非対称的な関係にあっては、黒人活動家たちに多額の資金を提供し、自宅や別荘を開放するほど運動に没入しようとも、ジーンは彼らの革命の同志としては認められず、ただ利用される存在にすぎない。黒人たちもまた権力を奪取したとき、自分たちがされたのと同様の抑圧を弱者におこなうだろうという痛烈な認識は、時代状況に限定されない普遍的な権力図式を示しているように思われる。

しかし、バーティカは支配的なイデオロギーに影響され立場を逆転させる存在というだけではない。白人たちを襲い、とうとう自分の目の前に来たバーティカに「わたし」がみたのは、「わたしの母の目、忠実な犬の目」「戦いに倒れた戦友たちが、わたしのかたわらに死にかけている姿」なのである。

なぜこのような攻撃犬に「母」をみるのか。両者に共通するのは、「絶望と、不可解さと、苦しみの表情(38)」であり、しつけによってアイデンティティを植え付けられたイヌは、運命に翻弄された母の悲しみを体現した存在なのである。「犠牲者ぶる」が実は強者である一九六八年の男性たちに対して、ガリは真の犠牲者である母、戦死した戦友、そして「ホワイト・ドッグ」の側に立つのである。

『ホワイト・ドッグ』は、公民権運動と五月革命を背景として、勝利者のアイデンティティとして精力を希求する白人男性、さらには自分を迫害する側と同じような行動をする黒人男性をも見つめたルポルタージュだといえる。彼らを見つめる悲しい目は、永遠の犠牲者であるホワイト・ドッグの目であり、それがガリの母親の目と結び付けられることを考えれば、ここにもまた、ガリの女性性の擁護と男性性への懐疑が読み取れるだろう。

3　性の減退――『ここより先チケットは無効』

『ここより先チケットは無効（Au-delà de cette limite votre ticket n'est plus valable）』――この奇妙なタイトルは、パリの地下鉄の券に書かれた、ある区域を超えるとこの券では先にいけなくなるという注意書きに由来するが、加齢によって性が「無効」になる恐怖を描いたこの作品は、六十歳にさしかかったガリ自身の性的告白としてもっぱら受け取られ、文学作品として検討されることは少なかったように思われる（プレイヤード版全集にも収録されていない)。同時期、エミール・アジャール名義で出した『大きな甘えん坊』や『これからの人生』が、若き作家が巻き起こした新風として文学界で評価されたのに対して、このガリ名義の作品は、彼の性的能力だけでなく創造する力そのものの枯渇と捉えられたのである。

企業人ジャック・レニエ(五十九歳)は会社経営に行き詰まり、会社の売却を模索している。若いブラジル人女性ローラ(二十二歳)と出会い二人は恋に落ちるが、同世代の友人から不能の悩みを打ち明けられ、レニエもまた性の減退の恐怖に思い悩むことになるというのが、主たる物語である。

このような筋立ては、男性性がみなぎっていた時代へのノスタルジーを意味するのだろうか。あるいは、精力を基盤とした男性支配の神話に風穴を開ける作品として再評価されるべきものなのだろうか。この作品が示唆するものについて、以下に論じていきたい。

性的不能の文学

そもそも初老になって経験する性的減退は、男性が自らの身体を初めて意識する機会といえるものであり、男性性の陰画として描かれるテーマである。また、男性の性的能力が大きく評価されがちで、「コキュ(寝取られ)」というあざけりが男性にとって最大の恥辱とされてきたフランスで、このような主題が取り上げられたこと自体に意味があるともいえる。しかしだからといって、男性の性的減退・性的不能の表象は、文学史上で完全にタブーとされてきたわけではない。アンガス・マクラレン『性的不能の文化史――〝男らしさ〟を求めた男たちの悲喜劇』(39)によれば、十九世紀以降のその推移は次のようにまとめることができる。

十九世紀のプライバシーを重視する文化で、寝室での失敗を議論することに抵抗はあったが、家産を継承することを使命とする貴族やブルジョアジーの家庭では、能動的役割を負うべき男性のインポテンツは死活問題になった。例えば、スタンダールの『アルマンス』(一八二七年)には、不能という秘密を抱える青年貴族オクターヴが登場し、貧しく心優しい娘アルマンスとの恋愛を自ら禁じるが、あえて結婚したうえで自殺し、彼女に財産を残すことを決意する。また、オノレ・ド・バルザックの『マシミラ・ドニ』（一八三七年）では、不能は芸術的才能の喪失を意味するものとして描かれた。

第一次世界大戦を経て、文明の爛熟期である狂乱の時代には、性的不能の問題は別の側面をみせる。ヘミングウェイの『日はまた昇る』（一九二六年）では、戦争中の負傷が原因で性的不能になったとされるジェイクを描いているが、その実態については疑いの余地がある。ロレンスの『チャタレー夫人の恋人』（一九二八年）では、下半身不随で不能の夫をもつ領主の妻が、森番の労働者階級の男性の性に引かれる姿が描かれる。こうしたなか、文明化された世界や、性に貪欲な女性たちこそが、男性のインポテンツを生み出したという言説が生まれるのである。

第二次世界大戦後、すでにみたようにアメリカでは「男らしさの危機」が大きく叫ばれるようになる。ここでもまた、性的不能者は、消費社会と性革命とフェミニズムが吹き荒れた時代の犠牲者だという認識がみられる。一方、同性愛表現が映画ではタブーとされるなかで、性的不能はそれよりは「理解」できる主題になる。テネシー・ウィリアムズの戯曲の映画化である『欲望という名の列車』（監督：エリア・カザン、一九五一年）や『熱いトタン屋根の猫』（監督：リチャード・ブルックス、一九五八年）では、原作では同性愛を示唆するモチーフは映画では性的不能のモチーフに改変される。性的不能の表象は、男性同性愛の表象と女性の拒絶という主題を共有しながら、文学や映画などの作品で徐々に語られるようになったのである。

西洋の没落

このような表象史のなかで、「最もありのままに、男性の性的機能不全に焦点を当てたフィクション[40]」と『性的不能の文化史』で評価された『ここより先チケットは無効』では、何が問われているのだろうか。

この作品が執筆された一九七〇年代前半は、オイルショックによって先進国の経済成長期（フランスでは「栄光の三十年」と呼ばれた時代）が終わりを告げた時期だった。性的不能は、まずは脱成長時代のメタファーとして現れる。「成長の限界」というレポートを七二年に発表する「ローマクラブ」はまだ黙示録を予言していなかった。自動車は現代社会を支配し、クレジットは安定して流通していた。石油は自明のもので、フランスは好景気となっていた[41]」と回顧される時代はたそがれを迎えていた。

さらにいえば、オイルショックという事件があらわにしたのは、石油に代表されるエネルギー源、つまり活力は実は先進国の内にはなく、自由に行使することができないという事実である。これに関するガリの比喩はあけすけなものである。

われわれのエネルギー源はすべて――活力、いってみればタマみたいなものだ――、第三世界に、つまりはわれわれがかつて植民地としていたところにあるのだ。（略）原材料は八〇パーセント、他人のところにある[42]。

これはいわば、西洋から第三世界への力（勢力＝精力）の移行である。ローマ帝国の衰退やオズヴァルト・シュペングラーの『西洋の没落』にも言及しながら、ガリは一男性の人生と西洋史を結び付けていく。そして西洋のなかでも、フランスで衰退の相は深刻なものになる。主人公レニエは会社の身売り先としてドイツ人かアメリカ人を検討しているが、「これはまさしくフランス的な状況」とされる。大戦時の不倶戴天の敵であり、ゲルマン民族という蛮族の国であるドイツか、同盟国でありながら「限界を知らない」「不敗」の新興国アメリカかに、屈しなければならないのである。「年老いた動物でも、屈服して自分の縄張りを誰かに譲るのはきついことなんだ。とても……男らしくないこと（dévirilisant）だから[43]」とレニエは嘆く。普仏戦争以来繰り返されてきた「文明の極度の発達により生の初源の力が失われる」という見立てが、ここに確認できるだろう。

作品としての性

こうした会社危機の一方で、ジャック・レニエは自身の性的精力減退にも思い悩む。とはいえこの言い方は正確ではない。レニエが悩むのは性的減退という事実ではなく、同世代の友人の不能の話から触発された、自らもインポテンツになるのではないかという強い不安に悩むのである。

そして、その恐れの核心がどこにあるのかといえば、自らが快楽を感じることができなくなるということではなく、他者に快楽を与えられなくなることであり、それによる自尊心の崩壊だろう。レニエは若いローラと出会って性交するが、「大事なのは、だんだんと到達できなくなっているわたしの快楽ではなく、ローラの快楽なのだ」と考える。そしていまはまだ、「あの甘い「あぁ、ジャック！　ジャック！」という喘ぎが、わたしの男のものに伝わり、わたしを安心させるまでに要する時間を、持続させることがまだできていた」[44]と語っている。

このような性交の描写からわかるのは、互いの反応の重なり合いが性的な高進を起こすということであり、逆にいえば、その最初の一歩が欠けたら起きるかもしれない、交渉の不成立のリスクである。そしてこの性交の中心に据えられているのは、「わたしの男のもの（mon œuvre virile）」だというのだが、「作品」を表す œuvre という語が使われている点には注目すべきだろう。『夜明けの約束』には「芸術作品としての人生」という概念がみられたが、「作品」として人生を仕立て上げるというガリの考えは、ここでは性の実現を「作品」とする想像と連関させることができるだろう。男性性の減退は、作家自身の創造の行き詰まりを示すと同時に、他者とのコミュニケーションの不成立、ひいては「作品」の崩壊を予告するものになるのである。

回春、さもなくば死？

実は前述の性交の場面の前には、ローラと眠っていたレニエが、寝室に侵入してきた強盗にナイフを突き付けられるというシーンがある。アンダルシア出身とされ、「ルイーズ」と名づけられたこの男に対して、レニエは強迫観念をもつようになる。「ムーア人の血」[45]が強調されるように、アンダルシアはヨーロッパの最南部で、アフリカやイスラームの原初的な力が息づく場所としてイメージされているようである。

レニエの妄想は膨れ上がり、ローラと性交するたびに、ルイーズのイメージを想起するようになる。「ルイーズはローラを自らの欲望のはけ口にしようと荒々しく扱い、その生まれもったケダモノがもたらす恐怖で、わたしの血はたぎらされた」[46]。レニエはルイーズという「非文明人」の若い肉体と精力――「ケダモノ＝動物性(bestialité)」も付け加えられるだろう――を借りることによって、自らの身体の限界を超え出ようとするのである。しかし、「ルイーズにはいささかの優しさ（tendresse）も、いささかの安らかさ（douceur）も与えるのを許さなかった」[47]とあるように、『夜明けの約束』でみた女性性の至上の価値は、ルイーズの荒々しい性の力への返礼にすることとは認めないのである。

一方、性的交渉を交換や経済取引として考える認識は、一男性の性の減退が国際情勢のメタファーとされていたように、ガリの作品中にしばしばみられるものである。レニエは息子に対して、「わたしの体はもはや収益性のあるものではない。生きる喜びにおいて、与えられるものはだんだんと少なくなっている。わたしにとって――つまりお母さんにもおまえにとってもだ――すべての点において悪い取引になってしまったのだ、わたしは」[48]と語る。人生を経済効率で測り、性的快楽を提供できなくなることが「悪い取引」としてしか考えられないのならば、会社が破綻するように、加齢によって人生も破綻を迎えてしまうことになる。

その究極にあるのが死である。レニエは会社の売却に行き詰まり、つてをたどって連絡を取ることができたルイーズに自分の暗殺を依頼するに至る。ルイーズにこの任務を委ねたのは、自らの性的不能に対する不安と、彼に殺されることで若いルイーズに転生しようとする意志の表れだろう。実際、インポテンツよりも死を望むという認識は作品の前半ですでに語られている。

性的不能、単刀直入に言えばインポから逃れたい。で、それを避けるには死を望んでいる。男らしさにふさわしい華々しさではないか。見事なフィエスタだ、命果てんとする雄牛が闘牛士の剣の一突きを夢みて、頭を下げ、とどめの一撃を所望するかのようではないか(49)。

ヘミングウェイの『日はまた昇る』を想起するようなイメージで、性の減退を華々しい死によって隠すという試みが、ここには示されている。しかし、ヒロイズムを主題とし「マッチョ」を演じたヘミングウェイは、実際には複雑なセクシュアリティを秘めていて、作品中にもそのような登場人物たちを忍び込ませていた。レニエ、そしてガリが男性的な威厳を保持しようとする意志は、最後まで貫き通されるのだろうか。

「友愛」の可能性

そもそも、与えるべき快楽を提供できないなら、男性は性愛を成立させることができないのだろうか。また性的能力が優れていなければ、女性から拒絶されるだけでなく、ほかの男性との競争で蹴落とされるのだろうか。レニエ自身がこのような女性を「ものにする」ような恋愛について自省する場面がある。

おそらく、わたしには女性に対する友愛が欠けていたのかもしれない。友愛がなければ、愛も幸福も、世界選手権と同等のものでしかないだろう。男らしさというものがあり、その長年の所有願望や、虚栄心、失うことの恐怖とともに、所有や自尊心によって特徴づけられる「男らしい」愛し方とは全く別の「友愛(fraternité)」の原理とは何だろうか。

ここで示唆される、男らしさが放つ病毒の伝染というものがある。[50]

レニエは自分が男性性の「害毒」に染まりきっていることを自覚しながらも、ローラとの現在の関係が変質してしまうことを恐れる。「理解が同情に転化し、優しさや自分をいたわってくれる配慮が、非常に危険なことだが、哀れみや母親的な気配りへと接近する瞬間[51]」を恐れるのである。「母親的な気配り(sollicitude maternelle)」といった、ガリが女性性の至上の価値としてきた概念を、レニエはすんなりと受け入れられずにいることに注目したい。若い恋人からの「同情(compassion)」や「哀れみ(pitié)」は、初老を迎えた男性の自尊心を傷つけるものなのである。与えるものがなく与えられる一方であるという、母に対する幼児のような関係になることに、レニエは抵抗を覚えるのである。

しかしその一方で、「男性＝与える性」という考え方からの脱却もここには示されているように思われる。「わたしはサンクチュアリの人間なのだ」と、レニエが不思議な物言いをする場面がある。「君を腕の中に抱きしめるとき、君の体はわたしに、助けと庇護を与えてくれる[52]」。「抱きしめる」という能動的で、あるときには所有を意味する行為のなかで、女性に「守られている」という感覚を得ているというこの言葉を通して、ここでは弱く、また繊細な存在としての男性が描かれているのである。

この表現は『夜明けの約束』で、ロマンが母に対して、「何かにもたれているときに支えているような気分にさせてくれた」と感じていたこととも関連づけられるだろう。息子は母に精神的にも経済的にも依存していたが、そのことは母の人生を支える役割を果たしていた、という言葉だが、これとは逆向きのこともいえないだろうか。すなわち、「何かを支えているときにもたれているような気分」である。ずっと年下の女性であるローラに対して、レニエは保護者的な立場をとるが、それは同時に、ローラによって守られてもいる関係なのである。このような、女性にもたれかかる男性も肯定されるあり方だということを、ここでは示しているように思われる。

父から息子への遺産継承

会社の売却と、自ら命を絶つ計画を立てたレニエはどうなるのか。終盤に向けてこの作品はサスペンス的に盛り上がっていくが、ここでは結末は明かさずにローラと息子によって大団円を迎えるとだけ述べておこう。ローラがレニエにつぶやいた「愛には、何も罪なんてない[53]」という言葉は、前節で示したような、男性性の通念に従わない愛の形を肯定するもののように思われる。

しかし、この作品の結びになるのはローラではなく息子へのメッセージである。『ここより先チケットは無効』というこの文章は、息子に対する父の遺言として書かれたと告げるのである。

ここに書いた文章はおまえにゆだねよう。なぜなら、わたしには友情が要るのだから。この紙片は、おまえにとっては常に勝利者のように見えた、父のイメージを厄介払いする助けにもなるだろう。おまえは子どものころから、わたしのこんな姿を思い浮かべて打ちひしがれていたのかもしれないな。二つの耳と尾っぽのイメージに[54]。

ビジネスの世界を雄々しく渡り歩いて成功を勝ち得た実業者という父のイメージに対して、この作品で描かれていたのは、自らの性的能力の減退の不安におののき、会社を身売りしようとする、父の本当の姿だった。「二つの耳と尾っぽ」はいうまでもなく男性器のイメージだが、少年期の息子には、超え難い父の存在を象徴するものだったといえるだろう。また、父・息子の関係には不似合いな「友情（amitié）」という言葉を使っていることも重要である。前述の「友愛」にも通じる関係、すなわち優しさや同情を基調とし、与える立場と与えられる立場が固定しないような相互関係こそ、父レニエが求めるものだったといえる。これは父を知らずに育ったロマン・ガリ自身の生い立ちを考えるならば、自ら父になって、父・息子の関係を再構築しようとした試みにもみえてくる。さらにいえば、エミール・アジャールという若手作家を別の人格として作り出し、もう一つの人生を生き直そうとした最晩年のガリの姿なのかもしれない。

一方、男性の女性に対する友愛は可能か、という問いについては、男性同士の遺産継承の問題が優先されたために、その答えが宙づりにされた印象がある。しかし、男性の能動的な性愛の行為が受動的なものに転化するという認識からは、男女間の友愛の可能性があることがうかがえる。女性の献身性に憧れるだけでなく、他者に対する優しさといった女性性を自ら備えるような男性の登場人物は彼の小説には存在するのか、ガリのほかの作品を含めて探索していく必要があるだろう。

結論にかえて

以上、ロマン・ガリの『夜明けの約束』『ホワイト・ドッグ』『ここより先チケットは無効』という三作品を中心として、男性性がどのように思考され、どのように表象されているかを分析してきた。主人公はそれぞれガリ本人を想起させる男性ではあるものの、少年・青年(『夜明けの約束』)、社会運動の現場に対峙する壮年(『ホワイト・ドッグ』)、初老(『ここより先チケットは無効』)と、世代は変遷している。またそれに伴って、登場人物同士の関係もまた、母・息子関係(『夜明けの約束』)と年長者と年少者(ジーン・セバーグ、ローラ)のカップルというような違いがある。男性性であれ女性性であれ、その分析に年長／年少関係や家族というファクターを導入する意義は、性差だけで分析することを避ける意味でも、強調する必要があるだろう。

以上の分析のなかから浮かび上がってきた、ロマン・ガリの作品の「男性性」とは何だろうか。それは第一に、絶対・力・自己を志向する性としてまとめることができるだろう。「英雄」「プレイボーイ」「冒険家」と称されるガリはいくつかの論考で、他者への優しさや献身に代表される「女性性」を称賛している。しかしそれは基本的には、自らにない特性への憧れであり、場合によっては女性の過度の理想化や、女性が力をもつことを拒否する論理に加担する危険性があるものである。

一方、その陰画としての男性性は、自尊心や能動性などをキーワードとする自己中心的なものだった。他者（女性）に対して性的能力を行使することで、他者に快楽を与え、その対価として自らも喜びを得ること、これが『ここより先チケットは無効』の出発点となる通念だった。それに対し、物語は性的不能の恐怖というモチーフを導入することで、男性がよって立つ基盤を掘り崩すことを試みる。この作品以外でも、強烈な母親の保護下にある青年（『夜明けの約束』）や、黒人の陰茎のサイズをめぐるアメリカ白人の妄想（『ホワイト・ドッグ』）など、自虐的なユーモアを交えながら、一般的な男性性理解を脱臼させていくのが、ガリの文学の真骨頂といえるだろう。またこうした男性性批判は、アメリカやフランスという社会への批判、ひいては経済効率を至上の価値とする現代文明の批判にもつながる。

ガリが描く男性性の第二の特質は、〈女性＝母〉から与えられた愛に返礼をする性としての男性のあり方を提示していることである。自己を出発点として他者を変容させていくという、男性性によくみられるあり方は、ガリの場合は闘い乗り越えるべき存在とされる父の不在という状況によって大きく変容を被っている。具体的にいえば、母から一方的に優しさを受けながら、息子はそれに反発することも、またその大きな期待に沿うこともできずに苦しむという状況である。『夜明けの約束』のロマンの人生は母に対する負債を返すことを使命とするものになるが、そのせいで彼の自立は母の存在に大きく依存したものになるのである。

その使命とはひと言でいえば「作品」である。文学作品を書くことだけでなく、自分の人生を母が作り上げたシナリオどおりの作品として演じることもそこに含まれる。母が亡くなったあとは、ガリはエミール・アジャールという実在しない作家として作品を書き、最後には自らの生と死を演出したのである。他者である母と自分が作り出したエミール・アジャールというもう一人の自分によって、自らの人生を芸術作品のように作り上げたことが、ガリの男性性の一つの様態だったと考えることはできないだろうか。ジーン・セバーグの死後、ガリはいままで書いた作品を再校正し決定版を確定させたあとで、自殺を遂げた。死後出版された『エミール・アジャールの生と死』では、「わたしは常にわたしを他者としてきた（Je me suis toujours été un autre）」[55]という、フランス語としては破格の表現で自らの遍歴をまとめている。人生を芸術作品とする考え方は、オスカー・ワイルドやそれに影響を受けた芥川龍之介の作品や人生を喚起させる。また作品を書き上げてからの自死は、三島由紀夫のそれを想起させるだろう。人生をひとごとのように扱うダンディズムと、固定したアイデンティティからの脱出というランボー的な精神を、はたして男性的特質と言い切れるのかは、さらに検討が必要だろう。

ロマン・ガリの男性性の最後の特徴は、「動物・マイノリティ・女性という弱者に快楽や庇護を与える男性性」という枠組みからの脱却の可能性を示していることである。『夜明けの約束』のプロローグとエピローグに現れた浜辺の動物たちは、母性的な安らかさでロランを包み込んでくれる存在だった。『ホワイト・ドッグ』のイヌの目は、つらい人生を送った母の目をしていたとされる一方で、調教によって特定の人間たちを襲う存在にもなる両義的な存在であった。ガリにとって動物は、決して「ペット」でも「癒やし」でもなく、人間と同様に善悪を含むさまざまな要素をはらんだ存在であり、人間との関係性もまた、単純な所有関係や交換関係に還元できないのである。

これはまた、民族的マイノリティへの視線にも当てはまる問題である。『ホワイト・ドッグ』で、ジーンをはじめハリウッドの白人たちは黒人たちに「哀れみ」を覚えて献金を繰り返すが、彼らが保護者、すなわち男性的立場に立ってしまっていることに、ガリは気づいている。フランスに帰化を果たしたユダヤ系ロシア人であり、アメリカをはじめさまざまな国を転々として人生を送ったガリは、こうした「異邦人」に対する視線に敏感だったにちがいない。ガリは「カメレオン的な」才能によって移り住んだ地域の言語や慣習を身につけるのと同時にスタンダードな言語から逸脱した作品を書き上げ、あらゆるイデオロギーに懐疑の目を向け続けたのである。

最後に残るのは、男性性と「女性という弱者」の関係だろう。『ここより先チケットは無効』で論じたように、女性と男性のあいだで「友愛」は可能なのか、男性が権力者的立場にも保護者的立場にも立たないようなあり方は可能なのかは、本章で分析した三作品では明確なビジョンは示されていなかったように思われる。「友愛」はフランス語では fraternité であり、原義的には兄弟愛、古代ローマの戦士同士の団結精神を示すような言葉である。父・息子間の関係には「友情（amitié）」という語を使っていたが、こうした語のジェンダー的な読み直しははたして可能なのだろうか。このようなことを読解の軸としてロマン・ガリの作品群を分析することを今後の課題として、筆をおきたい。

注

（1）R. W. Connell, *Masculinities*, University of California Press, 1995.

（2）ギャリー・マッギー『ジーン・セバーグ』石崎一樹訳、水声社、二〇一一年

（3）Romain Gary, “Ces femmes que j’aime,” in Paul Audi and Jean-François Hangouët éd., *Romain Gary*, L’Herne, 2005, p. 268.

（4）「キリストの声は世界の女性化への呼びかけ」（*Ibid.*, p. 268.）。ポール・オディは「同情の美学」と評している。Paul Audi, *Je me suis toujours été un autre: Le paradis de Romain Gary*, Christian Bourgois Editeur, 2007, p. 253.

（5）Gary, “Ces femmes que j’aime,” p. 253.
（6）ウエルベックの女性観については次を参照。熊谷謙介「ミシェル・ウエルベックとユイスマンス――『服従』における《女性嫌悪》をめぐって」、神奈川大学人文学会編「人文研究」第百九十六号、神奈川大学人文学会、二〇一八年
（7）ロマン・ガリを、二十世紀を代表する作家とするツヴェタン・トドロフは、これを「批判的ヒューマニズム」という言葉で定義している。ツヴェタン・トドロフ「ロマン・ガリの世紀」『悪の記憶・善の誘惑――20世紀から何を学ぶか』大谷尚文訳（叢書・ウニベルシタス）、法政大学出版局、二〇〇六年、三〇五―三二六ページ
（8）ロマン・ガリ『夜明けの約束』岩津航訳（世界浪曼派）、共和国、二〇一七年、一二七ページ
（9）同書。また二〇一九年には、ロマン・ガリ全集全二巻がガリマール社プレイヤード版として刊行され、『夜明けの約束』を含む作品が名実ともに古典作品に組み入れられた（Romain Gary, *Œuvres complètes I, II*, Mireille Sacotte éd., Gallimard, 2019.）。
（10）前掲『夜明けの約束』一一ページ（Gary, *Œuvres comlètes I*, p. 617.）
（11）同書一三ページ（Gary, *Œuvres comlètes I*, p. 619.）
（12）Gary, *Œuvres complètes I*, p. 1348.
（13）前掲『夜明けの約束』一四ページ（Gary, *Œuvres comlètes I*, pp. 619-620.）
（14）同書二九ページ。訳語を文脈に合わせて変更した。（Gary, *Œuvres comlètes I*, p. 633.）
（15）同書二四一ページ（Gary, *Œuvres comlètes I*, p. 825.）
（16）同書八一ページ（Gary, *Œuvres comlètes I*, p. 681.）
（17）Timo Obergöker, “Allégories du masculin chez Romain Gary,” *Loxias*, 44, 2014.
（18）前掲『夜明けの約束』八六ページ（Gary, *Œuvres comlètes I*, p. 684.）
（19）トドロフはガリのド・ゴール観が「弱者のレジスタンス」と特徴づけられると指摘し、「世界の権力者に対して「否」という弱さ」「自分の絶対的な弱さの中にある孤独な人間」（『夜は静か』）というガリの言葉を引いて、悲惨な

境遇に抵抗する「母性的な」ド・ゴール像を提示した意義を論じている。前掲『悪の記憶・善の誘惑』三一三ページ。一方、ド・ゴールをはじめとする現代フランスの権力者の表象分析については、以下を参照。熊谷謙介「ジャンヌ・ダルクからジュピターへ――戦後フランスの男性権力表象」、神奈川大学評論編集専門委員会編「神奈川大学評論」第八十八号、神奈川大学広報委員会、二〇一七年

(20) 前掲『夜明けの約束』二三ページ(Gary, *Œuvres comlètes I*, p. 627.)

(21) 同書九五ページ(Gary, *Œuvres comlètes I*, p. 692.)

(22) 同書一六〇ページ(Gary, *Œuvres comlètes I*, pp. 754-755.)

(23) 同書二四二ページ(Gary, *Œuvres comlètes I*, pp. 826-827.)

(24) 同書一六一ページ(Gary, *Œuvres comlètes I*, p. 755.)

(25) 同書二三八―二三九ページ(Gary, *Œuvres comlètes I*, pp. 822-823.)

(26) 同書二三九ページ(Gary, *Œuvres comlètes I*, p. 823.)

(27) 同書三一二ページ(Gary, *Œuvres comlètes I*, p. 889.)

(28) ロマン・ギャリ『白い犬』大友徳明訳(角川文庫)、角川書店、一九七五年、五ページ、Gary, *Œuvres complètes I*, p. 195.

(29) *Les Cerfs-volants*, in *Ibid.*, p. 1391.

(30) 前掲『白い犬』八〇―八一ページ(Gary, *Œuvres complètes II*, p. 237.)

(31) 同書八三ページ(Gary, *Œuvres complètes II*, pp. 238-239.)

(32) ガリは論考「ノーマン・メイラー、あるいはアメリカにおける男らしさの神話」(一九六七年)で、機械化された文明のもとでの自由の高揚、自然回帰、セックスによる神への接近といったモチーフを示して、「ボクシング、アルコール、セックスは彼にとって、自分が完全にアメリカ人であることを証明する方法であり、アメリカの男らしさの夢想にかなうものなのである。そしてこれはノーマン・メイラーに限ったことではない！　ヘミングウェイ、スコット・フィッツジェラルド、ヘンリー・ジェームスも例外ではなかった。ただ南部の作家たちだけが、このような欲求

を免れることができたのだ」と結論づけている。(Gary, "Norman Mailer ou le mythe américain de la virilité," in Audi and Hangouët, *op.cit.*, p. 233.)

(33) 前掲『白い犬』八四―八五ページ(Gary, *Œuvres complètes II*, p. 239.)。

(34) 現代社会に支配的な「犠牲者文化」とそれに対するヒロイズムの可能性については以下を参照。Jean-Marie Apostolidès, *Héroïsme et victimisation: Une histoire de la sensibilité*, Exils Éditeur, 2003.

(35) 前掲『白い犬』二七二ページ(Gary, *Œuvres complètes II*, p. 346.)

(36) Audi, *Je me suis toujours été un autre: Le paradis de Romain Gary*, p. 31.

(37) 前掲『白い犬』二九一ページ(Gary, *Œuvres complètes II*, p. 356.)

(38) 前掲『白い犬』二八九ページ(Gary, *Œuvres complètes II*, p. 355.)

(39) アンガス・マクラレン『性的不能の文化史――〝男らしさ〟を求めた男たちの悲喜劇』山本規雄訳、作品社、二〇一六年。以下、この節の記述では同書を参考にした。

(40) 同書四四二ページ

(41) Romain Gary, *Au-delà de cette limite votre ticket n'est plus valable*, Gallimard, 1975, p. 15.

(42) *Ibid.*, p. 50.

(43) *Ibid.*, p. 94.

(44) *Ibid.*, p. 155.

(45) *Ibid.*, p. 140.

(46) *Ibid.*, p. 155.

(47) *Ibid.*, p. 155.

(48) *Ibid.*, p. 247.

(49) *Ibid.*, p. 113.

(50) *Ibid.*, p. 38.

（51）*Ibid.*, p. 61.
（52）*Ibid.*, p. 44. 一六九ページにも同様の記述がある。
（53）*Ibid.*, p. 259.
（54）*Ibid.*, p. 260.
（55）Gary, *Œuvres complètes II*, p. 1435.

第7章　飛ばなかった王子
――マシュー・ボーン版『白鳥の湖』にみる男性性と現代社会

菅沼勝彦

はじめに

クラシック・バレエの代表作の一つとして『白鳥の湖』はあまりにも有名である。その知名度の高さのため、バレエに関心がない読者でもピョートル・チャイコフスキーによるその旋律を聴いたり白いチュチュをまとって群舞を舞うバレエダンサーたちを映像などで目にしたりしたことがあるだろう。ロシアで初演されて以来百五十年近くたった現在でも、その人気は衰えることを知らない。『白鳥の湖』はヨーロッパ各地に伝わる白鳥の乙女をモチーフにしたおとぎ話に基づいているとされるが、原典の確認は難しい。また、このバレエ作品が悲劇なのか勧善懲悪をテーマにした物語なのかは定まっていない。むしろ演出によって結末が曖昧なケースもみられる。それでも『白鳥の湖』というバレエが白鳥として踊るバレリーナを主役とした演目であり、彼女と王子とのあいだで展開する恋物語を描いたものだというイメージは一般的に定着している。それは同時に、この物語が女性性のあり方、あるいは女性のアイデンティティを問うおとぎ話として機能しているということでもある。幕を挟んで同じダンサーが一人二役で白鳥（オデット）と黒鳥（オディール）を交互に踊り分ける演出は首席バレリーナの技量が試される、いわば演目中最大の見どころなのだが、それがいみじくも象徴しているのは、伝統的なおとぎ話で延々と繰り返されてきた聖女娼婦コンプレックスであることは議論の余地がない[(1)]。無垢な「聖女」あるいは好色な「売春婦」のいずれかしか男性は性的対象と見なさないため、女性もまたそのどちらかに自らを客体化させてしまうという罠が、そこには隠されている。また「聖女」（「白鳥」）と「売春婦」（「黒鳥」）という一人二役を絶えず男性から期待されることによって生じる女性主体そのものの崩壊を描いたのが、ナタリー・ポートマン主演で話題を呼んだダーレン・アロノフスキー監督による映画『ブラック・スワン』（監督：ダーレン・アロノフスキー、二〇一一年）である。これはそのようにして女性ヒロインを精神乖離へと追いやる現代社会を痛切に批判した映画作品といえるだろう。

バレエ『白鳥の湖』は、男性社会で女性が理想の女性像にたどりつくことの難しさという厳しいテーマをおとぎ話というメルヘンで包み込み、劇場という空間でそのテーマをドラマ化することで、何度となく再演され多くの人々を魅了してきた。だが同時に、あるいはそうであるからこそ、本章が射程とするようなバレエ芸術を通して現代の男性性を読み解くという試みにとって、『白鳥の湖』は最適なテクストと見なされてこなかった。実際、バレエ『白鳥の湖』に登場する男性キャラクターは白鳥や黒鳥に代表される女性のそれに比べ、明らかに影が薄い存在なのである。王子ジークフリートは全四幕のすべてに登場するにもかかわらず、存在感が薄い。世界の著名バレエ団による『白鳥の湖』公演の広告イメージを例に取ってみても、白鳥（あるいは黒鳥）を踊るバレリーナの写真だけのものはあっても、王子だけというものは皆無に近いだろう。いわば『白鳥の湖』は男性社会が仕組む女性性の理想化をおとぎ話として舞台化したものなのだが、男性性自体の議論をするには不向きな作品だと認識されているのである。

1 マシュー・ボーン版の登場

しかし『白鳥の湖』に関するこうした認識も大きな変化を遂げるようになった。そのきっかけになったのが一九九五年にイギリスのロンドンで初演された、マシュー・ボーン振り付けのニュー・アドベンチャー団による『白鳥の湖』である。マシュー・ボーン版（以下、ボーン版と略記）では王子が主人公としてより重要な役柄を担うだけでなく、すべての白鳥に男性のジェンダーがあてがわれたのである。このボーン版『白鳥の湖』の斬新な設定は初期公演以来メディアの注目を集め、その人気は日本を含む世界数カ国を席巻した。数々のダンス賞も授与され、九九年には栄えあるトニー賞の振り付け部門で最優秀賞を受賞している。トニー賞受賞という事実からもわかるように、ボーン版『白鳥の湖』はミュージカル的要素が強い。振り付けの大半がジャズやコンテンポラリー・ダンスの要素から構成されていて、ある意味でクラシック・バレエとは一線を画している。しかし同時に、チャイコフスキーによる楽曲をそのまま使用し、振り付けも有名な古典的振り付け（十九世紀末のマリウス・プティパとレフ・イワーノフによる改訂版）へのオマージュが随所に含まれているなど、オリジナルとの絶妙な親近性を保っていることも事実である。また初期の公演では白鳥役として当時英国ロイヤル・バレエ団の首席ダンサーだったアダム・クーパーを起用していたこともあり、バレエファンのあいだで大きな話題となった。初演から四半世紀たった現在でもボーン版『白鳥の湖』の人気は衰えることを知らず、古典としての『白鳥の湖』の改訂版の数少ない成功例として定着しつつさえある。

ボーン版『白鳥の湖』の何が人を引き付けるのか。古典版での王子ジークフリートはオデット姫である白鳥と恋に落ちるが、魔術師ロットバルトの呪いによって白鳥の姿に変えられたオデットは、まだ人を愛したことがない者から永遠の愛を誓われることでしかその呪いから解き放たれることができない。しかし王子は黒鳥として舞踏会に現れたオディールをオデットと見間違え、それがロットバルトの罠とも知らずオディールに愛を誓ってしまう。その結果、オデットと王子は傷心のあまり湖に身を投げるのである。苦境に立たされてこそ、観客の同情を買い主人公が美化されるという悲劇の異性愛ロマンスのからくりがはたらいているストーリーといえるだろうが、では、白鳥と王子の両方が男性で演じられるボーン版は、同性愛のロマンスを語る物語になるのだろうか。言い換えると、『白鳥の湖』のゲイ・バージョンたりうるのか。

無論、ゲイ・バージョンの『白鳥の湖』と捉える観衆がいてもおかしくはないし、それも自由な解釈である。ボーン自身はというと、この問いに対し同性愛的なモチーフが含まれていること自体は否定しないまでも、それが物語構成のすべてではないと公言している。[2] ケント・K・ドラモンドはボーン版をダンス研究の視点から分析した論考で、この作品を王子と白鳥とのあいだのゲイ・ロマンスを扱うものと解釈してしまうと、物語のなかで複雑に交渉する多面的な男性性の議論を見落としてしまうと訴えている。[3]

本章ではこのドラモンドの問題定義をヒントに現代社会が抱える男性性の変容、あるいはその葛藤について論じる。ボーン版『白鳥の湖』が現代を生きる男性たちに突き付けられているジェンダーの規範を、おとぎ話を通して鮮やかに描き上げた作品として解読していきたい。

2　男性性のあり方を問う時代に

ボーン版『白鳥の湖』が初演された一九九五年は、男性性あるいはマスキュリニティの多様性について学術的な議論が盛んにおこなわれ始めた時期にあたる。英米圏でマスキュリニティ研究の波を引き起こすきっかけになった論叢の一つに、レイウィン・コンネルの『マスキュリニティーズ』[4]（一九九五年）があるが、その出版もやはり九五年である。日本の男性学の草分け的な存在である伊藤公雄は『男性学入門』[5]を翌年の九六年に発表している。加えてこの頃はインターネット技術や情報交換のあり方の変容が進み、それに触発され加速化するグローバル経済の影響によって、既存の生産業やサービス業の仕組みの改変が多くの先進国でおこなわれた時期にもあたる。日本でもバブル経済崩壊後に多くの働く男性が「サラリーマンの理想郷」ともいえる終身雇用の職場を失い、大量失業という社会現象が生じた[6]。リストラ、就職氷河期、自殺の増加、オタク、引きこもりなど、日本男性のアイデンティティのあり方を問う言説がメディアにあふれた。ボーン版『白鳥の湖』のワンシーンがカメオ演出として使用され話題になった、イギリスのBBCが二〇〇〇年に制作した映画『リトル・ダンサー』（監督：スティーブン・ダルドリー）も、ニュー・ミレニアム以降の男性性のあり方を問うものだった。この映画の舞台は一九八〇年代半ばのイギリスで、マーガレット・サッチャー政権の時代の炭鉱労働者たちとその家族の苦悩を描いている。炭鉱労働組合という既存組織は弱体化し、多くの男たちが行き場を失って路頭に迷うなか、炭鉱員の息子である主人公の少年ビリーは一人バレエに没頭していく。バレエなど女の子がするものだという炭鉱町に住む男たちの固定観念をはね飛ばし、ビリーは踊る男性として軽やかなステップとともにマスキュリニティの変容を体現してみせるのである。この映画は日本を含め多くの先進国でヒットし、イギリスではその人気からミュージカル版も制作された。舞台の設定は八〇年代半ばのイギリスにある炭鉱町ダラムだったが、二〇〇〇年に制作されたこの映画の成功は、男性性の変容というテーマが二十一世紀の初めに多くの国で問われていたことの証左でもあるだろう。

コンネルの著書『マスキュリニティーズ』のいちばんの功績は、男性性という概念の複数性を明確に言語化したことにあるといえる[7]。男性性は女性性と対比されることで、覇権的で一枚岩的な概念として捉えられがちである。家父長制を基盤とする社会では男性の覇権的地位が絶対的であればあるほど、その内実や複雑性に関する踏み込んだ議論がなされることが少ない。まさに空気のように当たり前の存在なのである。しかしコンネルは同書のタイトルからもわかるように、男性性は複数であり、覇権的な男性性もあれば従属的な男性性もあることから、それらは常にすでにせめぎあいながら共存していると説く。いうなれば、覇権的男性性というものはそのほかの多くの男性性のあり方に依存しているのである。したがって、男性性とは強固にみえて実は非常にもろく不安定な概念なのだ。

ボーン版『白鳥の湖』はまさにそうした男性性の多面性、そしてもろさゆえに、男たちが経験する葛藤を正面から描いたまれなバレエ・テクストといえるだろう。前述したように古典版では白鳥オデットと黒鳥オディールの関係を通して女性性の両義性が体現されるが、ボーン版では王子と白鳥のあいだに男性性の混沌とした交渉が表現されることになる。

ボーン版の主人公となるのは、現代の王室に女王である母と暮らす、青年期にある王子である。王子は幼少の頃から白鳥に執着心をもつ設定になっていて、男性の白鳥が力強くもしなやかに舞うシーンを夢に見て、うなされながら目を覚ますというプロローグから、舞台は幕を開ける。第一幕を通して明らかになるのは、成人になった王子が王室の人間としての責務にへきえきしていて自らの人生に生きがいを見いだせない状況にあることだ。父がいない王子にとって王室で唯一のよりどころであるはずの母は、女王であることを優先し息子の心情に心を寄せる余裕がなく、自らの性の快楽や欲望を満たすことに夢中になっている。王室の執事も王子の苦しい心境に気づきながら、手を差し伸べることなく、逆にそれを利用してさらに王子をおとしめていこうと企んでいる。これらの設定は当時のイギリス王室でのダイアナ妃の扱いが物議を醸していたことの風刺だとも読み取れるが、本章の議論にとって最も重要なのは、王子という青年男性が大人社会に不信を抱いているという点である。母である女王は王子に王室の人間らしく気品高く威厳をもって振る舞うようにと促すが、王子にとってはその王室文化自体が母親自らがさらけだしているように虚構であり、したがってそんな王室を担う存在へと成長することに、消極的になっているのである。そして何より、覇権的男性性の象徴としての父が、この王室にはそもそも不在なのだ。

そんな状況下、王子は何をしようとしてもうまくいかない日々が続く。王子は女王から結婚相手を探すよう求められるが、貴族出身者ではなく一般人の、しかも王子のいいなずけに求められる清楚さや気品を備えた女性とはほど遠いタイプのガールフレンドと交際してみたりする。もちろん女王はそんなガールフレンドを認める気はない。だが皮肉にも、王子がしていることは実の母である女王が息子の目の前で日頃していること、つまりクィーンガードと呼ばれる近衛兵に見境なく色目を使っていることのまねごとでしかないのだ。地位や階級の差という大人の事情を顧みず、気の向くままにたわむれる王子は、まるでおままごとをしつづける成年男性のようにみえる。このようにボーン版『白鳥の湖』の主人公である王子は、手本にできる大人像、あるいは理想の男性性を奪われた成人男性であり、この物語はそうした男性の葛藤を描いたおとぎ話になっているのである。

3 男性「白鳥」とは誰か

ボーン版に登場する男性の白鳥とは一体何者なのか。『白鳥の湖』というあまりにも有名なクラシック・バレエの白鳥をすべて男性ダンサーに踊らせるという演出のインパクトは、当初きわめて大きかった。一九七〇年代に結成され、古典バレエのパロディーをレパートリーにすることで有名なトロカデロ・デ・モンテカルロバレエ団も、『白鳥の湖』の一部を全男性キャストで上演している。しかし同バレエ団による『白鳥の湖』では、オデットなどの女性白鳥役は男性ダンサーがいわば「ドラァグ」として演じている。ジェンダーやセクシュアリティの規範を誇張やユーモアを通して浮き上がらせ、あわよくばその覇権に挑戦する「キャンプ」という手法を、ト

写真1　第2幕に登場する白鳥たち
（出典：Matthew Bourne dir., *Swan Lake*〔DVD〕, NVC Arts and Warner Music Vision, 1996.）

ロカデロ・デ・モンテカルロバレエ団は実践しているといえる[8]。

それに対しボーン版の白鳥はあくまで男性ダンサーが男性役の白鳥を踊るのである。そこにジェンダーの入れ替えを通したドラァグの要素はない。男性がチュチュを着て踊るのでなく、上半身裸の男性の身体を舞台の上で堂々と表現するのである。ダンサーとして鍛え上げられた肉体を誇示するかのように白鳥たちは舞う。バレエシューズを履かず、素足でステップを踏む白鳥たちは野性的でもあり、強さと優雅さを感じさせる。ダンサーたちが身にまとうのは腰から膝までを覆う白鳥の羽を思わせる白いモップ状生地の衣装だけであり、上半身裸のダンサーたちの多くが脇や胸の体毛を処理しておらず、古典版の『白鳥の湖』のダンサーの集合体コール・ド・バレエが作り出す雰囲気とは全く異なっている（写真1）。ボーン版の白鳥は、明らかに男性キャラクターとして構成されているのである。

男性ダンサーたちからなるコール・ド・バレエが演出する白鳥は、その動物性が強調された演出になっているといっていい。ボーン自身も、構想段階で白鳥のキャラクターによって強い野性性と動物性を吹き込みたかった旨を語っている。[9] 古典版ではオデットがロットバルトの呪いによって白鳥に変身させられていたが、夜になると月の光に照らされた湖のほとりだけではもとの人間の姿に戻ることになっていた。したがって王子とオデットが絡む第二幕と第四幕のほぼすべてで、白鳥といいながらもオデットは人間の姿をしていることになる。それとは対照的にボーン版では、第二幕に登場する白鳥は人間の姿をしているのか、鳥なのか、そして誰かの呪いによる現在の姿なのかわからず、きわめて謎が多い存在なのである。ボーン版の設定では、王子が傷心のあまり市街地にある公園の湖に身を投げて自殺を図ろうとした瞬間に、白鳥と遭遇することになる。しかし、この白鳥との遭遇は王子にとって初めての経験ではない。公園の湖で出会った白鳥は、王子が幼少時代にベッドのなかで夢にまで見ていた力強くもしなやかに舞う、あの白鳥だったのである。

その夢にまで見た白鳥と王子との実際のやりとりが、ボーン版の第二幕で展開されていく。この第二幕は、ダンス要素としては、古典版のそれと最も近い構成になっている。全員白鳥のコール・ド・バレエによるフォーメーションの組み方やステップに始まり、四羽の小さい白鳥の踊りまで、現在主流となっているマリウス・プティパとレフ・イワーノフによる古典振り付けへのオマージュが随所にちりばめられている。しかし、その一方で物語としてそこで何が起こっているかの解釈は必ずしも明確でない。古典版の第二幕では王子ジークフリートがオデットと相思相愛となり、ロットバルトの呪いからオデットを解き放つため王室での舞踏会で永遠の愛を彼女に誓うと約束するのである。しかし、ボーン版で王子の相手役になる「The Swan」という役名の白鳥の素性は曖昧で、わかっているのは前述のとおり王子が夢にまで見るほど執着していた鳥を体現した存在だということだけである。

ボーン版『白鳥の湖』が初演以降、ここまでの人気を博してきた理由の一つとして、この第二幕に登場する白鳥たちの踊りや斬新な衣装といった視覚的要素が大きく影響していたことは間違いないだろう。その一方でこの第二幕以降の物語展開の解釈が必ずしも容易でないから、これほどの人気とは裏腹に、ボーン版についての本格的分析があまりおこなわれてこなかったのではないかと思える。しかし、おとぎ話の分析手法を用いることで、一歩踏み込んだ議論を生むことができるのではないかと考えている。

神話や昔話には少年が苦境や試練を乗り越えながら成長を遂げ、最終的には女性と恋に落ち結婚するという「英雄譚」が一つの代表的な型としてある。こうしたおとぎ話の典型は現代のアニメーションや漫画といったポピュラー・カルチャーにも受け継がれている[10]。少年には、成長し社会構成員として一人前の男になることが何よりも期待されているのである。しかしボーン版の主人公である王子は成人になってもまだ、大人社会への絶望から、幼少の頃から依存しつづけている白鳥との想像の世界に閉じこもり、現実にうまく適応できずにいる。自殺を決意する前、王子が感情をむき出しにして母親に愛を懇願するシーンがある。成年になった王子が母に抱擁を迫り拒否されるシーンには、半ば近親相姦的な愛情の気配も感じられる。この物語では一般的な「英雄譚」は展開しない。むしろ成長することに失敗を重ねる少年の姿が描かれているのである。だから、異性愛至上主義の物語では定番の主人公に寄り添う乙女も姿を現すことなく、王子は窮地に陥っていく。王子の唯一の味方として想像の世界から舞い降りてきたのが白鳥だったと考えられる。「The Swan」という名のこのキャラクターは、The と定型詞がついているように、王子が常に夢見ていたあの一羽の白鳥だったのである。

4 「白鳥」の舞いに魅せられて

第二幕で「The Swan」の白鳥に遭遇した王子は、即座にこの鳥に興味を抱き、恐れることなく近づいていく。一羽優雅に舞う白鳥の姿を目で追いながら、王子は見よう見まねで同じように舞おうとする。このシーンの王子とスワンのシンクロするような振り付けはこのあと何度となく繰り返される。第二幕の二人によるパ・ド・ドゥ

写真2　第2幕での王子と The Swan によるパ・ド・ドゥ
（出典：*Ibid.*）

のアダージオでも同様のパターンを見て取れる（写真2）。ドラモンドは、この振り付けが王子の白鳥に対する憧れ、また白鳥が象徴するものを模倣したいという欲望の表れでないかと解釈する。[11]

通常の古典版でのアダージオでジークフリートはリフトやツイストでオデットの舞いをサポートし、また彼女の腕や足の線をより際立たせるために黒子のような役割を果たす。男性ダンサーと女性ダンサーのジェンダー差異を体現するダンスを通して両者が文字どおり絡み合うラブ・シーンなのである。あるいはローズ・イングリッシュが説くように、トゥシューズを履いて真っ直ぐに伸びたバレリーナの足やその直線的な身体の線は、興奮した状態の男性のペニスを象徴していると解釈することもできる。[12] ピーター・スタンレーもまた、男性ダンサーが女性の身体を自分の勃起したペニスのように扱い、それを思いどおりに愛でる行為は、自らの性欲にふけるマスターベーションを体現するものとしている。[13] これに対しボーン版では、王子が白鳥を自らの手のひらでもてあそぶどころか、われを忘れ白鳥の優雅かつ凛々しく舞う姿をまねようとするのである。したがって、一見そこに男女というジェンダーの差異は古典版に比べて鮮明に確認できないが、白鳥が王子の想像するファルスだと解釈するなら共通項も見いだせるのではないだろうか。

ドラモンドが示唆するように、王子が白鳥の踊りを模倣することで白鳥が象徴する何かを得たがっているとするなら、それは何なのだろうか。それは王子自身に欠如している社会的な成人という、ファルスとしての男性性そのものだろう。精神分析的な表現を借りれば白鳥の鍛え上げられた身体自体が王子にとってはペニス羨望の投影となっているのである。鍛え抜かれた肉体を視覚的に惜しみなく露出している白鳥の衣装とは対照的に、王子の衣装はほぼ全身を覆っている。白鳥が勃起し亀頭をむき出しにしたペニスをほうふつとさせるとすれば、王子は包茎したままの状態ということになる。それでも、白鳥の舞いを模倣することで王子も白鳥のように勃起したい、つまりはファルスとしての男性性を獲得したかったのではないだろうか。古典版の第二幕での王子と白鳥によるアダージオが、客体化した女性をトロフィー・ガールのようにほかの男性に見せびらかすことでファルスの権威を示すものだとすれば、ボーン版のそれは、男たちが集まって同時にオナニーをすることで自らもファルスの権威の一員だと確認するホモ・エロティックな集団自慰（circle jerk）だとも解釈できる。

王子と白鳥のアダージオでは、シンクロする振り付けのほかに二人が身体をともに支え合ったり、お互いをリフトしたりする場面もみられるが、双方の身体は勃起したペニスのように直線的なラインを保っている。しかし、アダージオの終盤に王子と白鳥が見つめ合う場面では、王子は白鳥の上半身に自らの身体を絡み付けるように抱き付く。しかしそのとき、白鳥の腕は王子を抱擁するために肘を曲げることなく直線を維持しつづけている。直線から解放されたのは白鳥に絡み付く王子の身体だけである（写真3）。

この「抱擁」シーンは、ボーン版『白鳥の湖』が男性同性愛の物語、あるいは白鳥と王子の恋愛を描いたものだという一般的解釈を誘った決定的な根拠だろう。しかし、それははたして妥当な解釈なのだろうか。というのも、直線を維持しなくなった王子の身体はクライマックスを迎え射精したあとのペニスを象徴しているという理

写真3　The Swan に抱き付く王子
（出典：*Ibid.*）

解が可能だからである。それとは対照的に、それでもなお力強く直線を保っている白鳥の身体は限りない精力を備える超自然的な男性性を示唆していて、王子はそのファリックな力にすがろうとしているという解釈もできるのではないか。したがって、このアダージオが同性愛的な要素を喚起するとすれば、それは白鳥と王子の関係性というよりも、王子の側のオート・エロティシズムの結晶がそうみえると考えるほうが、よりしっくりくるだろう。

先に紹介したスタンレーも、ボーン版の白鳥とは王子が見る独りよがりな幻想でしかないのではないかと解釈している。[14] 筆者もこの解釈に同意するのだが、このことはボーン版の舞台装置も根拠になっている。王室の文化にへきえきする王子の様子を捉える場面を含む第一幕には、舞台装置として宮殿を思わせる複数の柱が備えられている。しかし、第二幕の王子が白鳥と遭遇する湖のほとりの市街公園のシーンにも、この柱があるのである。つまり、第二幕の白鳥との遭遇場面は、王室にこもって悩んでいる王子が見た夢、あるいは幻想だったのではないかという解釈は十分に成り立つのである。

第二幕の終わりに王子は「The Swan」という白鳥と遭

遇することで自らの理想像を獲得し、生きるエネルギーを取り戻していく。公園のベンチに残しておいた遺書のようなメモ書きを破り捨てて意気揚々と王宮に戻っていく。しかし王子が出会った白鳥が幻想のなかの存在でしかなかったとすれば、この物語はどのような結末を迎えるのだろうか。あるいは、幻想と現実との境界線を王子は見極めることができるのだろうか。

5　幻想の裏切り

第三幕は王宮の舞踏会シーンから始まる。白鳥に心奪われた王子は来賓に失礼がないよう取り繕うものの、母である女王から結婚相手の選択を迫られ、いら立ちを隠せない。古典版では、ジークフリート王子はオデットに永遠の愛を誓うと約束し、彼女を舞踏会に招いてその到着を待ちわびている。しかし、そこに現れるのはロットバルトの娘でオデットそっくりのいでたちの黒鳥オディールだった。ボーン版で王子と白鳥のあいだに再会の約束があったかどうかは定かでない。それでも、舞踏会のシーンに遅れて到着したのは「Stranger」という役名の、「The Swan」にそっくりな人間の姿をした黒ずくめの男だったのである。

その男は到着するなり、「The Swan」の荘厳かつ誠実な男性性とは正反対の態度を示す。酒を暴飲し、舞踏会に出席している女性たちを手あたり次第に誘惑していく。そのさまは男性的ではあるものの、乱暴で淫乱でさえある。前述したが、古典版では白鳥オデットと黒鳥オディールのどちらにも引かれる王子ジークフリートの心理が、男性が抱える「聖女娼婦コンプレックス」を象徴していた。ボーン版でも同じダンサーが「The Swan」と「Stranger」を踊るのだが、この二つのキャラクターがいうなれば「聖男娼夫コンプレックス」を体現しているといえるだろうか。幻想の世界で王子が遭遇した白鳥は小さい頃から夢で見ていたとおり、理想の成人男性像を体現していた。野性的で精力に満ちていながらも誠実さを兼ね備えている存在である。ところが現実の舞踏会に姿をみせた「Stranger」は世俗的で好色な、王子が軽蔑する大人社会を象徴する男だったのである。男の風貌から王子がまさかと期待した「The Swan」はそこには存在せず、「よそ者」として現れた男は困惑する王子に現実を突き付ける。「The Swan」は王子の心の中の幻想にすぎず、現実の世界は何も変わっていないということを。

困惑する王子を尻目に、「Stranger」は王子の母親である女王まで誘惑しようとする。女王も「Stranger」の妖しい魅力に次第に取り付かれ、公共の場にもかかわらずその男に欲情していく。そんな光景を見るに堪えない王子はまたしても幻想を呼び起こして、「Stranger」とのパ・ド・ドゥを試みるのである。王子はこの「Stranger」をどうしても「The Swan」だと思いたいのである。第二幕の白鳥を模倣する舞いはここでは示されず、二人は手を取り合いながらオーソドックスなパ・ド・ドゥを試みる。王子は「Stranger」がはたして自分が湖で出会った「The Swan」なのか半信半疑のまま踊り続けるが、その男が変わらずみせる乱暴で高圧的な態度から、徐々に絶望感だけが増していく。古典版では、自分の目の前で踊っている黒鳥オディールが湖で出会った白鳥オデットなのかという王子の疑心を払拭させる、非常に有名なシーンがある。それは王子とのパ・ド・ドゥのコーダで黒鳥オディールがグラン・フェッテ・アン・トゥールナンを三十二回転連続で舞うシーン(15)である。魔力にも似た、見る者を魅了するその技巧と迫力で、王子に黒鳥と白鳥が同一人物であると信じ込ませるのである。まさに目くらまし秘技といったところなのだが、しかし、ボーン版ではこのあまりにも有名な黒鳥のコーダにあたる踊りが「Stranger」によって披露されることはない。より正確には、披露する必要がないのである。それは王子が「Stranger」は「The Swan」でないこと、また「The Swan」という存在自体の危うさに、すでに気づきつつあったからだと解釈できる。

この第三幕での王子と「Stranger」とのパ・ド・ドゥは、あくまでも王子が幻想のなかでみているシーンにすぎない。しかしその幻想の世界でさえ、王子は「Stranger」を「The Swan」のように踊らせることができないのである。パ・ド・ドゥの終盤で、「Stranger」は追い打ちをかけるかのように第二幕で「The Swan」がみせた振り付けと同じステップや動作を披露し、王子の幻想の世界を侵食していく。まるで「おまえが見たかったのはこのように踊る男だろう」といわんばかりである。幻想の世界に現れた「The Swan」など虚構の存在であり、すべては王子の理想を人物化（あるいは動物化）したものにすぎなかっただけなのだ、と王子に思い知らせるかのようなシーンだといえるだろう。この「Stranger」とのパ・ド・ドゥによって王子の精神はさらに乱れ、自らを追い詰めていく。あの白鳥が現実のものでないとしたら、自らの成長を導いてくれる力強く包容力がある白鳥が虚構だとしたら、自分はどうすればいいのかと、王子は混乱する。他人であるはずの「Stranger」の登場とその行為が皮肉にも王子の最も私的な事情を浮かび上がらせ、混乱のなか舞踏会は幕を閉じる。サラ・アーメッドは、「見知らぬ人」（まさにStranger）とは実はその社会がよく知っている存在、あるいは自分たちの社会の内情を映し出す鏡のような存在として社会的に機能すると説く。[16]それにならえば、第三幕で王子とパ・ド・ドゥを踊る「Stranger」も王子が幻想のなかで自ら呼び起こした、いわば王子の心理状況の混乱を投影した存在だと考えることができる。実は王子は「The Swan」を現実の世界に存在させることの難しさにうすうす気づいていて、心の底ではその恐怖におびえていたとも解釈できるだろう。幻想のなかの「Stranger」は、王子が抱くその恐れが形になったものにすぎない。王子は湖で遭遇した白鳥との体験（幻想）によって生きるための精力を取り戻したのもつかの間、物語の終焉に向けて再び自ら墜落していくのである。

6 「成長」の失敗と母性

ボーン版『白鳥の湖』最終幕の分析の前に、ここまでみてきた、成長したいという欲望を抱えながら失敗しつづける現代の青年のマスキュリニティについての議論に触れておきたい。前述したおとぎ話のなかの「英雄譚」にリアリティを感じることが急速に難しくなった現代で、それに代替するものとは何なのだろうか。評論家の宇野常寛は『母性のディストピア』[17]で、それは男たちが成長せずままごとを続けるとしても、それを過大に評価し自尊心の形成を支えてくれる母性だとする。つまり、母性の肥大化こそが男性にとって「英雄譚」としての機能を果たすおとぎ話を補完する糧になっているのだというのである。その結果、男たちは成長しきれない自分に無自覚なせいで、ままごとを繰り返して成長しないのである。宇野が展開するのは、戦後のアニメやポピュラーカルチャーが描く男性にとって都合がいい「母性」の増殖に関する複雑で多岐にわたるメディア論である。ここでは、ボーン版『白鳥の湖』の分析に参考になる議論を抽出したい。

宇野によれば、敗戦を経て資本主義大国アメリカの覇権の傘下に取り組まれた日本は、経済的にも政治的にもアメリカの「舎弟」としてアイデンティティを形成し、戦後体制の終わりがみえないその状況の慰めとしてユートピア的な母性を求めてきたとする。宇野は手塚治虫の代表作『鉄腕アトム』を例に取って、以下のように説く。

成長しない／死なない身体を用いて成長と死を描くこと――「アトムの命題」――とは、アメリカという望まれざる義父に抑圧されて、「十二歳の少年」のまま経済大国としてその身体のみを肥大させていったこの国のアイデンティティそのものだった。[18]

つまり、肥大化を可能にしたユートピア的な幻想とは裏腹に、現実には男たちは自慰をしつづけるだけで、一向に成長しないというパラドックスが生まれたと、宇野は指摘する。そしてこの傾向は、インターネットというメディアが急速に一般化した一九九〇年代に加速したのだと論じている。インターネットは人と人をつないだ一方で、包括的な考えや大きな物語を通して現実のあり方を問い直すといった社会的コミュニケーション回路を解体し、特定の興味や主張をもつ人々が閉鎖的で強いつながりを作る無数のコミューン形成を促した。そこに大きな物語の役目はすでになく、それぞれのコミューンにとってのさまざまな現実が無限に並列するだけである。必要とされるのはただそれを可能にする情報環境の整備だけなのだ。そういった現在の情報環境に鑑みれば、戦後日本が義父のアメリカに対してどのように成長しうるかといった「アトムの命題」さえ成立し難くなっているといえる。[19]この宇野の議論は、東浩紀による、情報をある枠組みや言説の構成部位として捉えるのではなく、個々の情報が独立した「データベース」として利用可能になることを現代のネット環境が促したという理論に依拠している。[20]その考え方によれば、消費者は自由自在に情報の意味やほかの情報との相関性をカスタマイズするようになったといえるのだが、宇野は、その「データベース」がもつ負の部分に焦点を当てることで、「母性のディストピア」という問題を提起しているのだと思われる。インターネットを基盤にした現在の情報環境は、男性たちがどのように成長しうるかという難題を問い続けることをしにくくし、それぞれが居心地がいいデータベース化されたおとぎ話を現実として消費させてくれる、まさに全能の母――母性の肥大――を量産しつづけていると、指摘しているのである。

世界的に人気を博すスタジオ・ジブリのアニメ作品の多くには、強い女性が登場する。そうした女性の多くは空を飛び回り、自然という自分より大きなものに向き合って生きている。『風の谷のナウシカ』（一九八四年）のナウシカしかり、『魔女の宅急便』（一九八九年）のキキしかりである。宇野はこれらのキャラクターが監督である宮崎駿自身を含め、自らは少年のまま成長せず、強い少女たちを幻想の世界で飛ばせたいという男たちの欲望が創造させたものだと批評する。[21]ボーン版『白鳥の湖』でも王子は自分自身は成長に行き詰まり、理想化した白鳥「The Swan」を自分の夢のなかで飛ばせている。ナウシカやキキは女性であり「The Swan」は男性であるという点でジェンダーの違いはあるが、どちらも男性たちのマスキュリニティの欠如を克服するために招聘された理想像である点で共通している。

宇野の議論はおおむね日本の文脈に基づいて展開しているが、欧米圏でも一部類似した男性性の変容がみられる。なぜならインターネットがここ四半世紀にもたらした情報環境の変化は日本特有のものとは言い難いからである。例えば、フィリップ・ジンバルドーとニキータ・クーロンは『男子劣化社会』[22]で、社会心理学の観点から欧米の多くの男たちもまた自分たちの男性性の構築に苦戦している状況に注目している。女性の社会進出が進むなか、以前のように核家族環境のなかで母親が息子たちのストレスに対処する暇と余裕を持ち合わせていないことを、男子が苦戦する一つの理由として提示している。[23]この解釈はフェミニズムの視点からすると、子育てを女性に押し付ける固定観念に依拠したものといえるため慎重に扱わなくてはならないだろう。しかし、多くの母親が働きに出ている現代、彼女たちも男性と同じストレスを抱え、伝統的な「母性」や「母親」像を息子に提供しつづけることが難しいのは明らかだといえる。ボーン版『白鳥の湖』に登場する女王も王子に全能の母性を提供できないキャラクターとして設定されている。ジンバルドーとクーロンはそういった状況のなかで現代の多くの少年や青年たちはインターネットという空間のなかに「母性」の代用を見いだし、癒やしを求めるとする。結果、インターネット上ではより過激なポルノグラフィーや加工された女性像または男性像がいままで以上にいびつな形態で増殖していく。そこでは虚構と現実の距離は急速に縮まり、曖昧な相互関係を構築していくことになる。あるいは、もはや虚構が現実を批判する道具として機能せず、虚構を現実の延長線上に捉える状況にさえあるといえる。

ボーン版『白鳥の湖』が一九九五年というインターネットがそこまで普及していない時期に発表されていることを思えば、その後予想もつかないスピードでわたしたちの情報環境が変化していくなかで展開することになる成長できない男性たちの議論を先取りしていた作品ということとなる。四半世紀たってもその人気が衰えることを知らないことからも、この作品は現代の男たちが妄想する「母性」のいびつな暴走という物語に共鳴していると考えることもできる。

しかしなぜ、いびつな「母性」は肥大しつづけるのだろうか。それは成長に苦しむ男たちが「母性」に頼って成長しようと試み続けるからである。苦しみから解き放たれるには、成長せよという言説自体を批判し、その言説にとらわれることをあえて拒めばいいのではないだろうか。強制異性愛主義が覇権を振るう社会では少年は異性愛者へと成長を遂げ、再生産活動に励むことが期待される。したがって、同性愛者やクィア的な存在は社会のなかで「将来性のない」、一人前ではないよそ者という扱いを受ける。[24]そもそも彼らは存在すること自体を許されているとは言い難い。クィア理論家のホセ・E・ムーニョスはクィア的存在のはかなさをダンスという芸術を例にして訴えている。ダンスは絵画などに比べ、時間の流れに沿って次から次へと振り付けとともに動き流れていく芸術であり、[25]クィア同様、ある意味ではかないものと理解できる。クィアはそのはかなさゆえに、ひるがえっては異性愛主義の強靭さを批判する契機ともなりうるのである。

しかし、最終幕で王子はこうしたはかなさを選択することはなかった。「The Swan」という存在が虚構であると気づいたあとも、それをさらに絶対視しようと試みたのである。つまり、成長したいという呪縛から自らを解き放つことに失敗したのである。半狂乱の精神状態に追い詰められた王子はベッドの上でうなされる。そこに白鳥たちが登場し、「The Swan」も、王子のベッド――いつも白鳥を夢見ていたベッド――に突如あいた穴から這い上がってくる。虚構の肥大に気づきながらもあえてそれを無視することで強引に解決を求めようとする王子の心理状況と、無理やりにでも夢の存在の「The Swan」を自分に近い存在にしようとする焦りが、このシーンからうかがえる。最終幕での白鳥との再会はまたしても王子がベッドの上で見ている幻想、あるいは夢の世界での出来事と解釈することができる。

全能の母性を体現する「The Swan」への執着はやむことなく、王子は最後のとどめさえ刺すことになる。夢のなかで「The Swan」を殺し、自らも死ぬのである。死後の世界で永遠に二人が結ばれ、同化するために。王子は凶暴化した白鳥のコール・ド・バレエから攻撃を受けるが、そこに「The Swan」が割って入って王子の身

写真4　The Swan に抱擁される幼少期の王子
（出典：*Ibid.*）

代わりになる。やはり、王子にとっての「The Swan」はいつでも自分を庇護してくれる絶対的存在なのである。結果、「The Swan」は八つ裂きにされ、永遠の眠りにつくことを暗示しながら、またベッドの穴のなかへ沈んでいく。その夢の筋書きを描く王子もまたベッドの上で息絶え、それを発見した女王は悲しみにくれる。彼女は王子が期待する全能の母にはなれなかっただけで、王子を愛していなかったわけではないのである。ボーン版『白鳥の湖』は、全能の母の代理として王子が夢のなかで作り上げた「The Swan」がベッドの頭上で天国に浮かぶように少年の頃の王子を腕のなかに抱き締めて、幕を閉じる（写真4）。王子にとって「The Swan」という存在が確立するとともに、もはやそこにはクィア的なはかなさは存在していない。

おわりに

本章は、ボーン版『白鳥の湖』にみられる成長に苦心する男性性の物語を、おとぎ話という枠組みを頼りに論じてきた。特にここ四半世紀に起きた男性性の議論と急速な情報環境の変容から影響を受けたメディア論を応用しながら、同作品の一解釈を提示することに努めた。男性性の多様性という概念が論じられるようになったが、現代のさまざまな状況変化によって、男たちは自らのアイデンティティの問い直しを迫られてきた。その決して容易ではない問いかけに苦戦するなか、進化しつづけるネット環境は、男たちによりどころを提供してきた。社会の変容のため大きな物語が機能しなくなった現代、幻想の構築が現実の危機からの避難所として機能するようになった。さらには、その避難所から抜け出せない男たちが増えつつある。ボーン版の王子はそうした現代の青年像を象徴していると考えられるが、「The Swan」は王子の幻想を守るために、自らの命を捧げる。王子はそんな白鳥の腕に抱かれやはり命を落とすのだが、この幕切れはあまりにも切ない。この結末に同情するか、あるいは現実を乗り越えることなく死を選んだ彼を批判するかは鑑賞する者に委ねられているといえる。

おとぎ話は訓話（cautionary tale）としての役目を担う文化テクストであり、主人公が犯す失敗を省みることで規範的なジェンダーやセクシュアリティのあり方の理解へわたしたちを誘導する。一方、ボーン版『白鳥の湖』の王子は、規範的なジェンダーやセクシュアリティから抜け出せなかったために破滅したともいえる。このことを示しているボーン版『白鳥の湖』は、いわば規範を解体するためのオルタナティブなおとぎ話であり、だからこそ現代的な価値をもっているともいえるだろう。もし王子が、男としての理想像だった「The Swan」に別れを告げ、自らの翼で飛び立とうと決意したなら、いったいどのような舞いを舞台の上で見せてくれるのだろうか。王子がまた恋をしたら、どんな相手とどんなパ・ド・ドゥを踊るのだろうか。ボーン版『白鳥の湖』は、そんな興味と想像をかき立てる、現代の男性性の議論と連動した、けうなバレエ・テクストなのである。

注

（１）「聖女娼婦コンプレックス」はジークムント・フロイトによって精神分析学的に概念化されたが（Sigmond Freud, *Drei Abhandlungen zur Sexual Theorie*〔*Three Essays on the Theory of Sexuality*〕, F. Deuticke, 1905.）、その概念を現代女性に性差別的な環境を与える社会的要素として考察した次の文献を参照されたい。Naomi Wolf, *Promiscuities: The Secret Struggle for Womanhood*, Random House, 1997.

（２）Suzanne Juhasz, “Queer Swans: Those Fabulous Avians in the *Swan Lakes* of Les Ballets Trockadero and Matthew

Bourne," *Dance Chronicle*, 31(1), 2008, p. 58.

（3）Kent G. Drummond, "The Queering of Swan Lake: A New Male Gaze for the Performance of Sexual Desire," *Journal of Homosexuality*, 45(2-4), 2003, p. 245.

（4）R. W. Connell, *Masculinities*, University of California Press, 1995.

（5）伊藤公雄『男性学入門』作品社、一九九六年

（6）日本社会の「サラリーマン」をめぐる言説と男性性のつながりについては次の文献を参照されたい。Romit Dasgupta, *Re-reading the Salaryman in Japan: Crafting Masculinities*, Routledge, 2013.

（7）Connell, *op.cit.*

（8）Juhasz, op.cit., p. 59.

（9）Ibid., p. 57.

（10）三浦佑之『昔話にみる悪と欲望——継子・少年英雄・隣のじい　増補新版』青土社、二〇一五年、一〇五ページ

（11）Drummond, op.cit., p. 249.

（12）Rose English, "Alas Alack: The Representation of the Ballerina," *New Dance*, 15, 1980, p. 18.

（13）Peter Stoneley, *A Queer History of the Ballet*, Routledge, 2006, p. 14.

（14）*Ibid.*, p. 158.

（15）*Ibid.*, p. 19.

（16）Sara Ahmed, *Strange Encounters: Embodied Others in Post-Coloniality*, Routledge, 2000.

（17）宇野常寛『母性のディストピア』集英社、二〇一七年

（18）同書三八七ページ

（19）同書三六—三七ページ

（20）東浩紀『動物化するポストモダン——オタクから見た日本社会』（講談社現代新書）、講談社、二〇〇一年

（21）前掲『母性のディストピア』二〇—二〇一ページ

（22）フィリップ・ジンバルドー／ニキータ・クーロン『男子劣化社会』高月園子訳、晶文社、二〇一七年
（23）同書六五ページ
（24）Lee Edelman, *No Future: Queer Theory and the Death Drive*, Duke University Press, 2004.
（25）José Esteban Muñoz, "Gesture, Ephemera, and Queer Feeling: Approaching Kevin Aviance," in Jane Desmond ed., *Dancing Desires: Choreographing Sexualities on and off the Stage*, University of Wisconsin Press, 2001. pp. 430-432, 441.

第8章　現代美術にみる狩猟と男性性
――おとぎ話文化研究の視点から

村井まや子

1 「男らしい」狩猟

男性は狩猟し、女性は採集するという性別による分業が、生得的な性質に起因する本質的なものであり、はるか昔から常に普遍的に存在したと考えるのは、社会的・文化的に構築された概念である。キャサリン・ベイツは『男性性と狩猟――ワイアットからスペンサーまで（Masculinity and the Hunt: Wyatt to Spenser）』のなかで、人類学、民族学、考古学、進化生物学、行動生態学、霊長類学、ジェンダー研究などを横断する学際的な狩猟採集民研究の新たな動向を踏まえて、男性性と結び付けられた狩猟を、サブシステンス、つまり最低限必要な生活の糧を得るための原初的な手段と見なすのではなく、本来的に、社会的地位を表す「象徴的行為」だったと考えるべきだと主張する。(1)ベイツによると、古代ギリシャのホメロスによる英雄叙事詩『オデュッセイア』では、屈強さや忍耐力や勇気など特権階級の男性が市民社会を統治するにふさわしい能力と資質、つまり家父長制が理想とする男性性を有していることを証明するための通過儀礼として、狩猟が機能しているという。[2]そして、狩猟採集とジェンダーの関係について次のように分析する。

男性が狩猟するのは、そうすることが彼らに「自然」に備わっているからではない（勇ましく、強く、家族を支えることに身を捧げる、など）。そうではなく、彼らが狩猟という高級志向で危険なうえに経済的とはいえない生活手段を選ぶのは、女性とほかの男性のライバルたちに対して、直接かつ明白に自らの資質を実証し、誇示することができるからだ（ときどき肉を食べられるというボーナスがつく）。同様に、女性が採集するのは、身体的に男性より弱いからでも、妊娠や幼児が足かせとなり根拠地から遠く離れることには危険が伴うからでもない。そうではなく、女性は男性と同じ方法で自らの生殖に関する適性を宣伝する必要がなく、経済的に効率がよく、象徴的資本の産出という付加的手段として機能する必要がない食物獲得の方法を選べるからだ（定期的に家族に食べ物を供給できるというボーナスがつく）。この場合、民族学における仮想の定数である性別分業は、女性か男性かという生まれつきの性向の結果ではなく、関係者すべてが合理的な主体として動くゼロサムゲームであり、そこで彼らは自分自身と集団の最大利益のために働き、進化という長い物語のなかで結果的に最善の手段となるものを選ぶのだ。[3]

ベイツのこの議論に従うなら、狩猟とは、人間とほかの動物という異種が絡み合う場であると同時に、男女の差異についての社会的・文化的概念が他種との関係のなかで形成され、強化される場でもある。ベイツが専門とするルネサンス期のイギリス文学をはじめとする西洋文学の伝統では、男性の恋愛の対象としての女性は、狩猟の対象である動物にたびたび例えられ客体化されてきたが、このことからも、獲物を捕らえて仕留めるという狩猟の行為が、文化的に承認される男らしさを定義するうえで重要な象徴的役割を果たしてきたことがわかる。つまり、狩猟について再考することは、男性性という概念が、女性と動物という他者との差異化を通して構築される仕組みを検証することでもある。

本章では、種やジェンダーをはじめとするさまざまな差異をめぐる批評のなかで近年世界的に関心が高まっている、狩猟の対象になり殺された動物の身体を素材として用いた現代美術の作品を取り上げ、それらの作品にみる狩猟と男性性の関係について考察する。最初に、女性と動物と男性が絡み合うゼロサムゲームともいえる「赤ずきん」の物語のなかで、猟師がどのように描かれてきたかを概観し、この伝統的なおとぎ話に反映された狩猟する男性像の変遷を分析する。次に、アメリカの写真家エイミー・スタインと日本のアーティスト鴻池朋子による野生動物の剝製や毛皮を用いた美術作品を取り上げ、それらが異種間に介在する暴力と家父長制のイデオロギーの関係をどのように問い直しているかを考察する。このように狩猟をめぐる表象を、おとぎ話と現代美術という異なるメディアの接点のなかで検証することで、家父長制が求める男性性を示す象徴的行為という意味づけから狩猟という概念を解き放つとともに、他種との生命のやりとりとしての狩猟がもつ現代的意義の一端を明らかにしていきたい。

2 「赤ずきん」の猟師はどこから来て、どこへ行くのか

「赤ずきん」の結末に少女をオオカミから救出する猟師の男性が登場するようになるのは、口承に起源をもつこの古い物語がたどった変遷の歴史のなかで、それほど遠くさかのぼれるわけではない。ヨーロッパに伝わる「赤ずきん」の物語のうち最も古い形の一つと見なされている、「おばあさんの話」[4]として知られるフランス、イタリア、およびオーストリアの一部に伝わる口承民話には、猟師は登場しない。「おばあさんの話」の少女は赤い

頭巾をかぶってはいないが、話の筋は結末を除いて現在広く知られている「赤ずきん」とほぼ同じで、おばあさんのところに食べ物を持っていくようにお母さんに言いつけられた少女が、途中でオオカミに出会い、どちらがおばあさんの家に早く到着するかを競い、道草をくった少女はオオカミがおばあさんを食べてしまったあとに到着する。しかしこの物語では、少女の問いかけにオオカミが「お前を食べるためだよ」と答えた途端、少女は、家の外で用を足してくる、と嘘をついてオオカミから逃れ、お母さんが待つ家に無事たどりつくというハッピーエンドを迎える。最後まで猟師が登場しないこの物語では、タイトルが示すおばあさんだけがオオカミの餌食になり、赤ずきんとオオカミはともに生き残る。

この口承の「おばあさんの話」に親しんでいたと思われるフランスの宮廷作家シャルル・ペローが一六九七年に出版したおとぎ話集に収められたのが、文字で記された最初の「赤ずきん」である。この物語のヒロインに初めて赤い頭巾をかぶせたのも、ペローだったとされている。[5] 少女が森でオオカミに出くわした際に、オオカミがその場で彼女を食べないのは、近くにきこりがいるためだと説明されるが、このきこりが銃を携えているという記述はなく、このあと物語から姿を消す。ペロー版「赤ずきん」は「おばあさんの話」を大筋でたどりながら、結末を悲劇へと改変し、ヒロインがオオカミに食べられたところで話を結ぶ。そして、宮廷の若い女性に向けたと思われる末尾に加えられた「教訓」で、「寝室までついて来る」オオカミ、つまり下心がある悪い男性の誘惑に乗るのは愚かだと戒める。[6] つまりペロー版では、オオカミは野生動物というよりも、若い女性を食いものにする人間の男性の比喩としての側面のほうが強調され、被害者の女性は死をもって罰せられるのに対し、犯罪者であるオオカミは文字どおり野放しにされる。

「おばあさんの話」とペロー版「赤ずきん」の両者に共通するのは、オオカミは物語のなかで人間の性質も付与されていて、オオカミと人間の両方の種にまたがる存在として描かれていることである。「おばあさんの話」では、オオカミは少女との最初の出会いの場面で「オオカミ男（bzou）」と呼ばれていることから、当時ヨーロッ

図1　Ludwig Tieck, *The Life and Death of Little Red Riding Hood: A Tragedy*, Adapted by Jane Browning Smith, Illustrated by John Mulready, Groombridge, 1851, p. 58.

パで広く信じられていた人狼伝説の影響が見て取れる。ペロー版ではオオカミは「オオカミおじさん（compère le loup）」として最初に登場するが、当時のフランスでは compère は名づけ親の男性（通常は子どもの父親と親しい男性）の意でもあったことから、赤ずきんの一家の顔なじみであることが示唆されている。[7] つまりこれらのオオカミは、人間の姿をとることもあるオオカミであるため、人間による狩猟の対象にはならないと考えることもできる。ペローが宮廷作家として活躍した当時のフランスでは、「国王の狩猟」を頂点に王侯貴族によるきらびやかな狩猟文化が全盛期を迎え、ヨーロッパ諸国の宮廷がこぞって模倣したとされている[8]ことから、ペロー版「赤ずきん」の結末に銃を携えた貴族の男性がさっそうと登場してもよさそうなものだが、それでは若い女性に対する教訓の効果が半減するとペローは考えたのかもしれない。

文字で記された「赤ずきん」に初めて猟師が登場するのは、ドイツ・ロマン主義の作家ルートヴィヒ・ティークが一八〇〇年に出版した詩劇『赤ずきんの生と死』だとされている。[9] 物語の最後に猟師はオオカミを撃ち殺すが、オオカミに食べられてしまった赤ずきんは助け出されないまま、悲劇的な結末を迎える。興味深いことに、この戯曲の序盤にはイヌが登場する。イヌとオオカミは、人間の手下兼ボディーガード、つまりイヌであることと、自由と引き換えに人間の敵になるオオカミであることそれぞれの利点について、哲学的問答を繰り広げる。そのなかでオオカミは、猟師によって仲間を殺されたために自分は人間を憎むようになったのだと述べている。つまりこの物語では、猟師とオオカミは最初から敵同士として設定されているため、結末で猟師が登場してオオカミを退治するのは、読者の期待どおりの展開だといえるだろう。五一年にイギリスで出版された英語訳に付せられた挿絵（図1）が示すように、ティーク版「赤ずきん」が強調するのは、イヌのように人間に飼いならされることを拒むオオカミと人間の男性とのあいだの対決であり、主人公であるはずの赤ずきんの存在は後景に退き、彼女の死は猟師がオオカミを撃ち殺すことを正当化し、劇的に演出するための契機として機能しているともいえるだろう。

一八一二年にティークと同じくロマン主義の影響下にあったグリム兄弟が出版した『グリム童話集』初版に、現在最も広く知られている「赤ずきん」のもとになったバージョンが収められている。このグリム版「赤ずきん」の結末に猟師が登場するのは、ティークの詩劇を踏まえたものと考えられるが[10]、グリム兄弟は新たに、猟師がオオカミの腹を切り裂いて少女とおばあさんの両方を救出するというハッピーエンドを作り出した。この改変によってグリム兄弟は、家父長たる猟師に人間社会の庇護者としての責務をまっとうさせているのではないかと考えることができる。ドイツでは四八年に狩猟法が改正されて狩猟は特権階級が独占するものではなくなるが、十九世紀前半まではフランスにならって特権階級の権力の誇示という性格が強く、ティークとグリムもそのような男性権力の象徴としての狩猟が念頭にあったものと思われる[11]。つまり、「赤ずきん」の猟師は、最初からこのような特権階級の家父長制的男性権力を象徴する存在として登場したのであり、オオカミによる「悪い」暴力に対して「いい」暴力を行使することで社会の秩序を回復する重要な役割を担って、これ以降に書かれた「赤ずきん」の再話に欠かせない登場人物になる。

イギリスの挿絵画家ウォルター・クレインが一八七五年に出版した『赤ずきん』の絵本にも、やはり最後に猟師が登場し、オオカミを撃ち殺して赤ずきんを救出する。当時イギリスとアメリカで人気を博したこの絵本では、猟師は「スポーツマン（sportsman）」と表記され[12]、挿絵に描かれるのは趣味として狩猟をたしなむ上流階級の男性である（図2）。そしてその敵として滅ぼされるのは、紳士を装った下層階級のならず者という、人間社会に存在する悪い男性の比喩としてのオオカミであり、善悪が階級関係と重ねられている。また、イングランドでは

図2　Walter Crane, *Little Red Riding Hood*, Routledge, 1875, p. 8.

オオカミは害獣駆除の対象になり十五世紀には絶滅したとされているので、クレインの絵本が出版された十九世紀にはオオカミはすでにお話のなかにしか存在しない猛獣で、当時実際におこなわれていた狩猟の対象ではなかった。クレインが描くオオカミが、人間のように後ろ脚で立ったり服を着て帽子までかぶっていたりと、多くの点で擬人化されているのは、ペロー版と同じく「悪人」の比喩としての側面を強調するためだろうが、それに加えて、オオカミが現実の森を闊歩していた口承民話やペローの時代のフランスとは異なり、種として絶滅してからすでに数世紀経ていたことも関係していると考えられる。クレインが描く猟師は「百発百中の名手（a dead shot）」と評されていて、スポーツとしての射撃の腕前が男性性を評価する基準になっていることがわかる。[13] グリム版のように最後にオオカミの毛皮を持ち帰るという記述もなく、生活手段としての狩猟からは完全に切り離された行為として描かれ、当時大英帝国が世界各地で繰り広げていた侵略戦争での活躍が期待された特権階級の男性による象徴的狩猟としての側面が強調されているといえるだろう。

　二十世紀後半になると、「赤ずきん」の物語は家父長制のイデオロギーを批判するフェミニズムの視点からさまざまに再解釈されるようになり、猟師が体現する家父長としての男性の権力は縮小または消滅に向かっていった。[14] 例えば一九七二年に出版された、イギリスのマージーサイドを拠点にする女性解放運動のメンバー四人の共著による「赤ずきん」の再話では、おばあさんと赤ずきんはたいまつの火とナイフを用いて自分たちの力でオオカミを殺し、オオカミの毛皮を剥いで赤ずきんのためのマントを作る。[15] イギリスの作家アンジェラ・カーターが大人の読者を対象に「赤ずきん」を書き換えた「オオカミの仲間」（一九七九年）では、猟師とオオカミは同一人物であり、猟師は女性を庇護する家父長制的な正義の味方ではなく、思春期の少女を性の目覚めへと誘う危うい魅力と同時に、自らも銃で撃たれて傷を負う動物としての弱さをあわせもつ、より複雑な男性性を体現している。[16]

さらに、欧米をはじめ世界各地で環境破壊による多くの生物の絶滅に対する危惧が高まっている近年の傾向として、人間の都合で害獣駆除の対象になり絶滅あるいは絶滅の危機に追いやられたオオカミを保護する動きが広がるにつれ、人間に危害を加える悪者としての従来のオオカミ像に対する批判が顕著になってきた。こうした自然環境保護の文脈では、人類の活動が地球環境に重大な影響を与える時代である人新世（Anthropocene）の環境弱者であるオオカミを銃で撃ち殺す猟師のほうが、逆に悪者の立場に置かれることになる。一九九〇年代半ばにイエローストーン国立公園とオハイオ州の一部にハイイロオオカミが再導入されて以来、生態系の維持に重要な役割を果たす頂点捕食者であるオオカミの保護の推進者と、オオカミによる家畜への被害を懸念する農場経営者およびスポーツ・ハンティングの獲物をオオカミに奪われることを不服とする人々を中心とする反対派とのあいだで激しい議論がおこなわれてきたが、両者が人とオオカミの関係を表す際に頻繁に引き合いに出すのが、「赤ずきん」の物語である。子どもの頃から親しんできたこの一見無害なおとぎ話が、人々が現実のオオカミに対して抱くイメージの形成にどれほど大きな影響を及ぼしているかを、このことが証明しているといえるだろう。[17]

現代のアメリカで論じられているこのようなオオカミを含む野生動物との関係のあり方をめぐる争点の一つとして、駆除か共生か、人間社会にとっての利益と野生動物保護のどちらを優先するのか、という二者択一の枠組み自体をどのように超えるかという問題があるといえるだろう。以下で論じるように、そこには銃社会といわれるアメリカに特有の狩猟と男性性の問題も深く絡んでいる。アメリカだけでなく日本を含む多くの国々で人と野生動物との新たなせめぎあいがますます顕在化するなかで、競争か共生かという二者択一ではなく、これらが常に同時に起こり、相互に絡み合っている状態（entanglement）として複数種間の関係を捉え、思想家ダナ・ハラウェイが提唱する「トラブルと共にある（staying with the trouble）[18]」立場から、種とジェンダーの差異が絡み合う場としての狩猟について考えてみたい。

3 剝製が語るアメリカの自然史——エイミー・スタイン「飼いならされた（Domesticated）」シリーズ

現代のアメリカにおいて、銃は男性だけのものではない。女性が銃とどのように関わっているのかという表立って論じられることが少ない問題に関心を抱いたエイミー・スタインは、二〇〇一年に「女性と銃（Women and Guns）」と題するドキュメンタリー写真のシリーズを制作した。このシリーズには、平穏でありふれたアメリカ郊外の家のキッチンや庭先で自分の銃を手にする、幅広い世代の一般家庭の女性たちの肖像写真が収められている。イギリスの作家ヴァージニア・ウルフは二十世紀の初めに、女性が自立するためには「自分自身の部屋」をもつことが必要だと訴えたが[19]、現代のアメリカ社会では、女性が自立するためには「自分自身の銃」をもつことが必要だということになるのだろうか。一九九一年に公開されたアメリカ映画『テルマ&ルイーズ』（監督：リドリー・スコット）のヒロインたちが一時的に手にする男性中心社会からの自由は、車という逃走の手段とともに、男性の暴力から身を守り、ときに強盗として生活の糧を得るための道具にもなる銃によってもたらされていた。

女性と銃に対するスタインの関心はその後、現在アメリカ各地で大量に生み出されている、狩猟の対象になって撃ち殺された野生動物の剝製に向けられる。二〇〇五年から〇八年にかけて制作された「飼いならされた

(Domesticated)」シリーズは、「男らしい」狩猟のトロフィーとしての野生動物の剝製を別の文脈に置き直すことで、現代アメリカ社会が抱える暴力と男性性、そして人と自然の相克をめぐる複雑な問題を浮き彫りにする。「飼いならされた」シリーズの舞台であるペンシルバニア州北部のマタモラスという小さな町をスタインが最初に訪れたのは、狩猟と剝製に関する作品を制作しようと考えていたときに、彼女が住むマンハッタンから車で数時間のこの町で、剝製産業が近年特に盛んになっていることを知ったからだったという。[20]スタインは、この町の剝製店にクマやコヨーテやシカなどの野生動物の死骸を持ち込む住民たちから、野生動物との遭遇にまつわる実話をいくつも聞くうちに、それらの遭遇の場面を写真で再現することを思いつく。広大な国有林に接するこの町では、大小さまざまの野生動物が人間が暮らす空間のすぐそばや内部まで入り込み、住民たちは手入れが行き届いた真っ白な家とフェンスで囲われた庭を野生動物の侵入から守るべく、日々対策を凝らしていた。住民に実際に野生動物と遭遇した場所でその動物の剝製とポーズを取ってもらうことで、人と動物の遭遇の場面を活人画のように再現したこのシリーズは、「飼いならされた――現代の自然史のジオラマ」というタイトルで二〇一〇年にハーバード大学自然史博物館で展示され、現代アメリカの自然史のなかで、人と野生動物がこれまでになかった形で場所と資源を共有し始めている様相を、ドキュメンタリー写真と美術の境界をまたぐ表現形式によって映し出した。

アメリカでは一九七〇年代前後に野生動物の狩猟を禁止または制限する法的規定を多くの州が設けたが、二〇一〇年以降は再び狩猟を解禁する傾向にある。例えばマタモラスに隣接するニュージャージー州北西部は、アメリカグマの狩猟を一九七〇年代に禁止したが、二〇一一年には八年前の二倍に相当する約三千四百頭のクマの生息が確認されたことを受けて、州はアメリカグマの狩猟を解禁する決定を下している。[21]環境倫理学者ゲイリー・ヴァーナーは、狩猟をその目的に応じて「環境保全のための狩猟（therapeutic hunting）」「生活のための狩猟（subsistence hunting）」「娯楽のための狩猟（sport hunting）」の三つのタイプに分類し、実際の狩猟行為はこれらのうちの一つまたは複数のタイプに当てはまるとしている。[22] 生態系の維持のためにある種の野生動物が過剰に増えるのを抑える目的で近年解禁されている狩猟は、ヴァーナーによる分類ではおもに環境保全の目的に該当すると考えられるが、実際の狩猟の実践では三つの目的はより複雑に絡み合っているといえるだろう。現在マタモラスで剝製にされる動物のなかで最も数が多いのは、クマだという。血も匂いもない剝製として究極的に「飼いならされた」存在としてこの町の家々のなかに入り込んでいるクマたちの身体は、人工と自然の領域の境界が大きく揺らぎつつある現代社会のなかで人と野生動物がどのような関係を結ぶべきかを無言で問いかけているかのようだ。

アメリカ社会では狩猟をめぐる倫理はどのように形成され、変化してきたのだろうか。歴史家フィリップ・ドレイは『フェア・チェイス――アメリカにおける狩猟の英雄叙事詩的物語（The Fair Chase: The Epic Story of Hunting in America）』で、十九世紀以降にアメリカ東部のエリート層を中心に広まった、狩猟に関する倫理的規範である「フェア・チェイス」の概念の盛衰が、アメリカの野生動物管理にまつわる問題とどのように関わってきたかを考察している。フェア・チェイスとは、アメリカで最も長い歴史をもつ狩猟愛好会ブーン・アンド・クロケット・クラブ（Boone and Crockett Club）の定義によると、「猟師が狩猟の対象とする動物に対して不適切あるいは不公平で有利な立場に立たないような方法による、倫理的でスポーツマン精神にのっとり、かつ合法的な、自由に動き回れる状態の大型野生動物の追跡と捕獲[23]」を意味する。ブーン・アンド・クロケット・クラブは、一八八七年にセオドア・ルーズベルト（のちの第二十六代大統領）が西部辺境地の猟師ダニエル・ブーンとともに創設した組織である。ドレイが述べるように、彼らが掲げた「スポーツマン精神」は、イギリス上流階級の「紳士的」狩猟の流れをくむものであると同時に、アメリカの都市部に住む男性のなかに西部の開拓者精神を呼び覚ますためのものでもあった。ドレイは南北戦争後から一九五〇年代のアイゼンハワーの時代までを「フェア・チェイスの時代」と呼び、フェア・チェイスの原理にのっとったスポーツ・ハンティングが、父から息子へと受け継がれる家族の伝統としてアメリカ社会で広く認知された時期だったと述べている。[24] ドレイはまた、このフェア・チェイスの精神は、野生動物と自然を敬い保護する倫理観を育み、のちの環境保全運動につながった一方で、先住民の猟場の剝奪と、商業目的の乱獲による野生動物の絶滅や絶滅危惧を招いたことを指摘している。

フェア・チェイスの概念の提唱者であり体現者でもあったルーズベルトは、狩猟を男性に生来的に備わっている戦闘本能と征服欲を健全に育む行為と見なしていた。ルーズベルトによると、狩猟とは「男性的な力が発揮される闘技場であり、獲物を追跡し、困難な地形を偵察してうまく通り抜けることで、戦士としての技術と、探検して征服するという本能を培う基礎がすべて満たされる[25]」活動なのだという。狩猟を侵略戦争の予備訓練と見なすこの考え方は、イギリスの帝国主義と狩猟文化との結び付きを踏まえたものであり、一八九八年の米西戦争を皮切りにアメリカを侵略戦争へと駆り立てる戦闘的愛国心を正当化し、助長することにつながった。米西戦争での勇猛な活躍で名を上げて副大統領から大統領の座へとのぼりつめたルーズベルトは、自らが代表するアメリカという新たな覇権国のより強靱な男らしさを誇示するかのように、退任直後の一九〇九年から翌年にかけて「スミソニアン・ルーズベルト・アフリカ探検」を主導し、スミソニアン博物館と国立自然史博物館の展示品の収集を目的とする大規模な狩猟のプロジェクトを実現した。十九世紀にヨーロッパ人によって植民地のアフリカで盛んにおこなわれたスポーツ・ハンティングを目的としたサファリにならい、いわゆる「ビッグファイブ」と呼ばれるライオン、アフリカゾウ、アフリカスイギュウ、ヒョウ、サイをはじめとする大型動物のほか、小動物や昆虫を含む二万五千百五十一体もの標本が両博物館のために収集された。ルーズベルト自身も当時十九歳の息子カーミットとともにこの「探検」に参加し、ライオンやゾウなどの大物を含む五百十二頭を仕留めたという。[26]

このような自然史の名を借りた動物の殺戮へのルーズベルトの過剰な執着を、アメリカが理想にすべき男性性の模範とする向きに対しては、ルーズベルト自身が大きく影響を受けたアメリカの「自然保護の父」ジョン・ミューアをはじめ、心理学者ウィリアム・ジェームズや作家マーク・トウェインなど同時代の識者たちから、その

写真1　エイミー・スタイン「裏庭」2007年
(Courtesy of Amy Stein.)

道徳的な未熟さが厳しく非難されてもいる。[27] 西部の自然保護のために国立公園の整備を推進する一方で、野生動物を追い回して撃ち殺すことに情熱を燃やしていたルーズベルトに「恩赦」されたとされるクマにあやかり、「テディベア」と名づけられたぬいぐるみ——テディはセオドアの愛称である——は、いまも世界中の人々の心を癒やしていて、息子のカーミットが所有していたテディベアは、父子がアフリカで仕留めた大量の野生動物の剝製とともにスミソニアン博物館に収蔵されている。

しかしスタインの「飼いならされた」シリーズが再現するのは、この土地のどこかで実際に起こったはずの、剝製になる前の動物たちが銃で撃ち殺される瞬間ではない。スタインが聞き取った住民の話のなかには、クマなどの大型野生動物を仕留めたスポーツ・ハンターたちの武勇伝が少なくなかったはずだが、彼女の関心は彼らがいかに危険を冒して野生動物を撃ち殺したかという「男らしい」狩猟のドラマには向けられない。このシリーズのほぼ全作品を通して、猟師と銃の存在はいずれも、剝製になって町のあちこちにたたずむ動物たちによって換喩的にだけ示される。

その唯一の例外として、「裏庭（Backyard）」（写真1）と題する作品がある。裏庭のフェンスの外にたまたま現れたシチメンチョウに銃口を向ける男性と、威嚇するために尻尾を広げて男性に対峙するオスのシチメンチョウが、雪景色のなかフェンスを挟んで対比されている。アメリカの慣用句である「シチメンチョウ撃ち（turkey shoot）」とは、「（実力差が歴然とした）一方的な戦い」を意味し、五メートルほどの至近距離にいるシチメンチョウに向かってライフルを構える男性の姿は、フェア・チェイスの体現者としての英雄的な猟師のイメージからはほど遠く、武装した人間に美しい羽を広げて立ち向かう一羽の鳥の勇ましさをかえって引き立てている。オスのシチメンチョウの羽は勇猛さの象徴としてアメリカの先住民族の衣装に用いられることもあり、この北米原産の鳥が先住民のサブシステンスと文化のなかで重要な意味を担ってきたことを考えると、この二者の対立を入植者と先住民の対立と重ねてみることもできるだろう。いずれも赤という警告色を身にまとった異種間の男性性の誇示の対比は、銃が象徴するスポーツマン＝開拓者の「フェア」な暴力が、自己防衛や国土の拡大という大義名分を失っただけでなく、人間＝白人男性中心主義の破壊的側面の表れであること、そしてその暴力が平穏な日常生活のなかにまで浸透している事実を浮き彫りにする。このエピソードをスタインに語った男性は、「あの日の朝は運がよかった」と振り返っている。[28] しかし、ある冬の日の朝、庭先を訪れた一羽のシチメンチョウに気づいた男性は、即座にライフルを構えるのではなく、人間とある種の交流を図っているこの鳥とともに、別の物語を紡ぎ出すこともできたはずだ。

「ローマ花火（Roman Candle）」（写真2）では、二人の十代の少年が、アライグマをバスケットボールのコートのフェンスの角に追い詰めている場面を再現している。アライグマという小さな野生動物を、ローマ花火と呼ばれる小型の火炎放射器を思わせる筒型の花火（危険性が高くアメリカの複数の州は使用を禁止している）とスケートボードという遊具を武器に二人がかりで攻撃する様子は、猛獣に立ち向かう少年たちの勇敢さを示しているというよりは、フェア・チェイスの原則を無視した、環境弱者としての野生動物に対する人間の過剰な暴力のように

写真2　エイミー・スタイン「ローマ花火」2008年
(Courtesy of Amy Stein.)

映る。

マタモラスという町が作られるよりもはるか以前からこの土地の住民だったアライグマは、人工的な環境への適応力の高さから、建物内に巣を作ったり家庭菜園を荒らしたりなど、人間との軋轢が問題になっている一方で、ウィスコンシン州出身の作家スターリング・ノースがペットのアライグマと過ごした少年時代を回想した児童文学『はるかなるわがラスカル（*Rascal: A Memoir of a Better Era*）』（一九六三年）にみるように、人間の近くに暮らすがゆえに人々が親しみを感じてきた野生動物でもある。ノースの物語は一九六九年にディズニーがアニメ映画化したほか、日本でも七七年に『あらいぐまラスカル』（フジテレビ系）としてテレビアニメ化された影響で、アライグマに愛らしいイメージをもつ人々は少なくない。しかし、日本ではその後アニメの人気から大量のアライグマがペットとして輸入されたのちに捨てられて野生化したため、日本生態学会によって「侵略的外来種」に指定されるなど、アメリカでのアライグマとの軋轢をめぐる状況と同様の事態に直面している。ノースが第一次世界大戦に駆り出された兄の身を案じながら過ごした少年時代を振り返る『はるかなるわがラスカル』のなかでも、ラスカルは成長するにつれて人間の生活にさまざまな害を与える

写真3　エイミー・スタイン「威嚇」2005年
(Courtesy of Amy Stein.)

ようになり、最終的にノースはラスカルを野生に戻すことを余儀なくされている。ノースがノスタルジーをもって語るアライグマと人との一時的な幸福な共生は、現実世界では少年が大人の男性――戦場で銃を持って戦う兄のような――へと成長する過程で、焼き払わなければならないおとぎ話であるかのようだ。

「威嚇（Threat）」（写真3）は、そのタイトルとは裏腹に、先の二作品に比べると牧歌的ともいえる、シカと幼い少年との遭遇の場面を再現している。少年に興味を示して近づいてくるオスのシカと、一人で遊んでいるところなのか地面に座ったままシカに向かって小枝を振りかざす少年のどちらにも、互いに危害を加えようとする様子は見られず、むしろ遊んでいるかのように見える。マタモラスで剝製にされる動物の多くは狩猟の対象として銃で撃ち殺された野生動物であり、この作品が用いているシカの剝製もその運命をたどったものと思われるが、ここでの少年と野生動物との対峙の場面では、銃やそれに類する人工の武器の不在が前景化され、少年とシカの交わりをめぐる別の物語の可能性を開いている。

アメリカでのシカのイメージの形成に最も大きな影響を与えた文化テクストは、一九四二年に公開されたウォルト・ディズニー制作のアニメ映画『バンビ』（監督：ディヴィッド・ハンド）だろう。一八六四年にカリフォルニアの州立公園に指定されて以来、アメリカの自然を代表すると見なされることが多いヨセミテ国立公園が舞台になっていると思われる『バンビ』で描かれる森[29]は、動物たちが調和的に暮らす理想化されたエデンの園としての自然界だが、主人公であるオスの子ジカのバンビの母親が猟師に撃ち殺されるという、物語のなかで最も悲劇的なエピソードを境に、楽園追放の物語へと突き進むことになる。自然人類学者マット・カートミルによると、猟師を自然界の調和を壊す悪者として描いたこの映画は、スポーツ・ハンティングの愛好家から強い反発を招き、ルーズベルトも寄稿者だった九八年創刊の「スポーツマンによるスポーツマンのための」雑誌「アウトドア・ライフ（Outdoor Life）」の編集者レイモンド・ブラウンは、この映画を「アメリカのスポーツマンに対する史上最悪の侮辱である[30]」と非難している。内気で心優しいバンビは、母親の死に続き大きな山火事という厳しい試練——いずれも人間の活動が原因になっている——を乗り越えて心身ともにたくましく成長し、森の王者になる。「赤ずきん」と同様に、『バンビ』もアメリカの自然史の一部を形成してきた重要なおとぎ話であり、狩猟される側の動物の視点から語られたこの物語には、暴力による他者の征服とは異なる男性性の理想が表れているといえるだろう。

スタインの「飼いならされた」シリーズの写真を通して剝製になった野生動物たちが語る物語は、自然に対する人間の暴力の歴史とともに、それに屈せず人間が設定した境界を次々に踏み越えて生き延びてきた野生動物たちのたくましい生命力をも映し出している。

4　オオカミとともに——鴻池朋子「インタートラベラー」カンザス大学自然史博物館展

アメリカ北東部でおもに白人男性によるスポーツ・ハンティングの対象になった野生動物たちの剝製の肖像写真を通して現代アメリカの自然史を描き出したスタインの「飼いならされた」シリーズは、鴻池朋子が二〇一六年にアメリカのカンザス大学自然史博物館で展示したインスタレーションの主題および手法と興味深い対照をなしている。

鴻池はカンザス大学スペンサー美術館でのグループ展にレジデンスアーティストとして招かれ、二カ月間カンザス州に滞在して作品制作と展示をおこなった際に、美術館での展覧会とは別に、美術館の向かいにあるカンザス大学自然史博物館にインスタレーション「インタートラベラー」（写真4・5）を展示した。北米に自生する植物の模型と野生動物の剝製を配置した、この博物館の目玉である大きなジオラマ展示は、前述したスミソニアン博物館や国立自然史博物館と同じく、野生の動植物を収集し分類して知識化することで、人間の視点からみた「自然史」という物語を構築し、その世界観を人工的な立体空間として表現したものである。この大学付属の自

写真4　鴻池朋子、カンザス大学自然史博物館「インタートラベラー」展、2016年
(@Tomoko Konoike)

写真5　同展覧会
(@Tomoko Konoike)

写真6　カンザス州の狩猟用具店のディスプレー
（提供：鴻池朋子）

然史博物館という知の空間に配された野生動物の剝製は、スタインがマタモラスの町で見た動物の剝製とは異なり、自然史的知識の発展という公的な目的のために収集されたものである。このカンザスの大自然を模した光景を、鴻池は次のように描写する。「天井には草原の鳥メドウラーク、周りにはドールシープ、ヘラジカ、プレリードックなど多くの剝製動物が水を飲みにやってきている。幸せな構図だ(31)」。この人工的に作り出されたアメリカ中西部版エデンの園ともいえる光景の中心に据えられた泉の縁に、鴻池はプラスチックでできた子どもの脚にオオカミの毛皮を巻きつけた立体作品「インタートラベラー」を設置することを思いつく。「博物学とは分類学だが、分類ができない「人間の半身」を設置したのだ(32)」。芸術人類学者の石倉敏明は、この展示を人類学とアートの越境がもたらす新たな可能性を示す一例と捉え、「博物館の剝製展示のなかに作品を配置することで既存の種の分類を攪乱し、新たな接触領域を出現させる鴻池朋子の最近の実践は、アーティファクト／アートの管理体制を超える、新たなミュージアム体験の可能性を示すものだ(33)」と述べている。

しかし一方で鴻池は、作品を設置した直後に、「この展示はどこか批評、哲学臭く、欺瞞的で強度が足りない」と感じ、「その微妙で重要な感じをうまく修正できない(34)」ことにわだかまりを感じたという。このわだかまりについて考えるために、鴻池がカンザスで目にしたもう一つの野生動物の剝製の展示の光景（写真6）と比較したい。鴻池がカンザスでの体験をつづったパンフレット『Tornado Hunting――竜巻狩り』に収められたこの写真は、展覧会の設置を終えて近郊をドライブしていた際に通りかかった、狩猟用具を専門に扱う大型店舗の中央にしつらえられた人工の岩山に、地元で狩猟されたと思われる数百頭にものぼる野生動物の剝製が所狭しと並べられたディスプレーの光景を、鴻池自身が撮影したものである。この光景に遭遇したときのことを、鴻池は次のように描写している。「周りには銃、ナイフ、釣具、サバイバル用品、獣肉のフードコート、ありとあらゆる狩りの道具を販売する狩人のための一大エンターテインメント。戦利品としての剝製と、それらを殺して食べる道具の量に興奮する。同時に博物館に残してきた作品への執着が砕け散っていった」[35]。スポーツ・ハンターたちの購買意欲をあおるために過剰に飾り立てられた大平原のジオラマが呼び起こす強烈な感覚は、他種や他民族に対する暴力と略奪によって築き上げられた知の体系を象徴する自然史博物館のイデオロギーを批判するだけでは、現代のアメリカが直面しているより複雑で矛盾をはらむ自然環境との関係を理解することはできないことを物語っている。そして鴻池はこのエッセーを次の言葉で結ぶ。「なんというか、体の隅々から何匹もの竜巻が生まれてくるような光景なのだ[36]」

カンザスの大平原に忽然と現れた狩猟用具店に迷い込んだアーティストの身体のなかに生まれた竜巻は、「アメリカ最初のおとぎ話[37]」とも称される、一九〇〇年に出版されたＬ・フランク・ボーム『オズの魔法使い（The Wonderful Wizard of Oz）』のヒロインを異界へと連れ去る竜巻を連想させる。以下ではカンザスの自然史博物館のジオラマに設置された「インタートラベラー」を、カンザスの農場を舞台とする『オズの魔法使い』の主人公の少女ドロシーと飼いイヌのトトの姿に重ねることでみえてくる、狩猟と男性性、そして人と動物の絡み合いの長い歴史について考えてみたい。

「インタートラベラー」という言葉は鴻池の造語で、「インター」とは「あいだ」なので、世界各地で開かれる展覧会を転々と旅しながら、異なる時空とアイデンティティのあいだを行き来してきたこの作品のあり方を端的に示すタイトルといえる。第二次性徴が現れる前の性的に未分化な部分が残る状態の子どもの脚部とオオカミの毛皮からなるインタートラベラーの身体は、新たな覇権国家としてアイデンティティを形成しつつあったアメリカが生んだ、アメリカの風土と入植者の文化に根ざす最初の創作おとぎ話に潜在する、性差と種の違いが再構築された生きものたちの新たな共生のあり方の可能性を指し示している。鴻池によるカンザスでの展覧会の省察をまとめたパンフレットのタイトルが『Tornado Hunting』[38]であることも、カンザスの大平原を模したジオラマを舞台とする「インタートラベラー」の物語を、『オズの魔法使い』をインターテクストとして読むよう促しているように思われる。

『オズの魔法使い』と狩猟の関係について考えるうえで最も重要な登場人物は、いつもドロシーの傍らにいる小型犬のトトである。叔父夫婦が営むカンザスの貧しい農場に暮らす孤児のドロシーの孤独を慰める心の友として、そして不思議の国オズでの冒険のなかでは忠実で頼りがいがある相棒として、トトは物語全体を通して重要な役割を果たす。そもそもドロシーがオズに行くことになるのは、迫りくる竜巻からトトを守ろうとして逃げ遅れ、トトと一緒に竜巻に巻き込まれたからである。そして物語の終盤で、オズの国を支配する魔法使いの正体を暴くのもトトなのだ。この物語の主要登場人物のなかで唯一、終始人間の言葉を話さないトトは、動物だったり藁やブリキでできたりしていても人間の言葉を話し、人間のように行動するほかの擬人化されたキャラクターたちとは異なり、一貫して動物性を保ち、そのために権力のまやかしにはだまされない。また、自らに欠けていた資質、つまり頭脳と心と勇気をそれぞれ獲得したカカシとブリキのきこりとライオンは、最終的に魔法使いからオズの国の一部の統治権を与えられ、一人前の男性として認められることでハッピーエンドを迎えるが、ドロシーとトトが唯一望むのは、新たな世界の認識を携えてカンザスの家に戻り、ともに暮らしていくことである。

人間が狩猟の手助けとしてオオカミを飼いならしたことを発端に、人間の生活と密接に結び付きながら人間とともに進化してきたイヌは、野生動物ともほかの家畜とも異なる位置づけにある動物として、英語で「人間の最良の友（man's best friend）」と言い習わされるように、人間にとって特別な存在である。狩猟に欠かせないパートナーであるとともに、牧畜が始まってからは牧羊の手助けをするのも人間社会で彼らに与えられた重要な役割である。狩猟とも牧羊とも切り離された家庭生活、特に都市部では、ハラウェイがいう「伴侶種（companion species）」[39]として、生活のさまざまな側面で人間と共存関係にある動物だ。

「インタートラベラー」にみられる少女とオオカミの組み合わせは、鴻池の作品にその初期から形を変えながら繰り返し現れるモチーフであり、「赤ずきん」の物語をほうふつとさせるとともに[40]、動物行動学者テンプル・グランディンが指摘する、人とオオカミの共進化という生物進化の歴史を思い起こさせる。グランディンは『翻訳された動物（Animals in Translation）』のなかで、「人はオオカミと共に進化しました。わたしたちは彼らを変え、彼らはわたしたちを変えたのです」と述べ、十万年以上前に最初に人類がオオカミと暮らし始めたとき、「彼らはオオカミのように行動し、オオカミのように考えることを学んだ」[41]という人類学的仮説を支持している。オオカミは集団で狩りをしたり、複雑な社会構造を形成したり、同性や血縁関係がない仲間と友情を育んだり、強い縄張り意識を示したりといった、人間以外の霊長類にはみられないさまざまな特性をもつが、ネアンデルタール人からホモ・サピエンスを分かつこれらの特性は、人がオオカミから学んだと考えることができるという[42]。さらにグランディンは、人類の脳の構造の変化を示す考古学上の発見に着目し、オオカミは人類の行動だけでなく、脳の構造をも変えた可能性があることを指摘する。オオカミが人に飼いならされることでイヌへと進化する過程で、脳が一〇パーセント縮小したのと同時に、人の脳も一〇パーセント縮小したことがわかったという。飼いならされた動物の脳では、意志、思考、創造など高次の精神機能に関わる前頭葉と、左右の脳を結ぶ神経繊維である脳梁が縮小したのに対し、人の脳では、感情と感覚をつかさどる中脳と、嗅覚をつかさどる嗅球だけに縮小がみられる。これらの脳の構造の変化は、イヌと人は互いを補いながらともに進化し、よりよい伴侶になっていったことを示している。グランディンは次のようにこの本を結ぶ。「人間もかつては動物でしたが、人間になった時点で、何かを失いました。動物の近くにいることで、そのうちのいくらかを取り戻すことができるのです」[43]。

このオオカミ／イヌと人の共進化の歴史に照らし合わせて、鴻池のカンザス版「インタートラベラー」展を読み解いてみると、トトは祖先であるオオカミに戻り、トトと合体したドロシーは人類が進化の過程で失った尻尾を取り戻すという、共退行の物語が浮かび上がってくる。

鴻池が「インタートラベラー」に用いたオオカミの毛皮は、モンゴルで害獣として駆除されたオオカミのものだという。モンゴルの草原でヒツジやロバやウマの牧畜で生計を立てる牧畜民が伝統的におこなってきたオオカミの駆除は、生活の一部をなす狩猟、つまり衣食住のためであるとともに、精神文化のなかで重要な位置を占める行為である。伝統的なモンゴルの牧畜民の社会では、オオカミは家畜を襲う可能性があるため増えすぎないように狩猟の対象にされてきたが、それと同時に、オオカミは伝承のなかではモンゴル民族の祖先であるとされ、人為が及ばない神聖な存在として畏れられてきた。文化人類学者ナムジリン・ボルドによると、モンゴルの牧畜民社会でおこなわれるオオカミ狩りの風習はさまざまな規則が設けられた儀礼的行為であり、これを破った者は「猟人」の称号を取り消され、「屠殺者」と呼ばれて忌み嫌われるという。[44]また、「モンゴル人はオオカミを勢いの象徴と見なし、オオカミと野外で遭遇することを「吉」と考える。もし、その場でオオカミ狩りに失敗しても悔しい気持ちにはならない[45]」といい、オオカミのように狩猟することを究極の理想にする民であることが見て取れる。彼らはオオカミの皮を剝いで資源にするが、オオカミの肉を食べることを禁忌にしているのも、オオカミを自分たちと近い存在と見なすからだと考えることができる。モンゴルの伝統的な牧畜民の暮らしにみるこのような人とオオカミとの絡み合いには、人とオオカミの共進化の一側面が表れているといえそうだ。仲間とともにおこなう社会的行為としての狩猟は、人がオオカミ——オオカミはメスも育児期間以外はオスとともに狩りをする——から学んだ、自然界で生き延びるための方策だったとすると、狩猟という行為を、原初的な人間社会の「自然な」性別分業の形態としてではなく、動物の技術として捉え直す必要があるだろう。

ここで、鴻池がカンザスで見た二つの大平原のジオラマに話を戻すと、狩猟を趣味にするアメリカ中西部の白人男性をおもな顧客とする狩猟用具店の野生動物の剝製のディスプレーと、その近隣にあるカンザス大学自然史博物館の剝製を用いたジオラマ展示では、前者はおもに娯楽、後者は知識の伝達と、目的は異なるが、人間の利便のために野生動物を殺し、展示している点は両者に共通する。しかし前者には、ベイツがいう男性性の象徴としての狩猟という枠組みにも、そしてヴァーナーによる狩猟の目的による三つの分類にも収まりきらない、狩猟がもつもう一つ別の側面がよりあからさまに露呈しているように思える。自然史博物館のジオラマを模したディスプレーの舞台に、脈絡なくさまざまなポーズでたたずむおびただしい数の野生動物の剝製に、自然科学史的な名目が取り払われたあとに残る、狩猟を通してほかの生きものと相交わることに対する、人間を含む捕食者に備わる根源的欲望を嗅ぎ取ることができないだろうか。それは科学という制度のもとでの狩猟と、男らしさを培うにふさわしいスポーツとしての狩猟の両方が隠蔽し、抑圧してきた欲望だといえるだろう。ヴァーナーによる狩猟の三つの分類の一つである生活のための狩猟は、必要最低限の食料の確保以外の目的の狩猟を含まないが、自然環境との関わり方を根本的に変えることが求められている現在、生活という概念を人間以外の種の生も含めたより広い生の営みとして再考する必要があるのではないだろうか。サブシステンスとしての狩猟は、先住民などのいわゆる「未開」社会の文化――これらの文化も、絶滅が危ぶまれる野生動物と同様に「保護」すべき対象として扱われることが多い――と通常結び付けられるが、生きるための行為には、必要最低限の衣食住を確保し、宗教や神話などの人間が作り上げてきた世界観を存続させるだけではなく、自然界のなかでの他種とのエネルギーのやりとりという、動物としての基本的な生命活動を営むことも含まれると考えることができる。自然史博物館のジオラマが再現する自然界の光景が通常人間を含んでいないのは、人間をほかの種とのエネルギーのやりとりのサイクルから切り離し、万物の創造主である神の側に置こうとする意図の表れだともいえるだろう。人とオオカミが合体した「インタートラベラー」をそのような「自然界」のなかに置くことで浮かび上がるのは、多種間の共生とせめぎあいの物語である「自然史」が隠蔽していた、動物から学び、動物とともに進化してきた、動物としての人間の歴史だといえるだろう。

おわりに

狩猟を人と動物をつなぐ生の営みの一つとして捉え直したうえで、六度目の大量絶滅期を迎えているといわれる現代の視点から再び赤ずきんとオオカミの出会いの場に立ち戻ると、どのような人と動物の絡み合いの物語がみえてくるだろうか。それは赤ずきんのなかに猟師を認めることであり、殺して食べる動物として、人とオオカミが絡み合いながらともに進化してきた長い道のりをさかのぼることでもある。「赤ずきん」をそのように語り直すことは、オオカミという種に刻印されてきた人間の敵という役割からオオカミを解き放つと同時に、常にオオカミの犠牲になるという宿命から女性を解放し、家父長制が理想とする強く勇ましい自然の征服者としての猟師という役割の呪縛から、男性をも解き放つ。オオカミとともに暮らすなかで、オオカミのように社会を構成し、集団で狩猟して生きる術を学んだ人類が、オオカミであることをやめたイヌと共生するようになったことで失った狩猟する動物としての鋭い感覚と知性を、芸術的想像力はわたしたちの身体のなかに竜巻のように強く呼び覚ましてくれる。

注

(1) Catherine Bates, *Masculinity and the Hunt: Wyatt to Spenser*, Oxford University Press, 2013, p. 5. 英語の文献からの引用は、すべて引用者が日本語に訳した。

(2) *Ibid.*, pp. 1-4.

（3）*Ibid.*, pp. 7-8.

（4）Paul Delarue, "The Story of Grandmother," in Jack Zipes ed., *The Trials and Tribulations of Little Red Riding Hood: Versions of the Tale in Sociocultural Context*, Routledge, 1993, pp. 21-23.

（5）*Ibid.*, p. 23.

（6）*Ibid.*, p. 93.

（7）Jennifer Schacker and Christine A. Jones eds., *Feathers, Paws, Fins, and Claws: Fairy-Tale Beasts*, Wayne State University Press, 2015, p. 51.

（8）阿河雄二郎「『狩猟事典』にみる近世フランスの狩猟制度」「人文論究」第五十五巻第一号、関西学院大学人文学会、二〇〇五年、一三六ページ

（9）Zipes, *op.cit.*, p. 35.

（10）*Ibid.*, p. 35.

（11）Martin Knoll, "Hunting in the Eighteenth Century: An Environmental History Perspective," *Historical Social Research / Historische Sozialforschung*, Vol. 29, No. 3(109), 2004, p. 16.

（12）Walter Crane, *Little Red Riding Hood*, Routledge, 1875, p. 8.

（13）*Ibid.*, p. 8.

（14）フェミニズムの視点からの「赤ずきん」のアダプテーションの詳細については、村井まや子「狼少女の系譜――現代美術における赤ずきんの身体表象」（神奈川大学人文学研究所編、笠間千浪責任編集『〈悪女〉と〈良女〉の身体表象』〔神奈川大学人文学研究叢書〕所収、青弓社、二〇一二年）および Mayako Murai, *From Dog Bridegroom to Wolf Girl: Contemporary Japanese Fairy-Tale Adaptations in Conversation with the West*, Wayne State University Press, 2015を参照。

（15）Zipes, *op.cit.*, pp. 251-255.

（16）Angela Carter, "The Company of Wolves," *The Bloody Chamber and Other Stories*, Gollancz, 1979, pp. 137-147.

（17）アメリカでのオオカミの再導入をめぐる議論が「赤ずきん」の物語をどのように用いているかについては、Kaisa Lappalainen, "Recall of the Fairy-Tale Wolf: 'Little Red Riding Hood' in the Dialogic Tension of Contemporary Wolf Politics in the US West," *ISLE: Interdisciplinary Studies in Literature and Environment*, Vol. 26, Issue3, 2019 を参照。

（18）Donna J. Haraway, *Staying with the Trouble: Making Kin in the Chthulucene*, Duke University Press Books, 2016.

（19）Virginia Woolf, *A Room of One's Own*, Hogarth Press, 1929.

（20）Amy Stein, *Domesticated: Photographs by Amy Stein*, photolucida, 2008, n.p.

（21）Maya Pope-Chappell, "After Long Hibernation, Taxidermists Make a Killing during Bear Season," *Wall Street Journal*. December. 15, 2011.（https://www.wsj.com/articles/SB10001424052970203518404577094633599203416）［二〇一六年九月一日アクセス］

（22）Gary E. Varner, *In Nature's Interests?: Interests, Animal Rights, and Environmental Ethics*, Oxford University Press, 2002, pp. 100-101.

（23）Boone and Crockett Club（https://www.boone-crockett.org/huntingEthics/ethics_fairchase.asp?area=huntingEthics）［二〇一九年八月一日アクセス］

（24）Philip Dray, *The Fair Chase: The Epic Story of Hunting in America*, Basic Books, 2018, p. 6.

（25）*Ibid*., p. 260.

（26）*Ibid*., pp. 267-268.

（27）*Ibid*., pp. 261-262.

（28）Stein, *op.cit*., n.p.

（29）David Whitley, *The Idea of Nature in Disney Animation: From* Snow White *to* WALL・E, second editon, Routledge, 2016, p. 65.

（30）Matt Cartmill, *A View to a Death in the Morning: Hunting and Nature through History*, Harvard University Press, 1996, p. 178.

(31) 鴻池朋子『Tornado Hunting――竜巻狩り』ミミオスタジオ、二〇一七年、九二ページ
(32) 同書九二ページ
(33) 石倉敏明「アートと人類学の地殻変動」「美術手帖」二〇一八年六月号、美術出版社、一〇七ページ
(34) 前掲『Tornado Hunting』九二ページ
(35) 同書九二ページ
(36) 同書九二ページ
(37)『オズの魔法使い』刊行百周年を記念してアメリカ議会図書館が開催した「『オズの魔法使い』――アメリカのおとぎ話」展の解説によると、この物語は「アメリカで最も優れ、最も愛されている自国で作られたおとぎ話」であり、「真にアメリカ的といえる最初の子どものためのファンタジー」であると紹介されている。『オズの魔法使い』は特定の伝統的なおとぎ話を下敷きにした作品ではなく、英語でおとぎ話（fairy tale）と呼ばれる物語のなかで創作ファンタジーに分類できるが、ボームはグリム兄弟やハンス・クリスチャン・アンデルセンをはじめとするヨーロッパのおとぎ話の伝統に強い関心を寄せ、「近代化されたおとぎ話」として『オズの魔法使い』を書いたと序文で述べている。“The Wizard of Oz: An American Fairy Tale,” Library of Congress,（http://www.loc.gov/exhibits/oz/）［二〇一九年八月一日アクセス］
(38) アメリカやカナダで実際に竜巻の内部に入り込んで動画を撮影する人を指す tornado hunter という言葉は、字義どおりに解釈すると、竜巻という自然現象を獲物のように追って狩猟する人の意味になる。風速最大三百マイルにも達するといわれる巨大な竜巻の目のなかにトラックで突入するという、ともすれば命が危険にさらされるかもしれない竜巻狩りは、銃のかわりに高性能のビデオカメラを携えた男性たちの肝試しのスポーツの一種といえるだろう。
(39) Donna J. Haraway, *The Companion Species Manifesto: Dogs, People, and Significant Otherness*, Prickly Paradigm, 2003.
(40) 詳細は前掲「狼少女の系譜」と Murai, *op.cit.* を参照。
(41) Temple Grandin and Catherine Johnson, *Animals in Translation: Using the Mysteries of Autism to Decode Animal*

Behavior, Scribner, 2009, pp. 303-304.

（42）*Ibid.*, p. 305.

（43）*Ibid.*, p. 307.

（44）ナムジリン・ボルド「狼狩風習に見るモンゴル牧畜民と狼の関係――内モンゴル・アルホルチン旗での聞き取り調査を中心に」「蒙古学集刊」二〇〇五年第三期、内蒙古大学蒙古学研究中心、七ページ

（45）同書七ページ

村井まや子（むらい・まやこ）
神奈川大学外国語学部教授
専攻はおとぎ話文化研究、比較文学、イギリス文学
著書に *From Dog Bridegroom to Wolf Girl*、共編著に *Re-Orienting the Fairy Tale*（ともに Wayne State University Press）、共著に *The Fairy Tale World*、*The Routledge Companion to Media and Fairy-Tale Cultures*（ともに Routledge）など

［著者略歴］

西岡あかね（にしおか・あかね）
東京外国語大学大学院総合国際学研究院准教授
専攻はドイツ文学、比較文学
著書に *Die Suche nach dem wirklichen Menschen* (Königshausen & Neumann)、共著に *Kulturkontakte* (Transkript)、*Ästhetik-Religion-Säkularisierung* II（Wilhelm Fink）、論文に「歌う詩人」（「総合文化研究」第21号）、“Wirklich eine Entgrenzung zwischen Kunst und Leben?”（「ドイツ文学」第3巻第5号）など

小松原由理（こまつばら・ゆり）
神奈川大学外国語学部准教授
専攻はドイツ芸術・文化、前衛芸術思想
著書に『イメージの哲学者ラウール・ハウスマン』（神奈川大学出版会）、編著に『〈68年〉の性』、共著に『破壊のあとの都市空間』（ともに青弓社）、『ジェンダー・ポリティクスを読む』（御茶の水書房）、『ドイツ文化史への招待』（大阪大学出版会）など

中村みどり（なかむら・みどり）
早稲田大学商学学術院准教授
専攻は中国語圏文学、留学生史
共編著に『上海モダン』（勉誠出版）、共著に『中国人留学生と「国家」・「愛国」・「近代」』（東方書店）、『近現代中国人日本留学生の諸相』（御茶の水書房）、論文に「戦時における日中研究者のつながり」（「文化論集」第55号）など

古屋耕平（ふるや・こうへい）
神奈川大学外国語学部准教授
専攻はアメリカ文学
共著に『繋がりの詩学』（彩流社）、『ホーソーンの文学的遺産』（開文社出版）、論文に“Melville, Babel, and the Ethics of Translation”（*ESQ*, Volume 64, Number 4）など

山口ヨシ子（やまぐち・よしこ）
神奈川大学名誉教授
専攻はアメリカ文学
著書に『ワーキングガールのアメリカ』『ダイムノヴェルのアメリカ』『女詐欺師たちのアメリカ』（いずれも彩流社）、共著に『破壊のあとの都市空間』『〈68年〉の性』『〈悪女〉と〈良女〉の身体表象』（いずれも青弓社）など

菅沼勝彦（すがぬま・かつひこ）
タスマニア大学人文学部講師
専攻はクィア・スタディーズ、ジェンダー・スタディーズ
著書に *Contact Moments* (Hong Kong University Press)、共編著に *Boys Love Manga and Beyond* (University Press of Mississippi）など

［編者］
神奈川大学人文学研究所（かながわだいがくじんぶんがくけんきゅうしょ）

［編著者略歴］
熊谷謙介（くまがい・けんすけ）
神奈川大学外国語学部教授
専攻はフランス文学・文化、表象文化論
著書に *La Fête selon Mallarmé* (L'Harmattan)、編著に『破壊のあとの都市空間』、共著に『〈68年〉の性』『〈悪女〉と〈良女〉の身体表象』（いずれも青弓社）、共訳書に『古典ＢＬ小説集』（平凡社）など

神奈川大学人文学研究叢書44

男性性（だんせいせい）を可視化（かしか）する　〈男らしさ〉の表象分析

発行　2020年2月17日　第1刷
定価　3000円＋税
編者　神奈川大学人文学研究所
編著者　熊谷謙介
発行者　矢野恵二
発行所　株式会社青弓社
〒162-0801 東京都新宿区山吹町337
電話 03-3268-0381（代）
http://www.seikyusha.co.jp
印刷所　三松堂
製本所　三松堂

ISBN978-4-7872-3465-0　C0036

熊谷謙介／深沢 徹／小澤京子／泉 美知子 ほか

破壊のあとの都市空間

ポスト・カタストロフィーの記憶

世界大戦後のヨーロッパ、広島・長崎の原爆体験、関東大震災、3・11……。壊滅と再生の現場としての都市空間は「あの日のあと」＝ポスト・カタストロフィーに何を残したのか。論考とインタビューから描き出す。定価3400円＋税

小松原由理／熊谷謙介／山口ヨシ子／土屋和代 ほか

〈68年〉の性

変容する社会と「わたし」の身体

革命の時代として記憶される〈68年〉の多様な政治的・文化的なアクションが明らかにした女性の性と身体をめぐる問題をメディア表象や芸術実践から検証する。解放の裏にある〈68年〉の性と身体を照射する批評集。定価3400円＋税

笠間千浪／村井まや子／熊谷謙介／小松原由理 ほか

〈悪女〉と〈良女〉の身体表象

「悪女」や「良女」という概念を、『風と共に去りぬ』などの文学作品や演劇、女性芸術家、モダンガール、戦後日本の街娼表象、現代美術などから検証し、女性身体とその表象をめぐる力学と社会構造を解き明かす。　定価4600円＋税

田中俊之

男性学の新展開

フェミニズムの問題提起を受けて展開してきた男性学は、これからどこに向かうのか。基本的な視点と理論を紹介したうえで、労働や恋愛・結婚、居場所などを事例に男性学のポイントをわかりやすく紹介する。　定価1600円＋税

北原 恵／小勝禮子／金恵信／児島 薫 ほか

アジアの女性身体はいかに描かれたか

視覚表象と戦争の記憶

アジア・太平洋戦争時、アジアの女性身体にはどのようなまなざしが注がれたのか――。100点を超える絵画・写真から、アジアの女性たちを取り巻いていた植民地主義やジェンダーの力学を浮き彫りにする。　定価3400円＋税